»Ich bin der Präsident
In meinem Leben ist was los
Ich werde heute eine Fähre taufen
Und die Flasche ist so groß.«

Rainald Grebe und die Kapelle der Versöhnung, *Der Präsident,* 2008.

»Es ist leichter, der Ämter würdig zu erscheinen, die man nicht besitzt, als derer, die man bekleidet.«

La Rochefoucauld, »Reflexionen oder Moralische Sentenzen und Maximen«, in: *Die französischen Moralisten.* La Rochefoucauld, Vauvenargues, Montesquieu, Chamfort, übers. und hrsg. von Fritz Schalk, 2. Aufl., Bremen 1980, S. 59–139, hier S. 81.

© picture-alliance / akg-images / L. M. Peter | L. M. Peter

Die Amtsmenschen kommen und gehen, die Amtsflure bleiben. Ein gutes Beispiel für einen derart beständigen, mehrere Generationen und politische Systeme überdauernden Verwaltungsbau ist das denkmalgeschützte Detlev-Rohwedder-Haus in Berlin. In den Jahren 1935 und 1936 nach Plänen des Architekten Ernst Sagebiel errichtet, diente der monumentale Komplex den Nationalsozialisten als Reichsluftfahrtministerium. Nach dem Ende des NS-Regimes und der Gründung der DDR, die am 7. Oktober 1949 im großen Festsaal des Gebäudes vollzogen wurde, beherbergten die mehr als 2000 Büroräume dann für rund vier Jahrzehnte das Haus der Ministerien. Im Anschluss an den Untergang des Arbeiter-und-Bauern-Staates eilten zwischen 1991 und 1994 die Mitarbeiter:innen der Treuhandanstalt durch die bis zu 300 Meter langen Flure. Nach umfangreichen Umbau- und Sanierungsmaßnahmen verlegte 1999 schließlich das Bundesministerium der Finanzen seinen ersten Dienstsitz von Bonn nach Berlin in den gewaltigen Komplex.

Astrid Séville / Julian Müller

Amtsmenschen

»Person ist mehr als ›Rolle‹, Person ist weniger als ›Amt‹.«[1]
»Bring back the man in the grey flannel suit!«[2]

In seinem Habilitationsvortrag an der Universität Frankfurt im Jahr 1961 machte Wilhelm Hennis darauf aufmerksam, dass die moderne parlamentarische Demokratie auch von vormodernen, feudalen und ständestaatlichen Traditionsbeständen zehre. In der für ihn typischen Weise fasste er seine Überlegungen in einer zugespitzten These zusammen: »Der zentrale Begriff der repräsentativen Demokratie«, so Hennis, sei »nicht die Volkssouveränität, nicht der Wille, sondern das Amt.«[3] Durchsetzen konnte er sich mit dieser Ansicht nicht. Weder in den akademischen noch in den öffentlichen Debatten der folgenden Jahrzehnte spielte der Amtsbegriff eine herausgehobene Rolle. Und auch in der Gegenwart ist das Amt als politischer Grundbegriff kaum präsent. Mehr noch, die Idee des Amtes wird von Vertretern verschiedener politischer Richtungen mit Argwohn betrachtet. In den Augen linker und liberaler Kritiker haftet dem Amtsgedanken der Makel eines altbackenen, wenn nicht gar konservativ-staatsapologetischen Politikverständnisses an. Schließlich umfassen Amt und Amtsausübung eine von Personen und Interessen unabhängige, dem Staat und dem Gemeinwohl verpflichtete politische Praxis jenseits plebiszitärer Rückversicherung. Damit aber, so die linke und liberale Kritik, gingen unweigerlich eine Bejahung öffentlicher Institutionen, ein Bekenntnis zur Tradition und eine Beschränkung individueller Spielräume einher.[4] Auf dieser alten, in Zügen vordemokratischen Idee des Amtes zu beharren, mute daher gestrig und elitär an.

Nicht ganz unschuldig an dieser Skepsis gegenüber dem Amt waren zweifellos all jene Autoren, die sich für ein etatistisches Amtsverständnis stark-

1 Helmut Schelsky, *Die juridische Rationalität*, Opladen 1980, S. 11.
2 Diedrich Diederichsen, »Unter der sengenden Sonne der digitalen Demokratie«, in: *Die Tageszeitung*, 8. 9. 2009.
3 Wilhelm Hennis, »Amtsgedanke und Demokratiebegriff«, in: Konrad Hesse / Siegfried Reicke / Ulrich Scheuner (Hg.), *Staatsverfassung und Kirchenordnung*. Festgabe für Rudolf Smend zum 80. Geburtstag am 15. Januar 1962, Tübingen 1962, S. 51–70, hier S. 54.
4 Ein Beispiel hierfür ist Arnold Gehlen, »Das Berufsbeamtentum in der modernen Gesellschaft (1961)«, in: ders., *Gesamtausgabe*, Bd. 7: *Einblicke*, Frankfurt am Main 1978, S. 152–166.

gemacht haben,[5] ohne dabei das emanzipatorische, liberale und demokratische Potenzial des Begriffs gebührend herauszustellen oder diesen als möglichen Gegenbegriff zu illiberalen, autokratischen Herrschaftsformen zu konturieren.[6] Wie groß dieses Potenzial ist, wird ersichtlich, wenn man das Amt als öffentliche Aufgabe im Dienst der Bürger begreift. Wer so auf das Amt schaut, sieht Macht als geborgt an, stellt die eigenen Interessen zurück, übernimmt Verantwortung, fügt sich in Institutionen ein und ist sich stets bewusst, das anvertraute Amt legitimerweise auch wieder verlieren zu können. In diesem Geiste ausgeübt, institutionalisiert ein Amt nicht nur Rechenschaftspflicht gegenüber Institutionen und Bürgern, sondern stiftet auch Gemeinsinn. In den Worten Otto Depenheuers: »Durch die Unterscheidung von abstraktem Amt und der konkreten Person des Amtsinhabers wird das staatliche Handeln immunisiert gegen private Motivationen, Interessen und Stimmungen des Amtsinhabers sowie gegen Versuche partikulärer Einflußnahme auf die Wahrnehmung des Amtes.«[7] All das könnte man den cäsaristischen Autokraten und illiberalen Despoten von heute entgegenhalten.

Das Amt gegen seine Liebhaber und Kritiker verteidigt

Mit diesem Heft verfolgen wir das Ziel, den Begriff des Amtes zu entstauben und für einen Problemaufriss der politischen Gegenwart zu nutzen. Folgende Fragen sollen dabei im Mittelpunkt stehen: Welche spezifischen Herausforderungen gehen mit einem Amt einher? Wie wird das Verhältnis von Amt und Person justiert und wie ändern sich Praktiken der Amtsführung im Zeitalter personalisierter Direktkommunikation und einer gestiegenen Erwartung an Nahbarkeit und Authentizität? Was haben Politikverdrossenheit, populistisch geschürtes Misstrauen oder gar Gewalt gegen Amtsträger mit einer Entinstitutionalisierung vieler Lebensbereiche zu tun?

5 So die Kritik in einem lesenswerten Text von Marcus Llanque, der dem ein dezidiert republikanisches Amtsverständnis entgegensetzt. Vgl. ders., »Die Politologie des Amtsbegriffs im Kontext seiner ideengeschichtlichen Ursprünge«, in: Oliver Flügel-Martinsen / Dirk Jörke (Hg.), *Vom Nutzen und Nachteil der Politischen Theorie und Ideengeschichte*. Rainer Schmalz-Bruns zum Gedenken, Baden-Baden 2022, S. 367–388.

6 Für Hennis birgt der Amtsbegriff gerade die Chance, Demokratien gegen Autokratien, Monarchien und illiberale Regime abzugrenzen: »Statt den Amtsgedanken für sich zu okkupieren, überlassen ihn Liberalismus und Demokratie den Mächten der Vergangenheit, sich selbst damit um die entscheidende Legitimierung eigener Herrschaft bringend.« Hennis, »Amtsgedanke«, S. 63 f.

7 Otto Depenheuer, »Das öffentliche Amt«, in: Josef Isensee / Paul Kirchhof (Hg.), *Handbuch des Staatsrechts*, Bd. 3: *Demokratie–Bundesorgane*, 3., völlig neubearb. und erw. Aufl., Heidelberg 2005, S. 87–130, hier S. 101.

Welche Einsichten eröffnet ein Blick in die Geschichte starker Amtskonzepte, etwa im Ständestaat, in der Monarchie, aber auch in der Kirche? Gibt es bis heute tradierte und distinkte Amtskulturen, die sich gegenseitig anreichern, überlagern oder unterminieren? Unser Ziel ist es, mit einem interdisziplinär rückversicherten und zugleich neu befragten Amtsbegriff einen Zugang zu zahlreichen Phänomenen der Gegenwart zu gewinnen. Im Rahmen eines solchen Unterfangens, so unsere Hoffnung, könnte es zudem gelingen, nebenbei einige Ausweichkonzepte zu komplementieren oder zu ersetzen, die derzeit zwar häufig bemüht werden, sich bei näherer Betrachtung aber als politische Leerformeln erweisen. Man denke etwa an die ubiquitäre Rede von der »staatspolitischen Verantwortung«.

Etymologisch leitet sich der Begriff Amt vom keltischen *ambaχtos*, der Herumgeschickte, ab. In der lateinischen Übertragung *ambactus* wird er – etwa in Cäsars *De bello gallico*[8] – als Bezeichnung für Gefolgsleute verwendet, im Althochdeutschen stößt man im 8. Jahrhundert auf das Wort *ambaht* als allgemeine Bezeichnung für Auftrag oder Dienst.[9] Amt entwickelt sich also im Laufe der Zeit von einem Personal- zu einem Sachbegriff, wobei bis heute beide Bedeutungsfacetten erhalten geblieben sind: Wer ein Amt innehat, handelt persönlich, jedoch im Auftrag eines anderen. Sie oder er steht also in einem treuhänderischen Verhältnis mit einer höheren Instanz, die sie oder ihn beauftragt und ernennt – heute ist das zumeist der Staat. In soziologischer Hinsicht ist dieser Umstand deshalb interessant, weil sich die betreffenden Akteure einerseits in einem direkten, dienenden Verhältnis gegenüber dem Staat befinden und dem Gemeinwohl verpflichtet sind, dabei jedoch andererseits gerade nicht als individuelle Akteure handeln. Gerne wird in diesem Zusammenhang der Vers »Ich hab' hier bloß ein Amt und keine Meinung« aus Friedrich Schillers *Wallenstein* zitiert, in dem besonders deutlich die seit dem Mittelalter geläufige Trennung von Amt und Person zum Ausdruck kommt.[10]

Obwohl sich hieran keineswegs nur organisations- oder verwaltungssoziologische, sondern durchaus auch handlungstheoretische Fragen an-

8 Dort heißt es im 6. Buch, Kapitel 15 über die gallischen Ritter, »je vornehmer und vermögender einer ist, desto mehr Dienstleute und Klienten [*ambactos clientesque*] hat er um sich«. Gaius Iulius Caesar, *Der Gallische Krieg – De bello gallico*, lateinisch – deutsch, hrsg., übers. und erl. von Otto Schönberger, 4., überarb. Aufl., Berlin 2013, S. 260/261.

9 Zur Etymologie siehe Friedrich Kluge, Art. »Amt«, in: *Etymologisches Wörterbuch der deutschen Sprache*, begr. durch Friedrich Kluge, bearb. von Elmar Seebold, 24. Aufl., Berlin u. a. 2002; Bettina Bock, Art. »Amt«, in: *Deutsche Wortfeldetymologie in europäischem Kontext*; online unter: https://dwee.saw-leipzig.de/etymology/Amt/de [16. 4. 2025].

10 Utz Schliesky, »Die Amtswürde. Tradition und Moderne im demokratischen Staat«, in: *Aus Politik und Zeitgeschichte* 67 (2017), 14–15, S. 42–48, hier S. 42; online unter: https://www.bpb.de/shop/zeitschriften/apuz/245599/die-amtswuerde-tradition-und-moderne-im-demokratischen-staat/ [16. 4. 2025].

schließen, erstaunt es, dass man nach einer ausgearbeiteten Soziologie des Amtes suchen muss.[11] Der klassische Bezugstext ist nach wie vor Max Webers *Soziologie der Herrschaft*. In diesem auch heute noch beeindruckenden Text unterscheidet Weber bekanntlich verschiedene Typen von Herrschaft und fragt nach deren jeweiliger Funktionsweise und auch Robustheit. Ämter sind dabei für Weber ein wesentliches Merkmal moderner bürokratischer Herrschaft, die sich durch das Prinzip der Amtshierarchie, durch die strikte Trennung von Privatbehausung und Büro, durch Aktenförmigkeit der Verwaltung, die Aufwertung der Amtstätigkeit zum Beruf und durch das Absehen von persönlicher Ehre auszeichnet.[12] In der Bürokratie bleiben mithin nicht nur Restbestände älterer Herrschaftsformen erhalten, es konvergieren darin auch Elemente katholischer Ämterhierarchie mit dem Modell protestantischer Arbeitsethik.[13] Vor allem aber erweist sich das Amt für Weber als ein vergleichsweise stabiles Element von Herrschaft. Ist das flüchtige, von Veralltäglichung bedrohte Charisma eines Herrschers untrennbar mit dessen Person verbunden, lösen Bürokratien das Charisma von der Person und übertragen es auf das Amt selbst. Das Schlagwort an dieser Stelle lautet Amtscharisma, womit »der Glaube an die spezifische Begnadung einer sozialen Institution als solcher« bezeichnet sein soll,[14] der in korrespondierenden Begriffen wie Amtsethos oder Amtswürde bis heute erhalten geblieben ist.[15]

Mit Blick auf die Gegenwart wird man wohl konstatieren müssen, dass der Glaube an die spezifische Begnadung sozialer Institutionen schon seit Längerem schwindet und offensichtlich auch das Charisma des Amtes nicht vor Auszehrung gefeit ist. Das zeigt sich nicht nur in sinkendem Institutionenvertrauen und wachsender Bürokratiekritik – die in den letzten Jahren interessanterweise die politischen Lager gewechselt zu haben scheint –, das bildet sich durchaus auch in gegenwärtigen Debatten ab, die Kritik an Verfahren und Realitäten politischer Repräsentation artikulieren. Diese Kritik ist oftmals berechtigt, verstellt bisweilen aber auch den Blick für die Funktion von Ämtern. In jüngerer Zeit unterstreichen vor allem sozialwissenschaftliche Studien aus dem Bereich der Demokratieforschung die Bedeu-

11 Siehe dazu Berthold Vogel, »Arbeiten im Amt. Beschäftigungsverhältnis und Arbeitsbewusstsein im öffentlichen Dienst«, in: *Aus Politik und Zeitgeschichte* 67 (2017), 14–15, S. 22–28; online unter: https://www.bpb.de/shop/zeitschriften/apuz/245593/arbeiten-im-amt-beschaeftigungsverhaeltnis-und-arbeitsbewusstsein-im-oeffentlichen-dienst/ [16. 4. 2025].

12 Max Weber, *Gesamtausgabe*, Abt. I: *Schriften und Reden*, Bd. 22: *Wirtschaft und Gesellschaft*. Die Wirtschaft und die gesellschaftlichen Ordnungen und Mächte, Teilbd. 4: *Herrschaft*, hrsg. von Edith Hanke, Tübingen 2005, S. 157–165.

13 Reinhard Riese, Art. »Amt«, in: Joachim Ritter / Karlfried Gründer / Gottfried Gabriel (Hg.), *Historisches Wörterbuch der Philosophie*, Bd. 1: A–C, S. 210–211, hier S. 210.

14 Weber, *Wirtschaft und Gesellschaft*, S. 527.

15 Schliesky, »Die Amtswürde«.

tung der sogenannten deskriptiven Repräsentation für die Vertretung politischer Interessen. Demnach macht es bei der Artikulation von Interessen und bei der Gesetzgebung einen Unterschied, ob Frauen oder Männer repräsentieren, ob Akademiker oder Handwerkerinnen Politik machen, ob finanziell abgesicherte Angehörige der oberen Mittelschicht in den Parlamenten sitzen oder Personen, die im Laufe ihres Lebens Erfahrungen mit Armut, Ausgrenzung oder prekärer Erwerbsarbeit gesammelt haben. Für Deutschland konstatierte ein empirischer Befund[16] schon vor Jahren eine Repräsentationslücke aufgrund der sozioökonomischen Distanz zwischen Repräsentanten und Repräsentierten. Dieser Zustand hat sich seitdem nicht verbessert. Es sitzen schlichtweg mehr Stefans und Katrins mit Studienabschluss in den Parlamenten, als dies proportional angemessen und politisch klug wäre. Unweigerlich stehen jedoch in den wichtigen Diskussionen um diese Problematik die konkreten Personen im Vordergrund. Ohne dass die Kritiker der real existierenden repräsentativen Demokratie es wollen, sorgt die von ihnen angestoßene Debatte auch dafür, dass die Idee des Amtes weiter ins Hintertreffen gerät. Zu glauben, dass ein Abgeordneter jenseits von Stand und Klasse und jenseits eigener Prägungen, Interessen und Motive ein Gemeinwesen repräsentieren und unvoreingenommen Gesetze verabschieden könne, mutet in diesem Zusammenhang wahlweise antiquiert oder idealistisch an.

Es wird jedoch keineswegs nur akademisch über Fragen der Repräsentativität von Regierungen oder über die sozioökonomischen Hintergründe von Parlamentariern diskutiert, viel häufiger geht es schlicht um die Ausstrahlung, das Auftreten und die Medienkompetenz politischer Akteure. Wahlkämpfe werden daraufhin analysiert, wer besser kommunizieren und Botschaften glaubwürdiger vermitteln könne. Es sind dabei in erster Linie die konkreten Personen in den Ämtern, für die sich die Medienöffentlichkeit interessiert. Dieser Befund einer zunehmenden Boulevardisierung von Politik und politischer Berichterstattung ist alles andere als neu.[17] Neu ist jedoch, dass das politische Personal derzeit selbst verstärkt auf eine persönliche Form der Ansprache setzt. Es bespielt eigene Medienkanäle, gibt Persönliches preis, inszeniert sich als wahlweise nahbar, bodenständig oder lustig und stellt bisweilen das eigene Leiden an den Zumutungen des politischen Alltags aus. Hieran zeigt sich aus unserer Sicht mehr als nur eine

16 Lea Elsässer / Svenja Hense / Armin Schäfer, »›Dem Deutschen Volke?‹ Die ungleiche Responsivität des Bundestags«, in: *Zeitschrift für Politikwissenschaft* 27 (2017), 2, S. 161–180; online unter: https://link.springer.com/article/10.1007/s41358-017-0097-9 [16. 4. 2025].

17 Frank Esser, »Tabloidization of News. A Comparative Analysis of Anglo-American and German Press Journalism«, in: *European Journal of Communication* 14 (1999), 3, S. 291–324; Andreas Dörner, *Politainment*. Politik in der medialen Erlebnisgesellschaft, Frankfurt am Main 2001.

Personalisierung von Politik.[18] Politiker begegnen uns heute nicht mehr nur als Amts- *und* Privatpersonen, sondern zunehmend als *Menschen in Ämtern*. Sie gewähren nicht länger nur flüchtige Einblicke in ein scheinbar intaktes Familienleben oder den Urlaub am Wolfgangsee, sie offenbaren sich in ihrer Ausgesetztheit und Verletzbarkeit, mit ihren Hoffnungen und Ängsten, also im besten Fall als *ganze Menschen*.[19]

Menschen in Ämtern – When they go cold, we go warm!

Es gilt, sich diese Entwicklung in einem politischen Spannungsfeld zu vergegenwärtigen: Der Staat in seiner Abstraktheit, das heißt jedes Kabinett, jede Behörde, jede Verwaltung, ist auf konkrete Personen angewiesen, die Aufgaben treuhänderisch übernehmen. Schließlich bedarf es im politischen System bekanntlich zweierlei: Institutionen- und Personenvertrauen. Es braucht nicht nur abstrakte Ordnungen, sondern auch konkrete Personen mitsamt Interessen, Leidenschaften, Befindlichkeiten, es braucht Gesichter und Körper, die regieren, verwalten, Gesetze erlassen und somit ein Amt füllen. Und doch ist ein Amt stets mehr als die konkrete Person. Man sieht sich also, wie das Sophie Schönberger jüngst betont hat, mit dem Umstand konfrontiert, dass »die theoretische Unterscheidung zwischen Person, Amt und Parteipolitiker aufgrund des Zugriffs auf denselben natürlichen Körper in gewisser Weise kontrafaktisch ist. Allerdings lebt die Idee demokratischer Gleichheit ganz maßgeblich von eben dieser kontrafaktischen Konzeption.«[20] Mit den Amtsträgern in modernen Demokratien verhält es sich also ganz ähnlich wie mit den von Ernst Kantorowicz beschriebenen Monarchen des Mittelalters: Sie haben zwei Körper, den sterblichen *body natural* und den unsterblichen *body politic*.[21]

18 Lauri Karvonen, *The Personalisation of Politics*. A Study of Parliamentary Democracies, Colchester 2010; Silke Adam / Michaela Maier, »Personalization of Politics. A Critical Review and Agenda for Research«, in: *Annals of the International Communication Association* 34 (2010), S. 213–257.

19 Julian Müller / Astrid Séville, »Menschen im Amt. Verletzbarkeit in der politischen Kommunikation der Gegenwart«, in: *Zeitschrift für Soziologie* 54 (2025), 1, S. 47–62; online unter: https://www.degruyterbrill.com/document/doi/10.1515/zfsoz-2025-2002/html [16. 4. 2025]; Julian Müller, »›I Was Honestly just Speaking as Robert‹ – New Forms of Sentimental Leadership in Contemporary German Politics«, in: Heike Paul / Sarah Miriam Pritz (Hg.), *Sentimental State(s)*. Affective Politics of Order and Belonging, Bielefeld 2025, S. 25–43.

20 Sophie Schönberger, »Die zwei Körper der Gewählten. Auf den Spuren monarchischer Imaginationen im demokratischen Verfassungsrecht«, in: *Der Staat* 61 (2022), 4, S. 579–620, hier S. 616.

21 Ernst H. Kantorowicz, *Die zwei Körper des Königs*. Eine Studie zur politischen Theologie des Mittelalters [1957], übers. von Walter Theimer, München 1990.

Wenn man so will, ist dies das Personalparadox der parlamentarischen Demokratie: Die Aufgaben des Staates werden von konkreten Personen ausgeführt, während diese zugleich zu einem gewissen Grad depersonalisiert werden müssen. Schließlich lautet eine der fundamentalen Anforderungen an politische Repräsentation in elektoralen Demokratien, dass Gewählte sich gerade nicht für ihre eigenen Interessen einsetzen sollen. Das Amt dient dabei als Medium der Entpersonalisierung und Entemotionalisierung. Es ist eben ein hohes Maß an Sachlichkeit, das liberale Demokratien von Politik und Verwaltung einfordern. Max Weber ergänzte in seinem Vortrag »Politik als Beruf« die berühmte Formulierung, wonach Politik »ein starkes langsames Bohren von harten Brettern mit Leidenschaft und Augenmaß zugleich« sei,[22] durch zwei entscheidende Zusätze: So will er »Leidenschaft im Sinn von *Sachlichkeit*« und Augenmaß als die Fähigkeit »der *Distanz* zu den Dingen und Menschen« verstanden wissen.[23]

Ein solches Modell einer auf Distanziertheit und Sachlichkeit ausgerichteten Form von Politik im Besonderen und Amtshandeln im Allgemeinen ist von unterschiedlichen Seiten unter Druck geraten. Betrachtete Weber Distanzlosigkeit noch als »eine der Todsünden jedes Politikers«,[24] beschrieb der ehemalige Bundesminister für Wirtschaft und Klimaschutz, Robert Habeck, sein eigenes Amts- und Selbstverständnis wie folgt: »Meine Arbeit, ja meine Vorstellung von Politik ist, die Distanz zwischen Menschen, die Distanz zwischen den Typen, die man aus dem Fernsehen kennt, und denjenigen, die von politischen Entscheidungen betroffen sind, zu verringern, nahbar zu sein, Nähe zuzulassen, Kontakte und Begegnungen zu ermöglichen und zu erleben.«[25] Nahbarkeit wird damit zu einer politischen Tugend.

Der Politikwissenschaftler Pierre Ostiguy hat vor einigen Jahren den Vorschlag gemacht, Populismus nicht nur über spezifische politische Inhalte zu definieren, sondern vor allem als einen bestimmten politischen Stil zu verstehen.[26] Zusätzlich zur Unterscheidung von rechts und links führte er als weitere Konfliktachse im politischen Raum den Gegensatz von unten und oben ein. Seiner Analyse zufolge soll gerade die Vulgarität populistischer Akteure deren Anspruch auf ehrliche, nicht elitäre Volksvertretung beglaubigen. Als sich Donald Trump im US-Präsidentschaftswahlkampf 2016 zur Stimme des Volkes (»I am your voice«) erklärte und fortan wütend und ordinär polterte, antwortete Michelle Obama darauf bekanntlich mit der

22 Max Weber, »Politik als Beruf«, in: ders., *Gesamtausgabe*, Abt. I: *Schriften und Reden*, Bd. 17: *Wissenschaft als Beruf / Politik als Beruf*, hrsg. von Wolfgang J. Mommsen / Wolfgang Schluchter, Tübingen 1992, S. 157–252, hier S. 251 f.

23 Ebd., S. 227.

24 Ebd.

25 Robert Habeck, *Von hier an anders*. Eine politische Skizze, Köln 2021, S. 12.

26 Pierre Ostiguy, »The High-Low Political Divide. Rethinking Populism and Anti-Populism«, in: *Political Concepts* 2009 (= Committee on Concepts and Methods Working Paper Series 35).

Maxime: »When they go low, we go high.« Hierzulande scheint die Strategie der politischen Mitte zur Vorwärtsverteidigung der Demokratie eher zu lauten: *When they go cold, we go warm.*

Beobachten ließ sich dieser Ansatz im Wahlkampf zur Bundestagswahl 2025. Als Spitzenkandidat von Bündnis 90 / Die Grünen trat Habeck unter dem Motto an: »Kanzler werden. Mensch bleiben.« Auf zahllosen Plakaten mit den Porträts von Habeck und anderen Spitzenpolitikern der Partei war allerorten der Slogan zu lesen: »Ein Mensch. Ein Wort.« Der Ausdruck Mensch dient hierbei als Beglaubigungsformel für Nahbarkeit, Verlässlichkeit, Responsivität und Volksnähe. Im Wissen darum, dass Macht korrumpieren und ein Amt seinen Inhaber deformieren kann, erscheint die Versicherung der Kandidaten, Mensch zu sein und zu bleiben, wie ein Versprechen. An das Wort *memento quod es homo* müssen politische Repräsentanten heute also nicht erst von ihren Wählern erinnert werden. Sie haben es bereits internalisiert. Tatsächlich können sich heutige Spitzenpolitiker den Authentizitätserwartungen des Publikums nicht mehr so leicht entziehen. Menschlichkeit wird als politisches Kapital eingesetzt, das richtig angelegt werden muss, um sich zu rentieren – mit allen Risiken der Inflation, Deflation und Totalentwertung.[27]

Dass all dies auch mit dem Wandel der Bühnen und Medien zu tun hat, auf und in denen sich Politik vollzieht, steht außer Frage. Die Kanäle, über die politische Kommunikation heute stattfindet, fordern und honorieren den Anschein des Authentischen und beschleunigen Prozesse einer zunehmenden Intimisierung von Politik.[28] Neben den klassischen, fast schon altmodisch anmutenden Homestorys in Presse, Funk und Fernsehen haben sich Instagram- und TikTok-Kanäle, persönliche Videobotschaften sowie Podcasts als wichtige Arenen politischer Kommunikation etabliert. Dass sich erfolgreiche Podcast-Formate wie »Alles gesagt?« oder »Hotel Matze«, in denen ein sehr persönliches, bisweilen intimes Sprechen vorgeführt wird, in Zeiten von Politik- und Parteiverdrossenheit großer Beliebtheit erfreuen, ist kein Zufall und verrät viel über die politische Gegenwart. Die Gästeliste dieser Formate ist beeindruckend, sie umfasst amtierende und ehemalige Bundeskanzler, Minister und Parteivorsitzende: Ob Angela Merkel, Olaf Scholz oder Friedrich Merz, ob Ricarda Lang, Kevin Kühnert oder Christian Lindner – sie alle sind der Einladung gefolgt und gaben in bis zu sechs Stunden langen Aufnahmen Auskunft über ihre politischen Ansichten, vor allem

27 Es scheint kein Zufall zu sein, dass just jene Politiker nicht länger aktiv sind – Robert Habeck, Kevin Kühnert –, die in hohem Maße versucht haben, Amt und Mensch miteinander zu verbinden.

28 James Stanyer, *Intimate Politics*. Publicity, Privacy and the Personal Lives of Politicians in Media-Saturated Democracies, Cambridge u. a. 2013; Simon M. Luebke, »Politcal Authenticity. Conceptualization of a Popular Term«, in: *The International Journal of Press/Politics* 26 (2021), 3, S. 635–653.

aber über sich selbst. Allein an den Fragen, mit denen das politische Spitzenpersonal in diesen Formaten konfrontiert wird, zeigt sich eine veränderte Erwartung an Amtsträger in der Gegenwart: »Gibt es auch einen zweifelnden Bundeskanzler? Gibt es auch einen ängstlichen Bundeskanzler?« (an Olaf Scholz, 2023); »Wo steckst du diese ganzen grauenhaften Bilder, die du auch gesehen hast, wo steckst du die hin?« (an Annalena Baerbock, 2024); »Und dieser Druck, was macht der mit dir?« (an Christian Lindner, 2024); »Hast du Angst, dich zu verändern?« (an Robert Habeck, 2019); »Wie kann ich mir einen zweifelnden Friedrich Merz vorstellen?« (an Friedrich Merz, 2024); »War diese Souveränität, die Sie ausstrahlen, wenn ich die so gesehen habe auf Bildern oder auf Videos, war die immer wahrhaftig, oder sah es bei Ihnen manchmal innen anders aus?« (an Angela Merkel, 2024).

Nicht nur die sehr persönlichen Fragen, auch die Länge der Gespräche, die intime Aufnahmesituation ohne unmittelbar anwesendes Publikum sowie die bevorzugte Rezeption über Kopfhörer erzeugen eine Vertrautheit vermittelnde Gesprächsatmosphäre, die sich mit klassischen Radio- oder Fernsehinterviews kaum vergleichen lässt. »Das Subjekt als Beamter«, das im Medium des gesprochenen und downloadbaren Worts zum Ausdruck kommt, ist eben ein anderes als das im Medium der Schrift und des Aktenvermerks.[29] Das eingeladene politische Personal muss in solchen Podcasts zumindest die Bereitschaft zeigen, sich kritisch mit sich selbst als Mensch in der Politik auseinanderzusetzen, Fehler einzuräumen, Schwächen zu gestehen und eigene Dilemmata offenzulegen. Das öffentliche Ringen mit dem eigenen Amt und seinen Zumutungen dient hierbei als besonderer Nachweis von Glaubwürdigkeit. Gelingt das, dürfen die Gäste damit rechnen, so herzlich verabschiedet zu werden wie Ricarda Lang bei ihrem Besuch im Podcast »Hotel Matze« im Jahr 2024:

> Matze Hielscher: »Ich fand es großartig, dass du da warst.«
> Ricarda Lang: »Sehr gerne.«
> Matze Hielscher: »Ich fand es schön, dass du, zumindest war das mein Eindruck, als Ricarda hier warst.«

Ricarda Lang erwies sich als ein ›guter‹ Gast, weil sie nicht nur als professionelle Politikerin auftrat, sondern auch als verletzbarer, selbstkritischer Mensch. Nun lässt sich ein solcher Gesprächsausschnitt natürlich nicht verallgemeinern, und es wäre übertrieben, den Wandel der politischen Kommunikation der Gegenwart ausschließlich auf Podcast-Gespräche zu reduzieren, und doch wird an solchen Formaten deutlich, wie sehr sich das Anforderungsprofil an Amtsinhaber heute verändert hat. Die strikte Trennung

29 Friedrich Kittler, »Das Subjekt als Beamter«, in: Manfred Frank / Gérard Raulet / Willem van Reijen (Hg.), *Die Frage nach dem Subjekt*, Frankfurt am Main 1988, S. 401–420.

von Amt und Person wird zwar nicht aufgehoben,[30] die Unterscheidung selbst wird aber neu justiert und mitunter explizit thematisiert: Die Person muss nun auch im Amt stärker durchscheinen.

Persönliche Distanz zum Amt als Regierungstechnik

Dass dieser Befund einen milieu- oder parteispezifischen *bias* haben könnte, soll gar nicht geleugnet werden; und dass gerade jene Parteien den Menschen als Fluchtpunkt entdecken, die programmatisch weder auf den starken Staat noch auf den sich selbst regulierenden Markt setzen, ist sicherlich kein Zufall. Gerade die Sorge, im Amt zu einer opportunistischen »Charaktermaske«[31] zu werden, kennzeichnet vor allem Politiker des progressiven Milieus. Dennoch lassen sich verallgemeinerbare, überparteiliche Muster entdecken: So ist es keineswegs nur Robert Habeck von den Grünen, der immer wieder auf persönliche Begegnungen und Erlebnisse rekurriert;[32] auch der unlängst gewählte Bundeskanzler und CDU-Vorsitzende Friedrich Merz berief sich bei einer umstrittenen Abstimmung im Vorfeld der Bundestagswahl auf seine persönlichen Überzeugungen und seine Einsicht.[33] Zur Rechtfertigung seines politischen Handelns wurde von ihm ein »persönlicher Ausnahmezustand«[34] geltend gemacht, wodurch der Politik erlebende Privatmensch Merz mit dem daraus öffentlich Schlüsse ziehenden, handelnden Politiker Merz zusammengeführt wird. Dass diese Strategie, die in hohem Maße von der Glaubwürdigkeit des Menschen zehrt und diese als politisches Mittel einsetzt, immer auch riskiert, diese Glaubwürdigkeit

30 Wie fragil diese Unterscheidung ist und welche Uneindeutigkeiten damit verbunden sind, wird im politischen Alltag immer wieder deutlich, etwa bei der Abrechnung von Bahn-Bonuspunkten, bei fehlerhaften Doktorarbeiten, bei Krediten für das private Eigenheim oder in Fällen von Korruption. Siehe hierzu Karsten Fischer, »Korruption als Problem und Element politischer Ordnung. Zu der Geschichtlichkeit eines Skandalons und methodologischen Aspekten historischer Komparatistik«, in: Jens Ivo Engels / Andreas Fahrmeir / Alexander Nützenadel (Hg.), *Geld – Geschenke – Politik*. Korruption im neuzeitlichen Europa (= Beiheft 48 der *Historischen Zeitschrift*), München 2009, S. 49–65.

31 Auf diese gängige Figur der Kritik an den Masken der Macht im linksalternativen Milieu der Bonner Republik machte bereits früh Michael Rutschky aufmerksam. Siehe ders., *Zur Ethnographie des Inlands*, Frankfurt am Main 1984, S. 11.

32 Vgl. Julian Müller / Astrid Séville, »Ist Dauerreflexion kommunizierbar? Das Habeck-Paradox«, in: *Merkur* 76 (2022), 873, S. 82–88; online unter: https://www.merkur-zeitschrift.de/artikel/ist-dauerreflexion-kommunizierbar-a-mr-76-2-82/ [16. 4. 2025]; dies., *Politische Redeweisen*, Tübingen 2024.

33 So etwa zu Beginn des Jahres 2025, als Merz angab, durch das Attentat in Aschaffenburg zu der Erkenntnis gekommen zu sein, dass es sofort einer Beschlussvorlage für eine andere Migrationspolitik bedürfe.

34 Patrick Bahners, »Mann mit Gewissen. Der Oppositionsführer im Ausnahmezustand«, in: *Frankfurter Allgemeine Zeitung*, 31. 1. 2025.

zu verspielen, sollte nicht verwundern. Damit wird eine weitere zentrale Frage berührt, um die es in diesem Heft auch gehen soll: Was passiert, wenn Amt und Mensch unterschiedliche Halbwertszeiten haben und beide womöglich nicht mehr miteinander in Einklang gebracht werden können? Welche Folgen hat es, wenn sich Amtsinhaber von ihrem eigenen Amt distanzieren oder sich das Charisma eines Amtes zu verflüchtigen droht?

Das politische Geschehen auf der Bühne der Berliner Republik bot hierfür in den letzten Jahren interessantes Anschauungsmaterial. In der zurückliegenden Legislaturperiode wurde in der Ampel-Koalition aus SPD, Grünen und FDP schließlich ausgiebig vor Publikum gestritten; immer wieder wurden zuvor vereinbarte politische Beschlüsse im Nachgang von einzelnen Kabinettsmitgliedern oder Koalitionsfraktionen öffentlich infrage gestellt. Diese simultane Selbstdistanzierung unterminierte nicht nur die Bindungskraft der Entscheidungen, sondern auch den Glauben an die Durchsetzungskraft der beteiligten Akteure. Bürger konnten bisweilen eine irritierende Lust am oppositionellen Gestus bei der Ausübung eines Regierungsamtes erkennen,[35] was andere wiederum dazu bewegte, das Staatstragende im eigenen Ich zu finden. So rechtfertigte der damalige Bundesverkehrsminister Volker Wissing seine Entscheidung, das ihm anvertraute Amt auch nach dem Ende der Koalition weiter auszuüben und aus der FDP auszutreten, wie folgt: »Die Entscheidung ist eine persönliche Entscheidung von mir, die meiner Vorstellung von Übernahme von Verantwortung entspricht. Ich möchte mir selbst treu bleiben.«[36] Die Auslegung des Amtseids wurde zum politischen Kampfplatz.

Umständlich erzielte Einigungen und schmerzhafte Kleinkompromisse wurden von den Koalitionären hingegen derart verklausuliert begründet und zu Erfolgen stilisiert, dass selbst dies der Glaubwürdigkeit der beteiligten Akteure eher abträglich als zuträglich war. Ricarda Lang etwa erklärte nach ihrem Rücktritt vom Grünen-Parteivorsitz, sie selbst habe häufig eine technizistische, unzugängliche und unaufrichtige Sprache gewählt: »Und dann fängt man an, Mist für Gold zu verkaufen und so einen Unsinn zu reden, wie ich es da geredet habe.«[37] Hier geniert sich jemand für das eigene Handeln im Amt – und lässt den eigenen Rücktritt damit in der Nachbetrachtung wie einen Befreiungsschlag wirken. Verloren gegangene Glaubwürdigkeit soll durch öffentlich gezeigte Reue zurückgewonnen werden, indem man sich vom früheren Selbst distanziert und die Bürden und Deformationen des Amtes hinter sich lässt. Wahrhaftig wirken dann diejenigen, die sich als Menschen unbeschadet aus dem jeweiligen Amt schälen können.

35 Siehe hierzu das Gespräch mit Christoph Möllers in diesem Heft.

36 So Wissing in seinem offiziellen Statement zum Austritt aus der FDP am 7. 11. 2024.

37 So formulierte es Ricarda Lang in der ARD-Sendung *Caren Miosga* am 15. 12. 2024; online unter: https://www.daserste.de/information/talk/caren-miosga/sendung/vor-der-vertrauensfrage-100.html [16. 4. 2025].

Nicht nur Lang, auch das übrige politische Personal der Ampel-Regierung wies bei verschiedenen Gelegenheiten darauf hin, dass die Pflichten des Amtes unter Umständen mit den eigenen politischen Prinzipien kollidieren können. Der ehemalige Bundesfinanzminister und FDP-Parteivorsitzende Christian Lindner formulierte geradezu eine Neuauflage seines 2017 geäußerten Bonmots: »Es ist besser, nicht zu regieren, als falsch zu regieren.« Er gab bei seiner letzten Rede im Bundestag am 13. März 2025 noch einmal zu Protokoll: »Die Charakterfrage der Politik ist doch diese: Opfert man Ämter wegen seiner Überzeugungen oder opfert man seine Überzeugungen für Ämter?«[38] So betrachtet, erscheint ein Amt also als politische Herausforderung – es deformiert, konsumiert, entfremdet und macht schlimmstenfalls unaufrichtig. Ein Amt schafft Distanz zum eigenen Ich, insofern Amtsinhaber gewissen Zwängen unterliegen und niemals nur sich selbst, sondern auch ihrer Partei, dem Erhalt ihrer Position oder der Verfolgung eigener Anliegen und Überzeugungen verpflichtet sind; ein Amt schafft aber auch – und das war die Pointe von Wilhelm Hennis – notwendige Distanz zu den Bürgern. Folgt man diesen Indizien und Tendenzen, dann scheint sich der Amtsbegriff gegenwärtig geradezu in einen Gegenbegriff zu Aufrichtigkeit, Wahrhaftigkeit und Unmittelbarkeit zu verwandeln.

Amt und Mensch als Maske – die Zweideutigkeit der politischen Person(a)

Um das doppelte Distanzierungsrisiko gegenüber dem eigenen Ich und den eigenen Wählern zu überbrücken, scheinen manche politischen Akteure auf die Kommunikation eigener innerer Konflikte und auf eine Zurschaustellung ihrer selbst als nahbare *Menschen im Amt* zurückzugreifen. Die Risiken einer solchen Offenbarung der Menschen im Amt sind groß, und die Gefahr, damit Angriffsfläche für Häme, Spott und Hass zu liefern, ist offensichtlich. Jüngst erklärte etwa Kevin Kühnert seinen Rücktritt vom Amt des SPD-Generalsekretärs und seinen damit einhergehenden Rückzug aus der politischen Öffentlichkeit mit erfahrenen Anfeindungen und Bedrohungen sowie einem »Gefühl von absoluter Vergeblichkeit«.[39] Es steht also für Menschen im Amt auch die Gefahr der physischen wie psychischen Versehrtheit, ja gar der Zerstörung im Raum. Wer sich nahbar und verletzbar gibt, wer Einblicke in die eigene Irritierbarkeit gewährt und sich als Mensch investiert, geht ein hohes Risiko ein.[40]

38 So Lindner in der Plenardebatte zur ersten Lesung zu den Grundgesetzänderungen zur Schuldenbremse im Deutschen Bundestag am 13. 3. 2025.

39 So Kühnert in einem Interview mit der *Zeit* vom 23. 4. 2025.

40 Kühnert selbst lieferte in der über ihn gedrehten Langzeitdokumentation der ARD *Kevin Kühnert und die SPD* sehr intime Einblicke in den Beruf des Politikers und in

Dabei geht es um mehr als nur das von Helmuth Plessner so scharfsinnig herauspräparierte »Risiko der Lächerlichkeit«.[41] Sich zu entblößen und bisweilen auch zu viel von sich preiszugeben, sorgt für mediale Präsenz, ja selbst Lächerlichkeit kann, richtig dosiert, strategisch als politisches Kapital eingesetzt werden. Kalt und hölzern zu sein, womöglich noch automatenhaft zu sprechen, ist heute geradezu ein Verdikt. Demokratische Amtsträger müssen stattdessen eine zeitgemäße und mediensensible Balance zwischen Sachlichkeit und Menschlichkeit finden. Daher sollten neben der Rationalisierung des eigenen Tuns im Sinne sachlicher Amtsführung auch die spielerische Inszenierung des Menschlichen und die Politik der Selbstoffenbarung im Amt beherrscht werden. Im Anschluss an Helmuth Plessner ließe sich fragen, ob nicht ebenso wie das Amt als Maske in der Öffentlichkeit fungiert, auch das *Menschsein selbst zu einer Maske* werden kann.[42]

Wie es scheint, haben wir es also mit einer Gleichzeitigkeit zu tun: Zum einen bedient das Amt »die Sehnsucht nach den Masken, hinter denen die Unmittelbarkeit verschwindet«, und verleiht der konkreten Privatperson eine eigene Form, eine Rüstung und einen Nimbus, um auf dem »Kampfplatz der Öffentlichkeit« zu bestehen.[43] Und zum anderen bleibt gleichzeitig als Wesensmerkmal des Menschen auch der »Drang nach Offenbarung, die Geltungsbedürftigkeit«.[44] Überträgt man diese Pointe auf das Problem der politische Person(a) im Amt, dann hat die Maske der politischen Gegenwart wohl ein Janusgesicht: Es ist mal die Aura der kalten Persona mitsamt ihrer von Weber propagierten »Leidenschaft im Sinn von *Sachlichkeit*«, mal die der warmen Persona mit ihrer Nahbarkeit und Fehlbarkeit. Wo Helmut Schelsky einst schrieb: »Person ist weniger als ›Amt‹«,[45] wäre heute hinzuzufügen, dass Person gleichzeitig weniger *und* mehr ist als das Amt. Die Analyse und Beurteilung eines solchen Zusammentreffens von Amt und Mensch, ihrer Ambivalenz und wechselseitigen Subvertierung – das ist es, was wir mithilfe des Kunstbegriffs *Amtsmenschen* in diesem Heft beabsichtigen.

Es geht uns also weniger um einen ethnografischen Blick in den Innenraum von Verwaltungen und Parlamenten, um dort auf echte Menschen zu stoßen, die allen Vorurteilen zum Trotz allgemein menschliche Bedürfnisse

die Tristesse des politischen Alltags. Dabei scheute die Dokumentation auch nicht vor entblößenden Momenten zurück, etwa als Kühnert dabei gefilmt wurde, wie er sich zur strategischen Pflege seines öffentlichen Images beraten ließ, was andere Spitzenpolitiker im Arkanum der politischen Existenz belassen würden.

41 Helmuth Plessner, *Grenzen der Gemeinschaft.* Eine Kritik des sozialen Radikalismus [1929], Frankfurt am Main 2001, S. 70.

42 Plessner geht selbst auf die »Zweiteilung [...] zwischen Privatperson und Amtsperson« ein. Ebd., S. 82 f.

43 Ebd., S. 41 und S. 82.

44 Ebd., S. 63.

45 Schelsky, *Die juridische Rationalität*, S. 11.

haben, also nicht nur Akten fressen, sondern auch Butterbrote essen;[46] und wir fragen auch nicht kulturkritisch, wie es im Angesicht einer riesenhaften Bürokratie gelingen kann, »uns vor dem Apparat als Menschen, als Personen, als lebendige Kraft zu retten«.[47] Stattdessen interessieren wir uns aus unterschiedlichen disziplinären Perspektiven für das Spannungsverhältnis von Mensch und Amt, das ermöglichend und einschränkend, anstrengend und entlastend, produktiv und destruktiv sein kann.

Zu den Beiträgen dieses Heftes

Zu Beginn konfrontiert Barbara Stollberg-Rilinger das moderne Ideal sachlich-emotionsloser Amtsführung mit dem patrimonial-dynastischen Herrschaftsverständnis der Neuzeit und seiner typischen Konzentration auf die konkreten und vor allem gesunden Körper der Herrschenden. Am Beispiel von Maria Theresia weist sie auf Überlagerungen zweier zu inszenierender Körper hin: Maria Theresia, die selbst 16 eigene Kinder zur Welt brachte und sich als liebende Landesmutter inszenierte, galt juristisch als Mann und wurde entsprechend zum *König* von Böhmen und Ungarn geweiht. Während sie also gleichzeitig einen politisch-männlichen und einen biologisch-weiblichen Körper darzustellen hatte, verstanden sich in der Nachfolge kinderlose Herrscher wie Joseph II. oder Friedrich II. fortan als Diener des Staates, also gerade als geschlechtslose Amtsinhaber.

Auch Marc-Aeilko Aris beschäftigt sich mit der Gleichzeitigkeit zweier Körper. In seinem Beitrag geht es jedoch nicht um die Existenz unterschiedlich lesbarer geschlechtlicher Körper, sondern um die Existenz zweier realer Körper in einem ganz speziellen Amt. Denn mit dem Rücktritt von Papst Benedikt XVI. und der Wahl seines Nachfolgers Franziskus kam es 2013 zur unvorhergesehenen Kohabitation zweier päpstlicher Körper, die eine intellektuelle Herausforderung, aber vor allem ein erhebliches Problem für die symbolische Repräsentanz des Papstamtes darstellte, zumal Benedikt XVI. in seiner Rücktrittserklärung deutlich machte, zwar auf die weitere Ausführung des Amtes zu verzichten, jedoch nicht »ins private Leben« zurückzu-

46 So eine Beobachtung des ehemaligen Verwaltungsjuristen Niklas Luhmann: »Wer ein Verwaltungsgebäude betritt, sieht Leute den Flur entlanggehen, Akten heraussuchen und bearbeiten, telefonieren, auf die Uhr schauen, Butterbrote essen. Die konkrete Lebenswirklichkeit der Verwaltung ist offenbar nicht nur mit Entscheidungen befaßt.« Ders., *Die Grenzen der Verwaltung*, Berlin 2021, S. 68; siehe hierzu auch Julian Müller / Niklas Barth, »B wie Bürokratische Tugenden. Ein Handbrevier für den Bürobewohner, Speyer 1964«, in: Friedrich Balke / Bernhard Siegert / Joseph Vogl (Hg.), *Medien der Bürokratie*. Archiv für Mediengeschichte, Paderborn 2016, S. 109–121.

47 Alfred Weber, »Der Beamte«, in: ders., *Gesamtausgabe*, Bd. 8: *Schriften zur Kultur- und Geschichtssoziologie (1906–1958)*, Marburg 2000, S. 98–117, hier S. 112.

kehren. Der Beitrag rekonstruiert nicht nur diesen konkreten Fall des Rücktritts eines Papstes, er erzählt darüber hinaus eine Geschichte über Prozesse der Auratisierung und Deauratisierung von Ämtern.

Auch in der theologischen Sprache im Allgemeinen und in der protestantischen Theologie im Besonderen ist der Amtsbegriff von fundamentaler Bedeutung, wie Friedrich Wilhelm Graf in seinem Beitrag deutlich macht. Exemplarisch rekonstruiert er verschiedene Auslegungen des Amtes: zunächst die viel diskutierte und umstrittene Idee des dreifachen Amtes von Jesus Christus als Priester, König und Prophet; sodann die Formel eines »prophetischen Wächteramts der Kirche«; und schließlich die ekklesiologisch informierte Vorstellung vom Amt des Pfarrers. Letzteres ist durch Amtseid, Amtsgeheimnis, Gelübde und Amtstracht, vor allem aber durch das Berufenwerden (*vocatio*) gekennzeichnet und erwartet vom einzelnen Amtsträger fortan, dass die öffentliche Person und das Privatleben zur Deckung gebracht werden – eine Erwartung, die sich zunehmend als Herausforderung für heutige Amtsträger darstellt.

Von der Theologie geht es dann in die Sozialwissenschaften. Wie randständig das Amt und die Rolle von konkreten Amtspersonen dort zumeist behandelt werden, darauf weist mit Erstaunen Berthold Vogel in seinem Beitrag hin. Eine Ausnahme entdeckt er in den Arbeiten des US-amerikanischen Politikwissenschaftlers Michael Lipsky über *street-level bureaucracy*. Nimmt man diese Anfang der 1980er-Jahre publizierten Texte über den Arbeitsalltag von Bediensteten im öffentlichen Sektor heute erneut zur Hand, sticht nicht nur allgemein die Verwaltungsbedürftigkeit moderner Gesellschaften ins Auge, es wird auch deutlich, welche Bedeutung dabei konkreten Menschen in Ämtern und Behörden zukommt.

Diesem Befund stimmen auch Peter Imbusch und Joris Steg zu, die sich in ihrem Beitrag mit Gewalt und Anfeindungen gegenüber Amtsträgern auseinandersetzen. Dabei konzentrieren sie sich nicht so sehr auf die aus der überregionalen Presse bekannten Fälle von Gewalt gegen Spitzenpolitiker, sondern auf die weniger beachteten alltäglichen Fälle von Gewalt gegen Einsatzkräfte und Mitarbeiter von Ämtern und Behörden auf kommunaler Ebene. Ob diese Gewalt gegen abstrakte Amts*personen* oder nicht eher gegen konkrete Amts*menschen* gerichtet ist, lässt sich dabei nicht immer eindeutig entscheiden. Womöglich könnte der Respektverlust gegenüber Bediensteten des Staates aber auch damit zu tun haben, dass die Trennung von Amt und Person zunehmend unplausibel und erklärungsbedürftig wird.

Amtsträger sind allerdings nicht nur Zielscheibe von körperlicher Gewalt, sondern seit jeher auch Zielscheibe von Häme und Spott. Christian Kirchmeier setzt sich deshalb eingehender mit dem Verhältnis von Amt und Humor auseinander, wobei er sich vor allem für Amtsträger als Spaßmacher interessiert. Während an ein Amt üblicherweise die Erwartung von Sachlichkeit und Ernst gerichtet ist und Amtsträger entsprechend durch Agelastie, also die Unfähigkeit zu lachen, gekennzeichnet sind, lässt sich in der Politik seit Längerem der strategische Einsatz von Humor beobachten. Der Beitrag geht insbesondere auf Formen ironischen Sprechens und auf karnevalistische Elemente in der Gegenwartspolitik ein und fragt, ob die richtige Dosierung von Humor und die Selbstinszenierung als lächerliche Figur womöglich heute zum Anforderungsprofil von Politikern in einer Mediengesellschaft zählen.

Den Graubereich von Amt und Repräsentation rückt der Beitrag von Tobias Lappy in den Mittelpunkt. Er setzt sich dabei mit uneindeutigen Formen des stellvertretenden Sprechens auseinander, die man als Amtshandeln ohne Amt bezeichnen könnte. Ein Beispiel ist der Pfleger Alexander Jorde, der auf dem Höhepunkt der Corona-Pandemie in einer Fernsehsendung zunächst nur aus seinem Arbeitsalltag auf einer Krankenstation berichtete, um kurz darauf im Gesundheitsausschuss des Bundestages zu sitzen und Reformvorschläge für die Pflege zu machen. Hierbei handelt es sich um eine Inversion klassischer politischer Repräsentation. Jorde hatte sich selbst nie um ein Amt bemüht, wurde aber von außen mit dem Amt der »Stimme aus dem Volk« betraut, das von ihm jedoch kein allgemein-stellvertretendes, sondern gerade ein unmittelbar-persönliches Auftreten verlangte.

Am Ende des Heftes steht ein Gespräch mit Christoph Möllers. Dieses dreht sich nicht nur um den Amtsbegriff, der zwischen Politik und Recht changiert und gleichermaßen rechtliche wie politische Probleme löst und schafft, wir sprechen auch über das Pathos der Sachlichkeit, über Fälle einer charismatischen Aufladung von Ämtern und die Risiken einer zunehmenden Verbeamtung des Politischen. Das Amt wird von Möllers als wesentliches Element von Herrschaftsorganisation beschrieben, gerade weil daran die Gleichzeitigkeit von Ermöglichung und Beschränkung deutlich wird. Wer ein Amt innehat, kann anders sprechen und auftreten als ohne dieses Amt, ist aber an eine Institution gebunden und verfügt daher nicht vollends über sein eigenes Tun. Man bekommt mit dem Amt also gewissermaßen einen grauen Flanellanzug ausgehändigt; ob er einem gut passt, ist eine andere Frage. Wie jedes Amt hält es aber auch der Anzug aus, dass er »beim einen zu eng sitzt, am anderen runterschlabbert, und beim nächsten fehlt ein Knopf«.

Die Idee des Amtes, so lässt sich dank der Vielzahl der hier versammelten Perspektiven erkennen, liefert Demokraten weder eine klare Handlungsanweisung zu sachlicher Distanziertheit noch eine emphatische Ermutigungsvokabel für überbordende Menschlichkeit. Sie entzieht sich einer vorschnellen normativen Eindeutigkeit. Demokratie, das sollte deutlich werden, ist gerade in diesen politischen Zeiten auf ein ihr entgegenkommendes Verständnis von Amtsführung angewiesen.

Die Idee zu diesem Heft und ein Großteil der Beiträge gehen zurück auf eine Tagung, die im Januar 2025 an der Leuphana Universität Lüneburg stattgefunden hat und die zugleich die Abschlussveranstaltung des von der Gerda Henkel Stiftung geförderten Forschungsprojekts »Re/Präsentation. Neue Formen politischer Ansprache und Fürsprache« war.[48]

Astrid Séville ist Professorin für Politikwissenschaft,
insbesondere Politische Theorie, an der Leuphana Universität Lüneburg.
astrid.seville@leuphana.de

Julian Müller ist Gastprofessor an der Staatswissenschaftlichen Fakultät
der Leuphana Universität Lüneburg.
julian.mueller@leuphana.de

48 Wir danken Karsten Fischer, der als Respondent auf dieser Tagung viele der vorliegenden Beiträge kommentiert und durch kluge Rückfragen inhaltlich geschärft hat. Kurzfristige Absagen haben zudem zu einem Schwund von Autorinnen geführt, weswegen wir den versammelten Autoren umso dankbarer für die hervorragende Zusammenarbeit sind.

Im Dienst

Reden, reden, reden – und ab und zu in Akten blättern. Wollte man einem Kind erklären, was Politik als Beruf bedeutet, könnte man es mit dieser Formel versuchen. Politiker:innen sind immer im Gespräch – mit Kolleg:innen auf dem Flur und im Sitzungszimmer, auf Pressekonferenzen, in Talkshows, in Plenarsälen, vor Parlamentsausschüssen, auf Marktplätzen, am Telefon, in der Expertenrunde. Wer kollektiv verbindliche Entscheidungen herbeiführen will, muss zur Dauerkommunikation bereit sein – und gelegentlich am Schreibtisch sitzen. Inszenierungen der Macht kommen selten ohne dieses Requisit aus, das zugleich für ein bestimmtes Amtsverständnis steht, für Pflichterfüllung und selbstlosen Fleiß im Dienst der Allgemeinheit. Um diesen ikonografischen Mehrwert wussten bereits Monarchen und Diktatoren früherer Jahrhunderte, die sich ebenfalls gern an Schreibtischen zeigten, manche davon so groß, dass sie zum wirklichen Arbeiten kaum geeignet scheinen. Auf den Schreibtischen und in den Büros gewählter Volksvertreter:innen herrscht heute indes zumeist absichtsvoll arrangierte Informalität. Sie ähneln zunehmend den Arbeitsplätzen von Angestellten.

Barbara Stollberg-Rilinger

Landesmütter und Erste Staatsdiener

Dynastische Herrschaft und Amt im frühneuzeitlichen Europa

»Regentinnen […] hören auf, Frauen zu seyn, sobald sie den Thron besteigen«, hieß es in einer anonymen Flugschrift des ausgehenden 18. Jahrhunderts.[1] Die Habsburgerin Maria Theresia zum Beispiel wurde zum *König* von Böhmen und von Ungarn geweiht, und man sprach davon, dass sie bei der Krönung ihr Geschlecht gewechselt habe.[2] Ihr Oberzeremonienmeister formulierte es so, dass sie aufgrund des habsburgischen Erbrechts »per fictionem juris […] die qualitatem masculinam gleichsamm angererbet« habe.[3] Als Alleinerbin der Herrschaft im Haus Habsburg galt sie kraft juristischer Fiktion nicht als Frau, sondern als Mann – ungeachtet der Tatsache, dass sie im Laufe ihres Lebens 16 Kinder zur Welt brachte und sich selbst »meiner Länder allgemeine und erste Mutter« nannte. Mit anderen Worten: Politischer und natürlicher Körper, »Krone« und »gekröntes Haupt« waren zweierlei. Mit ähnlichen Unterscheidungen hatte schon die mittelalterliche Korporationslehre zum Ausdruck gebracht, dass der unsterbliche Körper der Monarchie den physischen Körper des einzelnen Monarchen überlebe.[4]

Doch das heißt nicht, dass der physische Körper des Herrschers nicht von substanzieller politischer Bedeutung gewesen wäre. Dass – um bei dem Eingangsbeispiel zu bleiben – Maria Theresia rituell und juristisch als Mann behandelt wurde, zeigt, dass ihr natürliches Geschlecht ihr ein erhebliches Legitimationsproblem eintrug. Von der Rollentrennung zwischen öffentlichem Amtsträger und Privatperson, wie sie das moderne Prinzip formaler Organisation voraussetzt, war man weit entfernt. Formale Organisationen

1 O. A., *Betrachtung über die Etiquette mit Anwendung auf die Präcedenz der Gesandten und Monarchen durch Beyspiele aus der Geschichte erläutert*, o. O. o. J.

2 Zum Kontext siehe Barbara Stollberg-Rilinger, *Maria Theresia*. Die Kaiserin in ihrer Zeit. Eine Biographie, 5. Aufl., München 2018, S. 88 ff. Daraus stammen auch die meisten der folgenden Beispiele.

3 Johann Josef Khevenhüller-Metsch, *Aus der Zeit Maria Theresias*. Tagebuch des Fürsten Johann Josef Khevenhüller-Metsch, Kaiserlichen Obersthofmeisters, 1742–1776, 8 Bde., hrsg. von Rudolf Graf Khevenhüller-Metsch / Hans Schlitter, Bd. VI: *1758–1759*, Wien/ Leipzig 1908, S. 31.

4 Ernst H. Kantorowicz, *Die zwei Körper des Königs*. Eine Studie zur politischen Theologie des Mittelalters [1957], übers. von Walter Theimer, München 1990; Hasso Hofmann, *Repräsentation*. Studien zur Wort- und Begriffsgeschichte von der Antike bis ins 19. Jahrhundert [1974], 4. Aufl. mit einer neuen Einl., Berlin 2003; Albrecht Koschorke / Thomas Frank / Ethel Matala de Mazza / Susanne Lüdemann, *Der fiktive Staat*. Konstruktionen des politischen Körpers in der Geschichte Europas, Frankfurt am Main 2007.

beruhen bekanntlich auf der Fiktion vollkommener Unpersönlichkeit des Amtes. Das heißt, dass »die elementaren Formen und Spielregeln des menschlichen Zusammenlebens teilweise unanwendbar sind«, wie etwa »Hilfe und Takt, Forderung und Gewähr persönlicher Achtung, Scherz und Humor, Tausch von Wohltaten, Formen der Gefühlsentladung und des Abbruchs von Beziehungen«.[5] Das war in der Vormoderne unvorstellbar, und es ist historisch gesehen eine extrem unwahrscheinliche, erklärungsbedürftige Entwicklung, dass es in der Moderne dazu kam. Die Rolle des sachlich handelnden, gleichsam körperlosen, geschlechtslosen, emotionslosen Amtsinhabers muss allerdings stets notwendigerweise von Menschen mit individuellen Unzulänglichkeiten, Interessen, Loyalitäten und Leidenschaften gespielt werden. Die normative Erwartung vollkommener Sachlichkeit hatte es immer schon schwer, sich gegen die empirische Realität zu behaupten. Dass die Rationalitätsfiktion der klassischen Moderne aber heute mehr denn je an Überzeugungskraft eingebüßt zu haben scheint, ist ein Anlass, sich noch einmal näher mit den vormodernen Verhältnissen zu befassen, gegen die sie ursprünglich einmal entwickelt worden ist.

Im Folgenden umreiße ich zuerst idealtypisch die wesentlichen strukturellen Unterschiede zwischen dem frühneuzeitlichen dynastisch-patrimonialen Herrschaftsverständnis und dem modernen Amtsverständnis (I.), bevor ich auf die rituellen Praktiken und rhetorischen Strategien eingehe, mit denen dynastische Herrschaft in der Frühen Neuzeit inszeniert wurde (II.). Als Beispiel für die Ausbalancierung von Nähe und Distanz dient die Inszenierung der Begegnung mit Untertanen am Hof der Kaiserin Maria Theresia (III.). Schließlich werfe ich einen Blick auf die Transformationsepoche um 1800, in der sich die Fiktion des scheinbar geschlechtslosen, tatsächlich aber männlichen Regenten als politischer Amtsträger etablierte (IV.), und schlage kurz den Bogen zur Gegenwart (V.).

I.

Im spätmittelalterlichen und frühneuzeitlichen Europa beruhte – erstens – Herrschaft in der Regel auf dynastischer Erbfolge, das heißt im Kern auf physischer Reproduktion und nicht auf Wahl. Zwar gab es auch damals monarchische Wahlämter, etwa die Kaiserwürde im Römisch-deutschen Reich, doch die Trennlinie war fließend, denn auch solche Wahlämter waren meist

5 Niklas Luhmann, »Verantwortung und Verantwortlichkeit«, in: ders., *Schriften zur Organisation 1*. Die Wirklichkeit der Organisation, hrsg. von Ernst Lukas / Veronika Tacke, Wiesbaden 2018, S. 47–58, hier S. 51 f.; grundlegend ders., *Funktionen und Folgen formaler Organisation* [1964], mit einem Epilog 1994, 5. Aufl., Berlin 1999; aus der Sicht der Frühneuzeitforschung demnächst Franziska Neumann / Matthias Pohlig / Hannes Ziegler (Hg.), *Vormoderne Organisationen*. Anfänge, Funktionen, Folgen (erscheint voraussichtl. 2026).

in einem geschlossenen Heiratskreis weniger Familien monopolisiert und wurden indirekt vererbt. Zweitens: Das Subjekt der Herrschaft war die konkrete Person des Herrschers – der unter Umständen auch eine Frau sein konnte –, nicht eine abstrakte Staatsperson. Drittens: Politisches Handeln war im Wesentlichen Kommunikation unter Anwesenden; politische Integration beruhte auf persönlicher Nähe, Verwandtschaft und Patronage, kurzum: auf dem »Ansehen der Person« in einem ganz wörtlichen Sinne.[6]

Aus diesen Strukturmerkmalen frühneuzeitlicher Fürstenherrschaft folgt – erstens – die elementare Bedeutung des natürlichen Herrscherkörpers. Denn solange Herrschaft auf dem Recht der Geburt beruhte und vom Herrscherpaar an dessen Nachkommen weitergegeben wurde, spielte die Beschaffenheit ihrer Körper eine schlechthin zentrale Rolle, ihre Schönheit und Unversehrtheit, Reinheit und Disziplin, Gesundheit und – vor allem natürlich – Potenz beziehungsweise Fruchtbarkeit. Das gesamte politische Symbolsystem war auf den Herrscherkörper bezogen. Der natürliche sterbliche Körper des Herrschers repräsentierte den unsterblichen politischen Körper seines Reiches, dessen Haupt er zugleich war. Seine Körperlichkeit diente als politische Metapher und wies auf vielerlei Weise über sich selbst hinaus: Herrschaft über den eigenen Körper galt als Voraussetzung für die Herrschaft über andere. Die dynastische Herrschaftsweitergabe kraft Geburt hatte indessen Vor- und Nachteile. Einerseits ließ sie die Thronfolge als naturgemäßen Vorgang erscheinen, der der willkürlichen Verfügung und Entscheidung der Menschen entzogen war. Andererseits lieferte sie die Dynastie damit aber auch dem Zufall der Geburt aus – eine Art »natürliche Lotterie« nannte dies Thomas Hobbes. Denn genügte der Körper des Thronfolgers den Anforderungen nicht, war er krank, geistesschwach, steril, hinfällig oder gar weiblich, so gefährdete das die Kontinuität und die Akzeptanz der Herrschaft und rief Konkurrenten auf den Plan.

Vormoderne Herrschaft hatte – zweitens – einen hohen Bedarf an symbolisch-ritueller Inszenierung.[7] Normative Strukturen beruhten primär auf ritueller Wiederholung und nur sekundär auf formal gesetzten Regeln. Unter den Bedingungen einer Anwesenheitsgesellschaft und eines geringen Maßes an Organisationsförmigkeit musste Herrschaft rituell in Geltung gesetzt und sinnlich wahrnehmbar gemacht werden. Das begann mit der Verwandlung des physischen Körpers in den quasisakralen Herrscherkörper durch die Herrscherweihe und setzte sich in der alltäglichen Herrschafts-

6 Grundlegend Wolfgang Reinhard, *Geschichte der Staatsgewalt*. Eine vergleichende Verfassungsgeschichte Europas von den Anfängen bis zur Gegenwart, München 1999; Rudolf Schlögl, *Anwesende und Abwesende*. Grundriss für eine Gesellschaftsgeschichte der Frühen Neuzeit, Paderborn/Konstanz 2014.

7 Vgl. Barbara Stollberg-Rilinger, *Des Kaisers alte Kleider*. Verfassungsgeschichte und Symbolsprache des Alten Reiches, München 2008, mit weiteren Literaturhinweisen. Siehe hierzu den Beitrag von Marc-Aeilko Aris in diesem Heft.

praxis fort. Die komplexe Ritualsequenz der Herrschereinsetzung folgte überall im lateinischen Europa dem gleichen Muster, das im Kern aus Eid, Salbung, Einkleidung, Krönung, Thronsetzung, Akklamation, öffentlichem Festmahl und Einzug bestand. Der zentrale sakramentale Akt der Salbung, der Könige von anderen Fürsten unterschied, diente seit dem Mittelalter dazu, den physischen Körper in einen quasisakralen Amtskörper zu verwandeln. Es charakterisiert den Wandel des herrscherlichen Amtsverständnisses im 18. Jahrhundert, dass Monarchen wie Friedrich II. von Preußen auf dieses Einsetzungsritual verzichteten und Juristen betonten, dass es eine rein zeremoniell-dekorative Funktion habe und für die Legitimität des Herrschers nicht konstitutiv sei.

Im vormodernen Europa wurde die herrscherliche Majestät auch im Alltag permanent sinnfällig gemacht, und zwar nicht nur durch mediale Formen der Repräsentation wie Porträt oder Panegyrik, sondern vor allem durch Formen unmittelbarer Interaktion, bei der der Herrscher persönlich anwesend war und seine Herrschaft im Kreis der (jeweils relevanten) Öffentlichkeit zur Geltung brachte. Bezeichnend ist, dass der Begriff *maiestas*, bevor er zum abstrakten staatstheoretischen Konzept wurde, den wörtlichen Sinn von »Zier und Würde, Glanz und Herrlichkeit« hatte. Die direkte symbolisch-rituelle Interaktion stellte indessen an den Herrscherkörper besonders hohe Anforderungen. Sie verlangte einen bestimmten Habitus, der ohne aufwendige Zurichtungspraktiken und strenge Disziplin nicht zu haben war. Körperliche Mängel und Gebrechen mussten sorgfältig verborgen werden. Das stieß allerdings an natürliche Grenzen, denn der physische Körper ist vulnerabel und nie vollständig kontrollierbar.

Drittens folgt aus der Struktur vormoderner dynastisch-patrimonialer Herrschaft die substanzielle Bedeutung der weiblichen Mitglieder einer Dynastie. Weil politische Herrschaft und ständische Privilegien von den Eltern auf die Kinder vererbt wurden, war weibliche Fruchtbarkeit die Basis für Stabilität und Kontinuität der politisch-sozialen Ordnung. Der Staat eines Fürsten wurde nach dem Modell des Hauses als erweiterter Haushalt, *oikos*, gedacht. Die Ehefrau des Herrschers – ebenso wie die Frau des Hauses in anderen Ständen – war Teil eines »Arbeitspaares« und erfüllte wesentliche dynastische Aufgaben, zum Beispiel die Pflege der Beziehungen zu Verwandten und Freunden, zu Gott und den Heiligen.[8] Verwandtschaft war die Basis der Politik und damit zugleich auch die Hauptquelle von Konflikten. In der Frühen Neuzeit waren nicht zufällig fast alle Kriege Erbfolgekriege (mit der signifikanten Ausnahme der Türkenkriege, denn die Osmanen waren vom europäischen dynastischen Heiratskreis ausgeschlossen). Das verlieh den Herrschergattinnen einen erheblichen Einfluss auch auf die Außenbeziehun-

8 Grundlegend Heide Wunder, *»Er ist die Sonn', sie ist der Mond«*. Frauen in der Frühen Neuzeit, München 1992; Regina Schulte (Hg.), *Der Körper der Königin*. Geschlecht und Herrschaft in der höfischen Welt seit 1500, Frankfurt am Main / New York 2002.

gen. Je nach Beschaffenheit der dynastischen Hausverträge konnten Frauen die Regentschaft für ihren Mann oder Sohn ausüben oder auch – manchmal – die Herrschaft selbst erben. Nur in ein politisches Wahlamt gewählt werden, das konnten sie nicht. Bezeichnenderweise trat etwa Maria Theresia, die Erbtochter Kaiser Karls VI., zwar selbst die Herrschaft in den Ländern des habsburgischen Hauses an (wenn auch unter erheblichen Komplikationen) und ließ sich dort wie ein Mann zum König krönen. Als Frau konnte sie dagegen nicht von den Kurfürsten zum Kaiser des Römisch-deutschen Reiches gewählt werden. Das stand für die Juristen der Zeit fest und bedurfte keiner Begründung; stattdessen musste sie sich damit begnügen, ihren Ehemann wählen zu lassen und die Herrschaft im Reich informell auszuüben.[9]

II.

Wie wurde dynastisch-patrimoniale Herrschaft typischerweise gegenüber Ständen, Untertanen und Herrschaftskonkurrenten in Szene gesetzt? Majestät musste, wie gesagt, sinnlich wahrnehmbar sein. Sie bestand nicht zuletzt in den Formen, mit denen die allerhöchste Person des Herrschers umgeben wurde. Die Zeremonialräume der Residenzschlösser, die Straßen und Kirchen der Residenzstädte stellten die Bühnen dafür dar, die mit angemessener Pracht ausstaffiert, durch Schwellen, Stufen, Schranken und Signale markiert, von Garden flankiert und mit Personen möglichst hoher Herkunft besetzt werden mussten. Nicht zuletzt musste aber auch die Herrscherperson selbst für den Auftritt auf der Bühne hergerichtet werden. Dafür gab es – wie beim Theater – eine Hinterbühne, ein Labyrinth von Gängen, Hintertreppen und Kammern, zugänglich durch kaschierte Tapetentüren, wo das Riesenheer unsichtbarer Bediensteter agierte. Über deren verborgene Arbeit am herrscherlichen Charisma weiß man in der Regel wenig, denn die Leibdiener mussten verschwiegen sein, wenn sie ihren Familien nicht die Hofkarrieren versperren wollten. Im Falle Maria Theresias weiß man immerhin, welche Bedeutung sie der äußeren Erscheinung beimaß: »Laßt Euch keinerlei Nachlässigkeit durchgehen, weder in Eurem Äußeren noch in Fragen der Repräsentation«, predigte sie ihren Kindern,[10] denn: »Man muss überall und immer repräsentieren.«[11] Es wäre irreführend, das als Zeichen persönlicher Eitelkeit zu deuten; es handelte sich vielmehr um Ein-

9 Vgl. dazu ausführlich Stollberg-Rilinger, *Maria Theresia*, S. 145–176.

10 Maria Theresia an Marie-Antoinette, 1. 11. 1770; zit. nach der dt. Übersetzung in: Carl Rothe (Hg.), *Die Mutter und die Kaiserin*. Briefe der Maria Theresia an ihre Kinder und Vertrauten, Wien 1968, S. 368 ff.

11 Maria Theresia an Erzherzog Ferdinand, 14. 5. 1772, in: Alfred Ritter von Arneth (Hg.), *Briefe der Kaiserin Maria Theresia an ihre Kinder und Freunde*, BD. IV, Wien 1881, S. 123 (meine Übers., B.St.-R.).

sicht in die Notwendigkeit, den herrscherlichen Körper permanent als solchen zu inszenieren.

Für die dynastische Herrschaft spielte die rituelle Feier der physischen Reproduktion eine zentrale Rolle. Dazu bedurfte es immer eines Ehepaares; ein unverheirateter Fürst war ein Unding – instrumentell ebenso wie symbolisch. Die Körper von Fürst und Fürstin waren öffentliche Körper, Heirat eine Staatsaktion allerersten Ranges und eheliche Fortpflanzung ein Gegenstand größten öffentlichen Interesses. Kinderlosigkeit des Herrscherpaares war das größtmögliche Unglück, denn sie gefährdete nicht nur die Kontinuität der Dynastie, sondern zeigte auch, dass auf dem Herrscherpaar kein göttlicher Segen lag. Dessen Fruchtbarkeit stand Pars pro Toto für die blühende Fruchtbarkeit und den Wohlstand des Landes, ebenso wie umgekehrt Impotenz und Unfruchtbarkeit als Indiz und Metapher für politische Ohnmacht und Unfähigkeit verstanden wurden. Sexuelle Ausschweifung galt als Kennzeichen des Despotismus, weil Bastarde die Stabilität der Dynastie gefährdeten.

Dynastische Herrschaft wurde vor allem durch die Rituale des reproduktiven Lebenszyklus inszeniert und auf Dauer gestellt: Hochzeit, Taufe, Beisetzung. Diese Übergangsrituale teilten die Angehörigen des Herrscherhauses grundsätzlich mit den Menschen aller anderen Stände; jede Familie konnte sich in der Familie des Herrscherpaares repräsentiert sehen. Die Untertanen wurden auf vielerlei Weise in die Ritualgemeinschaft der Dynastie einbezogen, indem zum Beispiel in allen Provinzen kollektive Fürbitt- und Dankgebete, öffentliche Festmähler oder Trauerzeremonien stattfanden. Selbst Brautbett und Geburt waren im Herrscherhaus keine Gegenstände intimer Abgeschlossenheit, sondern wurden in symbolisch-ritueller Form öffentlich exponiert. Das Thronfolgerpaar wurde unter den Augen der Hochzeitsgesellschaft zum Beilager geführt; auch Entbindungen spielten sich vor ausgewähltem höfischem Publikum ab. An vielen Höfen war es üblich, dass die Fürstinnen anschließend Gratulationsbesuche im Paradebett empfingen, und am Wiener Hof wurde das Bett des Herrscherpaares nach der Geburt des Thronfolgers in der Residenz dem Volk zur Besichtigung ausgestellt.[12]

All dem entsprach auf der Ebene der kollektiven Semantik die Rhetorik von Landesvater und Landesmutter. Das Modell von Haus und Familie wurde metaphorisch auf das Verhältnis des Herrscherpaares zu den Untertanen ausgedehnt. Die Metapher der Elternschaft implizierte erstens, dass Herrschaft von Gott verliehen sei und sich von den Eltern auf die Kinder vererbe; zweitens, dass die Untertanen dem Herrscherpaar ebenso selbstverständlichen Gehorsam schuldeten wie leibliche Kinder ihren Eltern; und drittens, dass die Untertanen unmündig seien und nur der väterliche Herr-

12 Vgl. Stollberg-Rilinger, *Maria Theresia*, S. 313.

scher wisse, was ihrem Wohl diene. Das Verhältnis zwischen Herrscherpaar und Untertanen ließ sich so als familiäres Verhältnis von Liebe und Fürsorge einerseits, Gehorsamspflicht und Züchtigungsrecht andererseits begreifen.

III.

Das Modell des Landes als Haushalt und der Herrschaft als Elternschaft erforderte die symbolisch-rituelle Inszenierung von Familiarität und persönlicher Nähe. Allgemeine Zugänglichkeit entsprach zugleich einem alten Topos des Herrscherlobs. Für jedermann erreichbar zu sein und jedermanns Anliegen anzuhören galt als Maßstab des guten Fürsten, der ihn vom Tyrannen unterschied. Der weise Herrscher sorgte für Frieden und Gerechtigkeit, indem er auf Klagen antwortete, Konflikte schlichtete und Verdienste belohnte. Die Untertanen kamen zu ihm, er hörte sie an und antwortete ihnen. Grundsätzlich sollte jeder Bittsteller, so die Vorstellung, dem Herrscher sein Anliegen vortragen können, sei es in Form der schriftlichen Supplikation, sei es in Form der öffentlichen Audienz. Eine solche allgemeine Zugänglichkeit war selbstverständlich eine institutionelle Fiktion. Tatsächlich beschränkte sich der Zugang bei Hof im Wesentlichen auf Angehörige der großen Familien, für alle anderen waren die Monarchen weit entrückt. Zwar war persönlicher Zugang zum Thron auch für einfache Untertanen prinzipiell möglich, wurde aber auf komplexe Weise gefiltert, kontrolliert und zeremoniell inszeniert.[13]

So war es etwa an den großen europäischen Höfen üblich, dass ausgewählte Untertanen und Durchreisende an besonderen Galatagen der Herrscherfamilie beim Tafeln zusehen durften, sofern die Besucher nicht »kränklich und ungesund aussehen, um der Herrschafft bey der Tafel durch deren übeln Anblick den Appetit zum Essen nicht zu verderben«.[14] An katholischen Höfen praktizierte man an Menschen aus dem »gemeinen Volk« eine symbolisch-repräsentative, Pars pro Toto geübte Gnade und Barmherzigkeit. So wurden am Habsburgerhof zu den Geburtstagen der Erbtochter immer genauso viele »arme Mädchen« eingeladen und beschenkt, wie die kleine Erzherzogin Jahre alt wurde. Und bei der Hochzeit des Thronfolgers wurde eine Anzahl von Hochzeitspaaren aus dem Bürgertum der Residenz-

13 Vgl. Dries Raeymekers / Sebastiaan Derks (Hg.), *The Key to Power?* The Culture of Access in Princely Courts, 1400–1750, Leiden / Boston, MA 2016. In dieser Hinsicht bestanden große Unterschiede zwischen den europäischen Höfen. Versailles war für seine Offenheit bekannt, der Kaiserhof für strengere Zugangsregeln. Vgl. zu Versailles grundlegend Leonhard Horowski, *Die Belagerung des Thrones.* Machtstrukturen und Karrieremechanismen am Hof von Frankreich 1661–1789, Ostfildern 2012; beide Höfe vergleicht Jeroen Duindam, *Vienna and Versailles.* The Courts of Europe's Dynastic Rivals, 1550–1780, Cambridge 2003.

14 So Julius Bernhard von Rohr, *Einleitung zur Ceremoniel-Wissenschafft der großen Herren,* Berlin 1733, S. 75.

stadt mit einem Brautschatz ausgestattet. Die ausgewählten Empfänger solcher herrscherlichen Gnaden wurden wie fiktive Familienmitglieder behandelt, der Topos von der Herrscherin als Landesmutter, dem Herrscher als Landesvater auf symbolisch-zeremonielle Weise exemplarisch wahr gemacht. Das prominenteste Ritual dieser Art war die Fußwaschung am Gründonnerstag, wie sie bis heute vom Papst vollzogen wird. Indem die Herrscher zwölf der geringsten Untertanen auf Knien symbolisch den niedrigsten und unreinsten Dienst leisteten, erniedrigten sie sich, wie Jesus sich am Abend vor der Kreuzigung gegenüber seinen Jüngern erniedrigt hatte. Allerdings spielte sich das Ritual vor der versammelten Hofgesellschaft ab, die »zwölf armen Männer und Frauen« wurden zuvor sorgfältig präpariert und das Waschen beschränkte sich auf symbolische Gesten.[15]

Das herrscherliche Charisma beruhte auf einer Balance zwischen Nähe und Distanz, die verschiedene Herrscher zu verschiedenen Zeiten je unterschiedlich akzentuieren konnten. Beide Extreme waren von Übel: Schloss sich ein Herrscher zu sehr ab, machte die allgemeine Enttäuschung darüber seinen Hof auf die Dauer unattraktiv. Zeigte er sich aber umgekehrt allzu offen und ging die Exklusivität des Zutritts verloren, dann sank der Wert des Hofes für den Adel, der Hof verlor an sozialem Glanz und büßte auch für alle anderen an Attraktivität ein. Es galt also, die Mitte zu halten zwischen den Polen von Familiarität und Entrücktheit, denen je verschiedene rhetorische Muster entsprachen. In der barocken Panegyrik etwa erschien der Herrscher als ehrfurchtgebietender, ferner »Erdengott«, in der ökonomischen Sprache des Hauses und der Familie als nahbarer Landesvater. Im 18. Jahrhundert neigten viele Höfe zu größerer Familiarität und zur Befreiung von der Last des barocken Zeremoniells. Doch allzu viel Nähe war problematisch; sie bedrohte den Herrscher sowohl durch physische Verletzung als auch durch schiere Überforderung. Deshalb sorgten nach wie vor zeremonielle Distanzierungsregeln dafür, dass der Herrscher vor unkontrollierter Berührung mit dem gemeinen Volk geschützt wurde.[16]

Das Beispiel Maria Theresias ist auch hier aufschlussreich. Die Habsburgerin galt schon ihren Zeitgenossen und erst recht der Nachwelt als Musterbeispiel einer liebenden Landesmutter, zugänglich selbst für den geringsten der Untertanen, wie es hieß. Sie selbst betonte immer wieder, in Familienbriefen ebenso wie in förmlichen Dokumenten, dass sie ihre Untertanen mehr liebe als ihre eigenen Kinder,[17] und Voltaire nannte sie die »Herrscherin über alle Herzen«: »Niemals verwehrte sie eine Audienz, und nie-

15 Vgl. Stollberg-Rilinger, *Maria Theresia*, S. 342–345.

16 Zur Gefahr der Herabsetzung durch Komik, Satire und Ironie siehe den Beitrag von Christian Kirchmeier in diesem Heft.

17 So z. B. in dem sogenannten Politischen Testament von 1750/1751: Maria Theresia, *Briefe und Aktenstücke in Auswahl,* hrsg. von Friedrich Walter, Darmstadt 1968, S. 66, S. 81 et passim.

mals verließ jemand sie unzufrieden.«[18] Das erweist sich bei genauerer Betrachtung allerdings als hartnäckiger Mythos. Tatsächlich verschärfte Maria Theresia sogar die strengen formalen Zugangsregeln, die am Kaiserhof für Bittsteller aus dem gemeinen Volk galten.[19] Doch sie verstand sich auf eine wohlkalkulierte Mischung von Zugänglichkeit und Exklusivität. Untertanen und auswärtige Besucher mussten normalerweise lange warten, bis sie von dem Oberhofmeister zur öffentlichen Audienz in eine der Antichambres bestellt wurden – wenn ihnen das überhaupt gelang. Hatten sie es aber erst einmal geschafft, dann berichteten sie in der Regel von einem überwältigenden Erlebnis. Das lag nicht zuletzt am effektvollen zeremoniellen Setting der Audienzen, die einer Strategie der Steigerung und Überwältigung folgten. Mit jeder der zahlreichen, von Wachen besetzten Stufen und Schwellen, die die Besucher überschritten, wurden sie stärker eingeschüchtert und durften sich zugleich mehr persönlich ausgezeichnet fühlen. Der Höhepunkt einer Audienz war es, wenn die Herrscherin die Besucher – die gemäß spanischem Hofzeremoniell mehrere Kniefälle und Handküsse zu vollziehen hatten – einer kurzen Konversation würdigte. Angesichts der strengen Ökonomie der Aufmerksamkeit, die bei Hof herrschte, war schon der bloße Austausch einiger Komplimente von unschätzbarem Wert. Maria Theresia führte den Besuchern darüber hinaus meist möglichst viele ihrer Kinder vor, das wertvollste Kapital der Dynastie und die lebendige Gewähr für die Kontinuität der Herrschaft. Selbst die Botschafter auswärtiger Monarchen und ihre Gattinnen wurden genötigt, bei ihrem Antrittsbesuch allen kleinen »Herren und Frauen«, sofern sie nicht noch in der Wiege lagen, förmlich ihre Aufwartung zu machen und die Hände zu küssen, um so demonstrativ dem dynastischen Prinzip zu huldigen (was allerdings bei den Gesandten auf Widerstand stieß und stillschweigend wieder fallen gelassen werden musste). Bürgerliche Besucher hingegen fühlten sich durch diese Zeremonie hoch geehrt und missverstanden die Vorführung der kaiserlichen Kinder als Zeichen familiärer Intimität. Wenn sie dann der Mitwelt von der großen Gunst berichteten, die ihnen widerfahren war, verstärkten sie damit nicht nur den Ruf der liebenden Landesmutter, sondern steigerten vor allem auch ihr eigenes symbolisches Kapital. So verfestigte sich ein Bild der »mildmütterlichsten Kaiserin«, das im 19. und 20. Jahrhundert mit romantischen Stereotypen des weiblichen Geschlechtscharakters angereichert und zum Mythos gesteigert wurde.[20]

18 Voltaire, *Œuvres complètes*, Bd. 19: *Précis du siècle de Louis XV*, Paris 1820, S. 193 (meine Übers., B.St.-R.).

19 Das Folgende beruht auf Stollberg-Rilinger, *Maria Theresia*, S. 317–347; sowie auf dies., »›Zugänglich für den Geringsten der Untertanen‹? Von der Logik des Mythos«, in: Werner Telesko / Sandra Hertel / Stefanie Linsboth (Hg.), *Die Repräsentation Maria Theresias*. Herrschaft und Bildpolitik im Zeitalter der Aufklärung, Wien/Köln/Weimar 2020, S. 85–93.

20 Vgl. Stollberg-Rilinger, *Maria Theresia*, S. IX–XXVIII, mit weiteren Literaturhinweisen.

IV.

Das Gegenmodell zu den dynastisch-patrimonialen Figuren von Landesvater und Landesmutter war die Figur des Herrschers als Staatsdiener, die sich nicht ganz zufällig gerade kinderlose Herrscher wie Joseph II. und Friedrich II. zu eigen machten. Auch die Metapher des ›Ersten Dieners seines Staates‹ knüpfte an die traditionelle Rhetorik vom Land als fürstlichem Haushalt an, stellte sie aber, indem sie den Herrscher vom Herrn zum Diener umdeutete, geradezu auf den Kopf. Die ehemalige Rolle des Herrschers nahm nun das abstrakte Staatswesen selbst ein, während der Monarch sich als Ersten unter Gleichen in eine Reihe mit den anderen Staatsdienern stellte und sich deren Ideal sachlich-rationaler, interesseloser Pflichterfüllung aneignete. Der strukturelle Hintergrund dieser Figur war die Herausbildung einer zunehmend professionalisierten Bürokratenelite, deren Angehörige sich nicht mehr als Fürstendiener, sondern als Staatsbeamte verstanden. Theoretisch unterfüttert wurde dieses neue Ideal durch die naturrechtliche Vertragslehre, die zur akademischen Grundausbildung der höheren Beamten gehörte, die Rollentrennung von Amt und Person vertragstheoretisch begründete und ihr kollektives Selbstverständnis prägte. Auch Fürsten wie Joseph II. und Friedrich II. waren von klein auf in dieser Naturrechtslehre geschult worden. Statt als Erbmonarchen verstanden sie sich nun als Regenten, die ihr Regierungsamt einem – allerdings nur fiktiven – Mandat des Volkes verdankten. Praktisch einklagbar war die Erfüllung dieses Mandats nicht. Die Vertragsfiktion schränkte die Fürsten nicht ein, sondern diente vielmehr als Legitimitätsfigur und erweiterte ihren Handlungsspielraum, wenn es um die Beseitigung ständischer Rechte und Freiheiten ging.

Die Figur des gleichsam körperlosen Staatsdieners hatte eine klar geschlechtergeschichtliche Dimension. Im 18. Jahrhundert wurde das traditionelle dynastisch-patrimoniale Herrschaftsverständnis sowohl von aufgeklärten Monarchen als auch von revolutionären Republikanern in polemischer Absicht als weiblich markiert – was plausibel erschien, weil auch die Frauen der Dynastie darin eine politisch-soziale Rolle spielten. Als die Erbmonarchie unter massiven Legitimitätsdruck geriet, verband sie die aufklärerische Kritik am Ancien Régime mit der Kritik an der ›Weiberherrschaft‹ der Fürstengattinnen, die jetzt mit dem seit jeher illegitimen, informellen Einfluss der fürstlichen Mätressen auf eine Stufe gestellt wurde. So veröffentlichte etwa Friedrich II., der gern selbstverfasste satirische Flugschriften als Mittel der Propaganda einsetzte, ein frivoles Spottlibell auf die weibliche Komplizenschaft zwischen der Marquise de Pompadour und Maria Theresia,[21] und die Kritik an der französischen Monarchie wurde in den 1780er-Jahren

21 »Lettre de la Marquise de Pompadour à la Reine de Hongrie« [1759], in: *Œuvres posthumes de Frédéric II, Roi de Prusse*, Suppl.bd. III, Berlin 1789, S. 241–250.

durch pornografische Flugblätter befeuert, die Marie-Antoinette als sexuelles Monster diffamierten.[22] Auch der strenge Rationalist und Modernisierer Joseph II., der sich als Mitregent im Dauerkonflikt mit seiner selbstbewussten Mutter befand, denunzierte die jahrhundertelang selbstverständliche dynastisch-patrimoniale Praxis, das Handeln nach persönlicher Gunst und Protektion, als eine spezifisch weibliche Eigenart, während die bürokratisch-formale Organisation der Regierungsgeschäfte, die ihm vorschwebte, allein von Männern besorgt werden könne. Seiner Mutter schrieb er, notwendig sei »endlich[] der so unentbehrliche gebrauch vertrauter und geschikter männer, welche aus pflicht und gedenkensart von allen weiblichen vorwitz und partheylichkeiten weit entfernet wären, bey welchen keine geschwätz, keine protections-ertheilung, kein misverstand zu besorgen, den[en] das schweigen nicht zur last, sondern eine gewohnte schuldigkeit wäre«. Seine Mutter möge nur einmal versuchen, »geschäfte, so die natur zu männlichen geschäften gemacht hat, durch männer versehen zu lassen«, dann werde sie den Unterschied schon spüren.[23] Unparteilichkeit, Verschwiegenheit, Formstrenge, kurz: Herrschaft des Rechts ohne Ansehen der Person – all das beherrsche nur der Mann. Es erschien nun als Weiberart, sich an Familie, Verwandtschaft und Freundschaft zu orientieren, während nur Männer in der Lage schienen, im Dienst einer abstrakten Sache, mithin professionell, zu handeln.

In dieser Argumentation kündigte sich ein Epochenwandel an. Im 19. Jahrhundert sollte es zum Gemeinplatz werden, dass Professionalität und Sachlichkeit den Männern vorbehalten seien. Denn zunehmend trennten sich die Sphären des Öffentlichen und des Privaten; zunehmend wurden die Frauen von der rauen Welt des öffentlichen Lebens, der professionellen Berufstätigkeit und des Staates ausgeschlossen und auf die private Sphäre des Hauses und der Familie beschränkt. In den republikanischen Verfassungen des 19. Jahrhunderts mit ihren Wahlämtern wurden Frauen von der Sphäre des Politischen viel effektiver ausgeschlossen, als sie es unter Bedingungen dynastischer Herrschaft je gewesen waren. Zugleich wurde das Geschlecht der exklusiv männlichen Amtsträger in dem Maße unsichtbar, wie es als selbstverständlich erschien. Nach der bürgerlichen Zwei-Reiche-Lehre, wie man es treffend genannt hat, sind die Männer Geistwesen

22 Vgl. etwa Barbara Vinken, »Marie Antoinette oder Das Ende der Zwei-Körper-Lehre«, in: Uwe Hebekus / Ethel Matala de Mazza / Albrecht Koschorke (Hg.), *Das Politische.* Figurenlehren des sozialen Körpers nach der Romantik, München 2003, S. 86–105.

23 Noten Josephs II., 27. 4. 1773, zit. nach Josef Kallbrunner / Melitta Winkler (Hg.), *Die* österreichische *Zentralverwaltung*, Abt. II: *Von der Vereinigung der österreichischen und böhmischen Hofkanzlei bis zur Einrichtg der Ministerialverfassg (1749–1848)*, Bd. 2: *Die Zeit des Directoriums in publicis et cameralibus*, Wien 1925, S. 48–73, Zitat S. 52; zum Kontext Stollberg-Rilinger, *Maria Theresia*, S. 555–564, hier S. 556 f.

und die Frauen Körperwesen.[24] Das Reich des Mannes ist das des aktiven Handelns, der Freiheit und des Fortschritts; das Reich der Frau dagegen das der Natur, der zyklischen Wiederkehr, des kreatürlichen Werdens und Vergehens. Schon Rousseau hat das im *Emile* klar auf den Punkt gebracht: »Der Mann ist nur in gewissen Augenblicken Mann, die Frau aber ihr ganzes Leben lang Frau.«[25] Frauen sind immer Geschlechtswesen, Männer nur während des Geschlechtsakts – nicht aber als Amtsträger. Die Rollendifferenzierung zwischen öffentlichem Amt und privater Person galt daher – und für fast zwei Jahrhunderte – allein für die Männer.

V.

Es ist auffällig, dass von dieser Geschlechterdichotomie heute weit mehr übrig ist, als es nach dem politischen Selbstverständnis eines modernen Verfassungsstaates der Fall sein sollte. Bei dem Konstrukt der Staatsperson handelt es sich ja um eine hochgradig abstrakte institutionelle Fiktion, die empirisch daran scheitert, dass es immer konkrete Menschen mit einem Körper sind, die Politik machen.[26] Und dabei ist nach wie vor schwer zu übersehen, dass Politikerinnen wesentlich stärker als Körperwesen wahrgenommen werden als männliche Politiker. Siebzig Jahre nachdem Simone de Beauvoir in *Das andere Geschlecht* diesen Sachverhalt auf den Punkt gebracht hat, hallt immer noch die unausgesprochene Selbstverständlichkeit nach, dass Politik als solche männlich ist. Noch immer wird, wenn man Politikerinnen angreifen oder lächerlich machen will, ihr Körper thematisiert, was männlichen Politikern in aller Regel nicht passiert.

Gegenwärtig ist ein globaler »Trend zum Neopatrimonialismus«[27] zu beobachten, der mit einer Betonung ganz verschiedener Spielarten forcierter Männlichkeit einhergeht. Ob als einsamer Naturmensch, der mit nacktem Oberkörper durch die Steppe reitet und allein mit dem Volk liiert ist, wie Wladimir Putin, oder als patriarchaler Despot von unbeschränkter sexu-

24 Norbert Schindler, »Jenseits des Zwangs? Zur Ökonomie des Kulturellen inner- und außerhalb der bürgerlichen Gesellschaft«, in: *Zeitschrift für Volkskunde* 81 (1985), 2, S. 192–219; grundlegend Karin Hausen, »Die Polarisierung der ›Geschlechtscharaktere‹. Eine Spiegelung der Dissoziation von Erwerbs- und Familienleben«, in: Werner Conze (Hg.), *Sozialgeschichte der Familie in der Neuzeit Europas.* Neue Forschungen, Stuttgart 1976, S. 363–393.

25 Jean-Jacques Rousseau, *Emile oder Über die Erziehung* [1762], hrsg., eingl. und mit Anm. vers. von Martin Rang, übers. von Eleonore Sokommodau, Stuttgart 2006, S. 726.

26 Vgl. Sophie Schönberger, »Die zwei Körper der Gewählten. Auf den Spuren monarchischer Imaginationen im demokratischen Verfassungsstaat«, in: *Der Staat* 61 (2022), 4, S. 579–620. Siehe hierzu die Einleitung von Astrid Séville und Julian Müller in diesem Heft.

27 So Claus Leggewie, »Der unflätige Hausherr. Lernen von Max Weber: Wie sich der Parlamentarismus gegen den Trend zum Neopatrimonialismus stemmen kann«, in: *Frankfurter Allgemeine Zeitung*, 8. 1. 2025, S. 11.

eller Lizenz, wie Donald Trump, in beiden Fällen scheinen die neuen Autokraten von einem körperbetont-virilen Charisma zu profitieren. Auch auf der anderen Seite des politischen Spektrums scheint sich abzuzeichnen, dass Politiker:innen sich zunehmend als Privatmenschen präsentieren, wenn auch auf geradezu entgegengesetzte Weise. Man pflegt einen Habitus der Familiarität und erwirbt *street credibility*, indem man die eigene Verletzlichkeit ausstellt und als persönliche Stärke ausgibt.[28] Was diese gegensätzlichen Inszenierungen verbindet, ist: Als körper-, emotions- und geschlechtslose Amtspersonen wollen Politiker beider Seiten offenbar nicht mehr gesehen werden.

Die Historikerin Barbara Stollberg-Rilinger ist Rektorin des Wissenschaftskollegs zu Berlin.
rektorin@wiko-berlin.de

28 So die These von Julian Müller / Astrid Séville, »Menschen im Amt. Verletzbarkeit in der politischen Kommunikation der Gegenwart«, in: *Zeitschrift für Soziologie* 54 (2025), 1, S. 47–62.

Marc-Aeilko Aris

Benedikts Himmelfahrt

Beobachtungen zur Preisgabe des päpstlichen Amtes

Am 28. Februar 2013 um 16:50 Uhr verlässt Papst Benedikt XVI. die Appartamenti papali im Apostolischen Palast und begibt sich in den Damasushof, um von dort zum Hubschrauberlandeplatz des Vatikans gefahren zu werden. Dabei läuten die Glocken von St. Peter. Der Hubschrauber hebt um 17:07 Uhr ab und legt in kurzer Zeit die dreißig Kilometer Luftlinie nach Castel Gandolfo zurück. Der Flug wird von einem begleitenden Hubschrauber aus gefilmt und weltweit übertragen. Um 17:32 Uhr betritt Papst Benedikt XVI. den päpstlichen Palast in Castel Gandolfo. Fünf Minuten später erscheint er auf dem Balkon des Palastes und wendet sich in einer frei und auf Italienisch gehaltenen Ansprache an die auf dem Platz vor dem Palast versammelten Gläubigen: »Ihr wisst, dass dieser Tag sich für mich von den vorherigen unterscheidet. Ich bin nämlich nicht mehr oberster Hirte der katholischen Kirche, das heißt, bis heute abend um 8 Uhr werde ich es noch sein, dann nicht mehr. Ich bin einfach ein Pilger, der nun die letzte Etappe seines Weges auf dieser Erde antritt.«[1] 17:40 Uhr spendet er, noch im Amt, seinen letzten päpstlichen Segen und verlässt mit dem Wunsch »buona notte« den Balkon. Gut zwei Stunden später endet aufgrund einer von Papst Benedikt selbst getroffenen Festlegung sein Pontifikat, und die Kathedra Petri ist vakant.[2]

Diesen Moment hatte Papst Benedikt XVI. am Rosenmontag, dem 11. Februar 2013, während einer Versammlung der in Rom anwesenden Kardinäle in einer in lateinischer Sprache gehaltenen Rede angekündigt. Damit war er nach mehr als 700 Jahren der erste Papst, der freiwillig zurücktrat, ohne dass ein Konzil ihn dazu gedrängt oder ein Amtsnachfolger in der Person eines Gegenpapstes oder mehrerer Gegenpäpste bereitgestanden hätte, der unmittelbar nach dem Rücktritt das Papstamt legitim hätte weiterführen können. So verhielt es sich, als 1415 Gregor XII. zurücktrat, nachdem das Konstanzer Konzil zwei weitere Gegenpäpste für abgesetzt erklärt hatte, um auf diese Weise eine einmütige Papstwahl zu ermöglichen, die dann erst

1 Papst Benedikt XVI., »Grußworte an die Gläubigen der Diözese Albano am 28. Februar 2013«; online unter: https://www.vatican.va/content/benedict-xvi/de/speeches/2013/february/documents/hf_ben-xvi_spe_20130228_fedeli-albano.html [16. 4. 2025].

2 Die Übertragung des vatikanischen Fernsehsenders zur Dokumentation der Abreise Papst Benedikts XVI. aus dem Vatikan findet sich online unter: https://www.youtube.com/watch?v=gr4IIKYJbdM [16. 4. 2025].

1417 erfolgte. Anders war es 34 Jahre nach dem Konzil von Konstanz: 1449 trat Felix V. zugunsten des 1447 gewählten Papstes Nikolaus V. zurück. Der einzige Papst aber, der unmittelbar vor Benedikt XVI. durch seinen Rücktritt die Notwendigkeit einer Neuwahl auslöste, war der am 5. Juli 1294 gewählte Eremit Pietro da Morrone, der sich als Papst den Namen Coelestin V. gegeben hatte.

Coelestin V. hatte angegeben, in die Abgeschiedenheit seines früheren klösterlichen Eremitenlebens zurückkehren zu wollen. Er hatte sich diese Lebensform gegenüber seinem Nachfolger ausdrücklich ausbedungen und sie durch Flucht vor dem Zugriff Bonifaz' VIII. auch tatsächlich für eine kurze Zeit verwirklichen können, bis er im Mai 1295 interniert und im August desselben Jahres zum eremitischen Leben im Turm von Castel Fumone, seit 1216 Teil des päpstlichen Besitzes, gezwungen wurde. Dort verstarb er am 19. Mai 1296.

Die Problematik dieses Rücktritts wird in den folgenden Auseinandersetzungen greifbar, die uns in freilich durchgehend tendenziösen Quellen überliefert sind. Anders als Benedikt XVI. hatte Papst Coelestin V. die päpstlichen Insignien vor den Augen der Kardinäle abgelegt und sich auf den Boden gesetzt (»descendens de sede anulum, mitram seu coronam et mantum pontificalem in terra deposuit et in terra sedere cepit«).[3] Seinen Wunsch, die päpstlichen Gewänder bei der Feier der Messe weiter tragen zu dürfen, hatten die Kardinäle zuvor abgelehnt. Kaum dass dann der neue Papst, Benedikt Caetani, gewählt worden war und als Bonifaz VIII. sein Amt angetreten hatte, hatte Coelestin sich zu ihm begeben, ihm die Füße geküsst und von ihm erbeten, in seine Eremitenzelle in Sulmona zurückkehren zu dürfen. Diese Bitte verwehrte ihm Papst Bonifaz VIII. und bestand darauf, dass er in Campanien bleibe (»Nolo, ut ad cellam redeas, sed volo, ut in Campaniam venias«).[4] Diese Weigerung war es wohl, die in Coelestin den Entschluss zur Flucht reifen ließ, zu der sich ihm in San Germano, unterhalb von Montecassino, die Gelegenheit bot, sodass er Mitte Januar 1295 wieder in seiner Einsiedelei in Sulmona ankam. Dort freilich wurde er rasch aufgespürt und von zwei Abgesandten des Papstes – dessen Kämmerer Theoderich von Orvieto und dem Coelestinerabt von Montecassino, Angelerius – zur Rede gestellt. Coelestin beharrte auf seiner in der Rücktrittserklärung geäußerten Absicht, sein eremitisches Leben wiederaufzunehmen, erbat dafür erneut die Erlaubnis des Papstes und versprach, künftig mit keinem Menschen mehr zu sprechen außer mit den Brüdern, die sein Leben teilten (»et ipse promittebat nulli homini loqui, nisi tantum suis fratribus

3 Peter Herde (Hg.), *Die ältesten Viten Papst Cölestins V. (Peters vom Morrone)*, Hannover 2008, S. 146, Z. 2 f.
4 Ebd., S. 147, Z. 18 f.

secum manentibus«).[5] Den Emissären des Papstes genügte dieses Versprechen, sodass sie in Frieden abzogen (»in pace discesserunt«),[6] während Coelestin sein Versprechen dadurch ratifizierte, dass er in einem zweiten, über das Ritual bei seinem Rücktritt hinausgehenden Schritt die höfische Kleidung wieder gegen das härene Gewand eines Einsiedlers tauschte, noch bescheidener als das, das er früher getragen hatte (»Pater vero sanctus proiecit et deposuit vestimenta delicata, que apportaverat, et fecit sibi fieri alia vestimenta viliora illis, que ante papatum portare consueverat«).[7] Seine Hoffnung, dass er künftig nicht weiter belästigt werde (»sperabat de cetero non molestari«),[8] trog ihn allerdings, blieb doch die pure Existenz des zweiten päpstlichen Körpers Stein des Anstoßes für Bonifaz VIII.

Papst Benedikt XVI. hatte schon bei früheren Besuchen am Grab Coelestins V. in L'Aquila durch symbolische Gesten seine besondere Sympathie für diesen Amtsvorgänger ausgedrückt[9] und auch in seiner Rücktrittserklärung auf Formulierungen zurückgegriffen, die in den historischen Quellen den Rücktritt von Papst Coelestin V. am 13. Dezember 1294 dokumentieren.[10] Die Rücktrittserklärung Papst Coelestins V. gibt zwei Gründe an, die Demut (»causa humilitatis«) und die Wahl einer höherwertigen Lebensform (»melioris vitae«), als welche das eremitische Leben galt, sowie fünf Umstände: die Unversehrtheit des Gewissens, die Schwäche des Körpers, den Mangel an Wissen, die Missgunst des Volkes und die Schwäche der Person sowie schließlich eine Zweckursache, nämlich die Ruhe des früheren Lebens wiederherzustellen.[11] Papst Benedikt XVI. folgt seinem Vorgänger, indem er auf seine Unfähigkeit (»incapacitas mea«) verweist und erklärt, künftig ein Leben führen zu wollen, das dem Gebet geweiht ist (»vita orationi dedicata«).[12] Im Übrigen verwendet er die Formulierungen, die nach dem geltenden kirchlichen Recht zur Gültigkeit seines Rücktritts erforderlich sind.

5 Ebd., S. 151, Z. 9–11.
6 Ebd., Z. 13.
7 Ebd., Z. 14–16.
8 Ebd., Z. 16 f.
9 Vgl. Otto Kallscheuer, *Papst und Zeit*. Heilsgeschichte und Weltpolitik, Berlin 2024, S. 114 f. mit Ablehnung der von Giorgio Agamben vorgelegten Deutung; vgl. Giorgio Agamben, *Das Geheimnis des Bösen*. Benedikt XVI. und das Ende der Zeiten, übers. von Andreas Hiepko, Berlin 2015, S. 9 f. und S. 24 f.
10 Vgl. Agamben, *Das Geheimnis des Bösen*, S. 10.
11 Augustinus Oldoinus, *Vita et res gestae Pontificum Romanorum et S. R. E. cardinalium*, Bd. II, Rom 1677, Sp. 274; vgl. Peter Herde, *Cölestin V. (1294)*. (Peter vom Morrone). Der Engelpapst, mit einem Urkundenanhang und Edition zweier Viten, Stuttgart 1981, S. 136 f.
12 Benedikt XVI., »Declaratio vom 10. Februar 2013«; online unter: https://www.vatican.va/content/benedict-xvi/la/speeches/2013/february/documents/hf_ben-xvi_spe_20130211_declaratio.html [16. 4. 2025]; in dt. Übers. bei Hubert Wolf, *Konklave*. Das Geheimnis der Papstwahl, München 2017, S. 167.

In seiner letzten Generalaudienz am 27. Februar 2013 führte Papst Benedikt XVI. diese Gründe für seinen Rücktritt weiter aus und thematisierte dabei auch die besondere Funktion des Petrusamtes:

> Wer das Petrusamt annimmt, hat kein Privatleben mehr. Er gehört immer und ganz allen, der ganzen Kirche. [...] Das »immer« ist auch ein »für immer« – es gibt keine Rückkehr ins Private. Meine Entscheidung, auf die aktive Ausführung des Amtes zu verzichten, nimmt dies nicht zurück. Ich kehre nicht ins private Leben zurück – in ein Leben mit Reisen, Begegnungen, Empfängen, Vorträgen usw. Ich gehe nicht vom Kreuz weg, sondern bleibe auf neue Weise beim gekreuzigten Herrn. Ich trage nicht mehr die amtliche Vollmacht für die Leitung der Kirche, aber im Dienst des Gebetes bleibe ich sozusagen im engeren Bereich des heiligen Petrus. [...] Der heilige Benedikt, dessen Name ich als Papst trage, wird mir da ein großes Vorbild sein: Er hat uns den Weg für ein Leben gezeigt, das aktiv oder passiv ganz dem Werk Gottes gehört. [...] In Gebet und Besinnung werde ich den Weg der Kirche weiterhin begleiten, mit jener Hingabe an den Herrn und seine Braut, die ich bis jetzt täglich zu leben versucht habe und die ich immer leben möchte.[13]

Das Leben in Gebet und Besinnung, das Papst Benedikt XVI. in Anlehnung an die monastische Tradition des heiligen Benedikt in Aussicht stellt, tritt er faktisch am späten Nachmittag des 2. Mai im Kloster Mater Ecclesiae an, einem Klausurkloster innerhalb des Vatikanstaates, das Papst Johannes Paul II. am 13. Mai 1994 eingeweiht und im fünfjährigen Turnus wechselnden Angehörigen kontemplativer weiblicher Ordensgemeinschaften als Lebensraum zur Verfügung gestellt hatte. Vor allem in der Wahl dieses klösterlichen Lebensortes und Lebensstils folgt Benedikt seinem Vorgänger Coelestin V.

Er folgt ihm und den Päpsten, die während des Großen Abendländischen Schismas in der ersten Hälfte des 15. Jahrhunderts zurückgetreten waren, jedoch nicht in der Weise seiner sichtbaren Erscheinung: Weiterhin trägt er die für den Papst ungefähr seit 1274 nachweisbare weiße Soutane, lässt sich als »Eure Heiligkeit« ansprechen und nennt sich selbst »Papa emeritus«.[14] So kam es, dass nach der Wahl seines Nachfolgers Papst Franziskus am 13. März 2013 eintrat und bis zum Tod Benedikts am 31. Dezember 2022 andauerte, was Papst Bonifaz VIII. unbedingt hatte vermeiden wollen, dass nämlich zwei päpstliche Körper in der Öffentlichkeit präsent waren.[15] Für

13 Benedikt XVI., »Ansprache in der Generalaudienz am 27. Februar 2013«; online unter: https://www.vatican.va/content/benedict-xvi/de/audiences/2013/documents/hf_ben-xvi_aud_20130227.html [16. 4. 2025]; vgl. dazu Wolf, *Konklave*, S. 172–174.

14 Vgl. Wolf, *Konklave*, S. 170–172.

15 Vgl. Kallscheuer, *Papst und Zeit*, S. 15 f. und S. 492–494.

die symbolische Erscheinung des Papstes und die öffentliche Repräsentanz seines Amtes ist das ein Problem. Zwei päpstliche Körper sind einer zu viel.

Der päpstliche Körper wird durch die Rituale seiner Inthronisation erzeugt. Spätestens nach der Wahl von Gregor VII. im Jahre 1073 begann die Existenz des päpstlichen Körpers durch die Inbesitznahme der Kathedra Petri sowie die Umhüllung mit dem roten päpstlichen Mantel und die Krönung mit der Tiara. Sie entfaltete sich in den Riten zur Inbesitznahme des Lateranpalastes und den päpstlichen Titeln, die ihn selbst als *vicarius Christi* sowie als *in persona Christi* handelnd auswiesen und zudem alle Kardinäle als Glieder des päpstlichen Leibes verstanden. Erst in der zweiten Hälfte des 13. Jahrhunderts wird die Unterscheidung zwischen der physischen Hinfälligkeit des päpstlichen Körpers und seiner sakramental begründeten hoheitlichen Identität zum Teil der päpstlichen Rhetorik, nachdem Ende des 11. Jahrhunderts vor allem Petrus Damiani diese Theologie der Hinfälligkeit theologisch entfaltet hatte.[16]

Der Amtsantritt Papst Benedikts XVI. und seiner beiden Vorgänger schien durch den Verzicht auf die Krönung mit der Tiara sowie anderer Inthronisationssymbole frei von diesen Ritualen. Gleichwohl war auch die Präsentation dieser Päpste mit der biblischen Ankündigung erfolgt, die der Engel bei der Ankündigung der Geburt Christi verwendet: »Annuntio vobis gaudium magnum«. Sie war durch den Wechsel des Gewandes und des Namens inszeniert und schließlich beim feierlichen Amtsantritt durch die Übergabe des Palliums und des neuen Bischofsrings im Rahmen eines Gottesdienstes vollzogen worden. Benedikt XVI. hat darüber hinaus während seiner Amtszeit die Differenzmerkmale des päpstlichen Körpers betont, indem er nicht mehr gebräuchliche liturgische Accessoires und für die päpstliche Garderobe früher charakteristische Kleidungsstücke (roter Umhang und Kamauro) wenigstens phasenweise wieder einführte.

Diese spezifische päpstliche Alltagskleidung sowie die Requisiten des liturgischen Auftritts tragen dazu bei, die beim Amtsantritt des Papstes rituell erfolgte Auratisierung des päpstlichen Körpers auf Dauer zu stellen und so die Sakralität des Amtes öffentlich zu inszenieren, um zugleich den Amtsinhaber zu depersonalisieren. Auf diesem Hintergrund wird die Kohabitation zweier päpstlicher Körper in mehrfacher Hinsicht für die Konsistenz des Systems, das das Papstamt als solches darstellt, problematisch. Erstens: Die sakral-monokratische Struktur des päpstlichen Amtes, die sich nicht zuletzt darin zeigt, dass es auf Erden keine Instanz gibt, der gegenüber ein Papst seinen Rücktritt erklären und die diesen Rücktritt annehmen könnte, macht es erforderlich, dass dieses Amt in nur einem päpstlichen Körper instanziiert wird. Zweitens: Der durch den auratisierten physischen Körper

16 Vgl. Agostino Paravicini Bagliani, *Der Leib des Papstes*. Eine Theologie der Hinfälligkeit, übers. von Ansgar Wildermann, München 1997, S. 21–102.

des Papstes symbolisch repräsentierte metaphysische Körper des Papstes wird durch die Sichtbarkeit von zwei päpstlichen Körpern in seiner symbolischen Performanz undeutlich und damit zugleich missdeutbar. Drittens: Die öffentliche Sichtbarkeit von zwei päpstlichen Körpern, wie sie in den Begegnungen zwischen Papst Franziskus und Papst Benedikt XVI. immer wieder medial inszeniert wurde, stellt die physische Differenz dieser Körper aus und trägt damit dazu bei, die durch die Auratisierung bewirkte Depersonalisierung wieder aufzuheben.

Die Päpste der jüngeren Zeit haben nun ihrerseits versucht, diese Auratisierung ihres päpstlichen Körpers zu unterlaufen: Papst Johannes Paul II. veränderte die mediale Präsenz des päpstlichen Körpers durch die schiere Fülle seiner dokumentierten Predigten und Ansprachen sowie die frei gesprochenen Äußerungen und die auf seinen Reisen im Flugzeug gewährten Interviews, die durch das Merkmal der Spontaneität der Amtlichkeit der Äußerung performativ widersprachen. Papst Benedikt XVI. und sein Nachfolger setzten diese Tradition fort. Kurz nach seinem Amtsantritt publizierte Benedikt XVI. den ersten Teil seines schon vor der Papstwahl begonnenen Buches *Jesus von Nazareth* und wies im Vorwort ausdrücklich darauf hin, »dass dieses Buch in keiner Weise ein lehramtlicher Akt ist, sondern Ausdruck meines persönlichen Suchens ›nach dem Angesicht des Herrn‹ (vgl. Ps. 27,8). Es steht daher jedermann frei, mir zu widersprechen.«[17] Schon 2005 hatte er bei einer Ansprache anlässlich eines ökumenischen Treffens im Rahmen des Weltjugendtages das Gewicht seiner päpstlichen Äußerungen relativiert: »Sie gestatten mir, nach einem anstrengenden Tag sitzen zu bleiben. Das bedeutet nicht, daß ich ›ex cathedra‹ reden will.«[18] Papst Franziskus hat diese Relativierung seiner Äußerungen vorangetrieben, indem er statt der eingeführten amtlichen Modi päpstlicher Verlautbarungen (Enzyklika, Apostolische Konstitution, Motu proprio und so weiter) Fernsehinterviews, Filme und nicht zuletzt die Publikation seiner Autobiografie genutzt hat, um die Deauratisierung des päpstlichen Körpers und seiner Mitteilungen voranzutreiben.

Diese Veränderungen in den Erscheinungsweisen des päpstlichen Körpers und seiner Äußerungen sind mehr als nur ein Wandel in der Redeweise von Päpsten. In Verbindung mit dem Rücktritt Papst Benedikts XVI. bedeuten sie eine »›Entzauberung‹ des Papstamtes«[19] und damit zugleich die »Entsakralisierung des Petrusamtes«.[20] Angesichts dieser weiteren Entwick-

17 Joseph Ratzinger, Benedikt XVI., *Jesus von Nazareth*, Bd. 1: *Von der Taufe im Jordan bis zur Verklärung*, Freiburg 2007, S. 22.

18 Benedikt XVI., »Ansprache beim Ökumenischen Treffen im Erzbischöflichen Haus am Freitag, den 19. August 2005«, in: Deutsche Bischofskonferenz (Hg.), *Predigten, Ansprachen und Grußworte im Rahmen der Apostolischen Reise von Papst Benedikt XVI. nach Köln anlässlich des XX. Weltjugendtages*, Bonn 2005, S. 67–72, hier S. 67.

19 Wolf, *Konklave*, S. 177.

20 Kallscheuer, *Papst und Zeit*, S. 495.

lung wirkt der faktisch sein Amt beendende Helikopterflug des Papstes, eben die Himmelfahrt Benedikts, am 28. Februar 2013 wie eine letzte Entladung des päpstlichen Körpers, durch die das päpstliche Amt in seinem bisherigen Verständnis preisgegeben wird.

Ob sich diese Preisgabe nur auf einen Stilwechsel in der Ausübung des Amtes bezieht oder tatsächlich eine Veränderung im Verständnis des Amtes bedeutet, lässt sich noch nicht zuverlässig absehen. Schon am 11. Juni 2007 hatte Papst Benedikt XVI. im Motu proprio »De aliquibus mutationibus in normis de electione Romani Pontificis« eine Änderung im Papstwahlverfahren während des Konklaves verfügt, nämlich dass für die gültige Wahl eines Papstes die Zweidrittelmehrheit auch für den Fall zwingend erreicht werden muss, dass es zu einer Stichwahl zwischen den beiden Kardinälen mit den meisten Stimmen kommt, die nach einer Folge von 33 oder 34 ergebnislosen Wahlen schon Papst Johannes Paul II. in der Apostolischen Konstitution »Universi Dominici gregis« als Option eingeräumt hatte. Wenige Tage vor seinem Rücktritt hat Papst Benedikt XVI. im Motu proprio »Normas nonnullas« diese Änderung bekräftigt, in dem er, rechtlich präziser, die Stichwahl zwischen den beiden Kandidaten statt den beiden Kardinälen mit den meisten Stimmen regelte. Sosehr diese Regelung an der Sakralität und Ritualität des Papstwahlverfahrens festhält und damit die Auratisierung des durch diese Wahl ins Amt Gelangten begünstigt, so sehr ist sie doch daran interessiert, ihn durch die Zweidrittelmehrheit mit einer verlässlichen demokratischen Legitimierung auszustatten. Damit bildet diese Regelung die Ambivalenz des päpstlichen Amtes zwischen pragmatischer Funktionalität und auratisierter Sakralität ab, die sich an jedem neuen päpstlichen Körper je neu instanziiert und entscheidet.

Marc-Aeilko Aris lehrt Lateinische Philologie des Mittelalters an der Ludwig-Maximilians-Universität München.
aris@lmu.de

In die Bütt

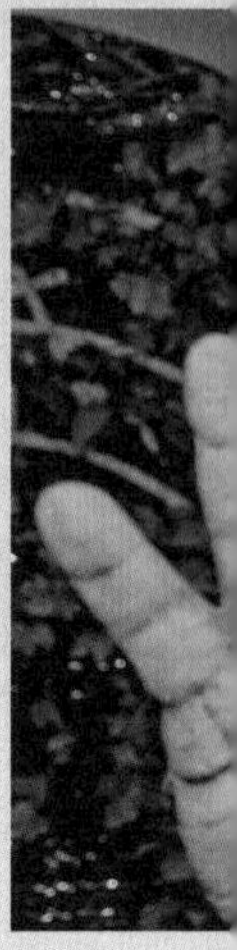

Im Karneval werden die bestehenden gesellschaftlichen Hierarchien außer Kraft gesetzt, das Volk darf der Obrigkeit den Spiegel vorhalten und Kostümierungen eröffnen die Möglichkeit, zu sein, wer man nicht ist. Von dieser Möglichkeit machen auch Amtsmenschen gern Gebrauch. Alle Jahre wieder stürzen sie sich ins närrische Treiben und geben sich gesellig und volksnah. Je nach Gusto und Temperament wählen sie dabei mal mehr, mal weniger auffällige Maskeraden, um Aufmerksamkeit zu erregen und Sympathiepunkte zu sammeln. Was die Kritik an der Obrigkeit betrifft, beschränken sie sich schon lange nicht mehr darauf, gute Miene zum bösen Spiel zu machen, sondern drängen ihrerseits immer öfter in den Vordergrund, um gegen die politische Konkurrenz auszuteilen. Ein besonders eindrückliches Beispiel für diese Invertierung der Narrenfreiheit sind die Auftritte der ehe-

maligen saarländischen Ministerpräsidentin und CDU-Bundesvorsitzenden Annegret Kramp-Karrenbauer, die im Gewand der »Putzfrau Gretel« mit Schürze und Besen ordentlich Staub aufwirbelt, um gegen die Vertreter:innen ebenjener politischen Klasse auszuteilen, der sie selbst angehört.

Friedrich Wilhelm Graf

Amt, Ämter – theologisch

Amt ist ein Grundbegriff der politischen Sprache. Aber auch für die Sprachen der Theologie und die Selbstdeutungen der Kirchen als Institutionen beziehungsweise nun Organisationen ist die Rede vom Amt von fundamentaler Bedeutung. Zwar wurde über die kirchlichen Ämter in den diversen konfessionellen Christentümern immer höchst unterschiedlich gedacht. Aber seit der Entstehung besonderer gemeindlicher Ämter in der frühen Christenheit und in der Alten Kirche[1] gibt es einen breiten christlichen Konsens darüber, dass Jesus Christus zur Leitung seiner Kirche Ämter eingesetzt habe. Mehr noch: Schon seit dem 2. Jahrhundert, also bereits zu einem sehr frühen Zeitpunkt, als an vielen Orten Juden und Jesus-Anhänger sich noch gar nicht voneinander getrennt hatten, setzte sich zunehmend die Vorstellung durch, dass auch Jesus Christus selbst ein Amtsträger sei und zur Durchführung seines Erlösungswerks gleich mehrere Ämter innehabe. Amt ist zudem ein wichtiges Thema in den von Theologen aller Konfessionen geschriebenen Entwürfen zur Ethik, speziell zur Ethik des Politischen. Indem hier die normativen Grundlagen des politischen Gemeinwesens entworfen werden und speziell das Verhältnis zwischen staatlichen Institutionen und christlichen Religionsgemeinschaften zum Thema gemacht wird, geht es immer auch um mögliche Analogien sowie Differenzen zwischen staatlichen (sowie kommunalen) Ämtern und kirchlichen Ämtern. Dieses Thema gewann besonderes Gewicht im protestantischen Deutschland, waren hier doch bis zum Ende des landesherrlichen Kirchenregiments 1918/1919 die landeskirchlichen Verwaltungen sehr eng in die Verwaltungsbürokratien der deutschen Einzelstaaten eingebunden. In protestantischen Kirchenleitungen agierten eben nicht nur Theologen, sondern immer auch Juristen.

Amt ist schließlich auch ein Thema der politischen Philosophie. Wilhelm Traugott Krug, der Nachfolger Immanuel Kants auf dem Königsberger Lehrstuhl für Philosophie und einer der führenden Vordenker des deutschen

1 Dazu immer noch grundl. Adolf Harnack, *Entstehung und Entwickelung der Kirchenverfassung und des Kirchenrechts in den ersten zwei Jahrhunderten*, nebst einer Kritik der Abhandlung R. Sohm's: »Wesen und Ursprung des Katholizismus« und Untersuchungen ueber »Evangelium«, »Wort Gottes« und das trinitarische Bekenntnis, Leipzig 1910; Hans von Campenhausen, *Kirchliches Amt und geistliche Vollmacht in den ersten drei Jahrhunderten*, Tübingen 1953.

Frühliberalismus, schrieb in seinem 1827 veröffentlichten *Allgemeinen Handwörterbuch der philosophischen Wissenschaften*:

> Amt ist ein Verhältniß des Einzelnen zur Gesellschaft, wodurch jener verpflichtet ist, dieser innerhalb eines gewissen Wirkungskreises solche Dienste zu leisten, welche auf das Wohl der Gesellschaft abzwecken. Die Aemter sind also verschieden theils nach den Gesellschaften – wie Staatsämter und Kirchenämter – theils nach den Arten der Dienstleistungen – wie Justizämter, Rentämter (welche beiden oft auch schlechtweg Aemter heißen) Lehrämter, Kriegsämter etc. – theils endlich nach der Wichtigkeit der Dienstleistungen und dem davon abhängigen Range – wie höhere und niedere Staatsämter.

Um die *differentia specifica* von Amtshandlungen gegenüber anderen Berufstätigkeiten zu bestimmen, betonte er deren »öffentlichen Charakter«:

> Von dem bloßen Lohndienste unterscheidet sich das Amt durch den öffentlichen Charakter und die damit verbundene Würde, die es dem *Beamten* ertheilt, während der bloße Lohndiener oder der *Bediente* im weitern Sinne (eigentlich *Bedienende*, wohin auch Tagelöhner gehören) nur einen privaten Charakter, mithin auch keine öffentliche Würde hat, wie trefflich und nützlich er auch sonst sein möge. Das Amt giebt daher immer einen gewissen Stand und Rang in der Gesellschaft, wenn auch eben keinen hohen und durch förmliche Vorschrift bestimmten.[2]

Dies gilt nicht nur für staatliche, sondern auch für kirchliche Ämter.

Drei Felder des theologischen Amtsdiskurses sollen im Folgenden exemplarisch vorgestellt werden: erstens die dogmatische Rede vom Amt in der Christologie, der Lehre von Jesus als Christus; zweitens die ethische Formel vom prophetischen Wächteramt der Kirche; und drittens die ekklesiologisch, das heißt kirchentheoretisch informierte Vorstellung vom Amt des Pfarrers.

Die drei Ämter Jesu Christi

> Von jeher hat das christliche Nachdenken Jesus als den Träger eines doppelten und doch einheitlichen theokratischen Amtes erkannt, des Königtums und des Priestertums. [...] In fast ununterbrochener Reihe läßt sich diese Tradition eines Doppelamtes Christi vom 2. Jahrhundert bis zur Reformationszeit verfolgen, zuweilen mit einer zufälligen Fülle

2 O. A., Art. »Amt«, in: *Allgemeines Handwörterbuch der philosophischen Wissenschaften nebst ihrer Literatur und Geschichte*, nach dem heutigen Standpuncte der Wissenschaft bearb. und hrsg. von Wilhelm Traugott Krug, Bd. 1: *A bis E*, Leipzig 1827, S. 110–112, hier S. 110.

> anderer Bezeichnungen verbunden, meist aber klar das Königtum und Priestertum als die umfassende Beschreibung des Christus heraushebend, in welchem nicht bloß David und Salomo, sondern auch Aaron seine Wahrheit und Vollendung gefunden [...].[3]

In den Texten des Alten Testaments beziehungsweise der Hebräischen Bibel werden Könige und Priester als durch Salbung in ihr jeweiliges Amt eingesetzte Amtsträger vorgestellt. Ihre beiden Ämter werden auf göttliche Stiftung zurückgeführt. Die Vorstellung, dass in Jesus Christus als Messias sowohl die alttestamentliche Tradition der Königswürde als auch die des Hohepriestertums ihre Erfüllung finden, ist in der frühen Christenheit weitverbreitet. Allerdings gibt es auch eine abweichende Deutung: Der spätantike Theologe und Historiker Eusebius von Caesarea, der nach der Zeit der Christenverfolgung unter dem römischen Kaiser Diokletian um 313 zum Bischof von Caesarea gewählt wurde, schrieb Christus in Fortschreibung alter jüdischer Überlieferungen noch ein drittes Amt zu, das des Propheten, konnte sich mit dieser Deutung aber nur partiell durchsetzen; die Tradition der Zweiämterlehre blieb dominant. Auch in der Wittenberger reformatorischen Theologie galt Jesus Christus als König und als Priester.[4] Erst der in Genf wirkende Reformator Johannes Calvin, der in den frühen Auflagen seines dogmatischen Hauptwerkes *Institutio Christianae Religionis* ebenfalls noch diese Zweiämterlehre vertreten hatte, rezipierte ab 1545 die Gedanken von Eusebius und entfaltete seine Lehre von Christi Versöhnungswerk nun als Explikation eines *triplex munus*, eines dreifachen Amtes. Inwieweit er dabei von den Reformatoren Andreas Osiander und Martin Bucer, die schon vor ihm den Gesalbten Christus als »Propheten, König und Hohepriester«[5] beziehungsweise als »Rex regum, summus sacerdos et Prophetarum Caput«[6] bezeichnet hatten, inspiriert wurde, wird kontrovers diskutiert. Calvin insistierte jedenfalls darauf, dass in Christo »die Fülle der theokratischen Gewalten zu finden«[7] sei.

3 E. F. Karl Müller, Art. »Jesu Christi dreifaches Amt«, in: *Realencyklopädie für protestantische Theologie und Kirche*, begründet von J. J. Herzog, in 3., verb. und verm. Aufl. unter Mitw. vieler Theologen und anderer Gelehrter hrsg. von Albert Hauck, Bd. 8: *Hesse–Jesuitinnen*, Leipzig 1900, S. 733–741, hier S. 733.

4 Für Luther siehe Gerhard Ebeling, »Die königlich-priesterliche Freiheit«, in: ders., *Lutherstudien*, Bd. III: *Begriffsuntersuchungen – Textinterpretationen – Wirkungsgeschichtliches*, Tübingen 1985, S. 157–180. Siehe weiterhin die ausgezeichnete Studie von Karin Bornkamm, *Christus – König und Priester*. Das Amt Christi bei Luther im Verhältnis zur Vor- und Nachgeschichte, Tübingen 1998.

5 Andreas Osiander, *Schirmschrift für den Augsburger Reichstag* [1530], zit. nach Emanuel Hirsch, *Hilfsbuch zum Studium der Dogmatik*. Die Dogmatik der Reformatoren und der altevangelischen Lehrer quellenmäßig belegt und verdeutscht, 4. Aufl., Berlin 1964, S. 66.

6 Martin Bucer, *In Sacra Quatuor Evangelia, Enarrationes Perpetuae, Secundum Recognitiae*, Basel 1536, S. 658.

7 Müller, »Jesu Christi dreifaches Amt«, S. 735.

Mit dieser Auslegung hatte er einen, theologiehistorisch gesehen, sensationellen Erfolg. Seine Dreiämterlehre wurde, wenig überraschend, nicht nur von den Dogmatikern des Altcalvinismus intensiv rezipiert. Vielmehr machten sich auch prominente Dogmatiker der altlutherischen Orthodoxie seine Dreiheit der Ämter Christi zu eigen – aber anders als ihre reformierten Kollegen und Gegner. Mehr noch: Calvins Lehre vom *triplex munus* fand seit dem späten 18. Jahrhundert auch im nachtridentinischen römisch-katholischen Diskurs zunehmend Beachtung; theologische Ideengeschichte ist über Konfessionsgrenzen hinweg immer auch durch Plagiat, Ab- und Umschreiben sowie überhaupt durch Ideenklau geprägt. Allerdings: Die Lehre der drei *munera* beziehungsweise bisweilen auch *officia Christi* wurde in der reformierten Theologie signifikant anders entfaltet als bei den altlutherischen Dogmatikern. Auch die katholischen Theologen gaben ihr noch einmal eine besondere Form.

Reformierte, entscheidend von Calvin geprägte Theologie und lutherische Theologie unterschieden (und unterscheiden) sich nicht nur mit Blick auf dogmatische Lehrgehalte wie das Verständnis des Abendmahls oder die Deutung von Aufgabe und Sozialgestalt der Kirche, sondern elementarer noch im Verständnis christlicher Lebensführung und der Gestaltung des politischen Gemeinwesens. Diese politisch relevanten Differenzen zwischen calvinistischer und lutherischer Ethik waren nicht erst bei Max Weber und Ernst Troeltsch ein wichtiges Thema, sondern auch schon im Vormärz, etwa bei den in der Schweiz lehrenden, aber aus Deutschland stammenden Theologen Matthias Schneckenburger und Karl Bernhard Hundeshagen. Diese Differenzen hängen sehr eng mit den jeweiligen Auslegungen der Lehre von den drei Ämtern Christi und hier vor allem mit der Deutung des *munus propheticum* zusammen,[8] denn wer vom prophetischen Amt Christi redet, muss den prägnanten Gehalt der Aussage bestimmen können. War nur der jüdische Wanderprediger Jesus von Nazareth, also Christus in seiner menschlichen Natur, ein Prophet? Oder hat auch der nach seiner Auferstehung durch die Himmelfahrt erhöhte, zur Rechten Gottes sitzende Jesus Christus ein prophetisches Mandat? Falls ja, wie nimmt er es wahr?

Calvins Antwort: Das *munus propheticum* sei vor allem das *magisterii munus*, das Lehramt, durch das der Gesalbte die Gemeinde – so der Genfer Katechismus – »mit der wahren Erkenntnis des Vaters [...] erleuchte«.[9] Die Kirche sei dazu berufen, Christi prophetisches Amt fortzuführen. Wie tut sie das? Calvin unterscheidet hier zwischen dem *ordinarium munus*, also

8 Im Folgenden fasse ich sehr knapp zusammen, was ich vor langen Jahren zu diesem begrifflich höchst voraussetzungsreichen dogmatischen *locus* ausführlich geschrieben habe: Vgl. Friedrich Wilhelm Graf, »Vom Munus Propheticum Christi zum prophetischen Wächteramt der Kirche? Erwägungen zum Verhältnis von Christologie und Ekklesiologie«, in: *Zeitschrift für evangelische Ethik* 32 (1988), 1, S. 88–106.

9 Zit. nach Hirsch, *Hilfsbuch zum Studium der Dogmatik*, S. 71.

dem ordentlichen Amt der *pastores et doctores*, und dem außerordentlichen Amt von Propheten, die je nach »Notwendigkeit der Zeiten«[10] von Gott erweckt würden. Er bindet also die *interna vocatio*, die innerliche Berufung eines Propheten, nicht an eine *externa vocatio*, eine ausdrückliche Berufung durch die Kirche, zurück, wodurch ein von ihm nicht gelöstes Folgeproblem entsteht: Wie lassen sich wahre von falschen Propheten unterscheiden?

Theologische Dogmatiker suchen – ganz ähnlich wie ihre Kollegen aus der juristischen Fakultät – Probleme gern durch begriffliche Differenzierungen zu lösen. Die Altcalvinisten unterschieden nun zwischen der *prophetia immediata*, der unmittelbaren Prophetie des irdischen, und der *prophetia mediata*, also der mittelbaren Prophetie des erhöhten Christus. Als empirisches Subjekt dieses mittelbaren prophetischen Amtes nannten sie neben der Kirche auch jeden einzelnen Christen, habe er durch die Taufe doch an den *munera* Christi teil. Wenn aber jeder Christ potenziell ein Vertreter des *munus propheticum* seines Herrn ist, lässt sich prophetische Amtskonkurrenz nicht ausschließen. Der eine prophezeit dies und die andere jenes. Zudem ist der Anspruch eines Propheten, den Willen Gottes besser als die ordentlich Berufenen in der Leitung der Kirche zu kennen, für die Kirche als Institution gefährlich, droht er doch ihre Legitimität zu unterminieren. Die altcalvinistischen Dogmatiker bemühten sich deshalb darum, die Rede vom *munus propheticum* auf eine Gesamtprophetie der Kirche gegenüber der ›Welt‹ hin zu entschärfen. Der erhöhte Christus übe seine prophetische Wirksamkeit primär vermittelt über seine Kirche aus. Dogmatiker wie Johann Heinrich Alsted, Wilhelm Amesius und Gisbert Voet suchten ihrer Kirche und speziell den ordentlich in deren leitende Ämter Berufenen durch neue begriffliche Distinktionen den Dienst zu leisten, die niemals institutionell einhegbare prophetische Unruhe von innen nach außen zu verlagern. Das gelang allerdings nur bedingt. Partizipiert jeder einzelne Christ potenziell am prophetischen Amt seines Herrn, kommt es zu einem Pluralismus sich möglicherweise widersprechender Prophetengestalten – und so zu einer Schwächung der institutionellen Legitimität der Kirche.

Kämpften bei Calvin die Propheten miteinander, überlasse Luther es mit frommer Gelassenheit dem Worte selbst zu wirken, »während er mit seinem Philippus ruhig sein Wittenberger Bier trinkt«, hat Matthias Schneckenburger die Unterschiede zwischen der reformierten und der lutherischen Deutung der prophetischen Amtstätigkeit Christi beschrieben.[11] Für die altlutherischen Dogmatiker sind potenziell alle Menschen Organe der Wirksamkeit des erhöhten Christus, keineswegs nur die an ihn Glaubenden. Der

10 Zit. nach ebd., S. 214.

11 Matthias Schneckenburger, *Vergleichende Darstellung des lutherischen und des reformirten Lehrbegriffs*, aus dessen handschriftlichem Nachlasse zusammengestellt und hrsg. durch Eduard Güder, in zwei Theilen, Erster Theil, Stuttgart 1855, S. 149.

erhöhte Gottmensch regiere »die Welt unmittelbar allgegenwärtig selbst«.[12] Dies bedeutet eine Aufwertung der gegenüber der empirischen Kirche selbstständigen Kultur beziehungsweise eine relative Selbstständigkeit der ›Welt‹. Die altlutherische Ekklesiologie kennt kein christologisch begründetes ethisches Mandat der Kirche: Christus ist kein *novus legislator*, und seine Kirche ist kein exklusives Subjekt der Realisierung christokratisch fundierter Weltgestaltungsansprüche. Die meisten Dogmatiker der altlutherischen Orthodoxie schränken die prophetische Amtstätigkeit des erhöhten Christus auf die prinzipiell jedem Christen mögliche, aber *rite vocate*, durch kirchliche Berufung zu vollziehende Verwaltung von Wort und Sakrament ein, also auf das Predigtamt. »Unter officium propheticum versteht man das Geschäft Christi, den Menschen den göttlichen Ratschluss der Erlösung zu verkündigen, und diese zur Annahme des ihnen gebotenen Heiles zu bewegen.«[13] Die Lehre vom dreifachen Amt ist für die Konstruktion der lutherischen Christologie daher sehr viel weniger wichtig als in der altreformierten Dogmatik. Es sind denn auch Lutheraner, die im späten 18. Jahrhundert die schon von den Sozinianern im 16. und frühen 17. Jahrhundert formulierte Kritik des Lehrstücks von den drei Ämtern fortschreiben und im Rückgriff auf biblische Texte als überflüssig zu erweisen suchen. 1769 schlägt etwa der Leipziger Theologe Johann August Ernesti vor, »daß man die Lehre von dem, was Christus auf Erden zum Heil der Menschen gethan hat, nicht solle unter dem Namen eines dreyfachen, sondern eines einzigen Werkes vortragen«.[14] Darüber diskutieren die Neologen, die Theologen einer moderaten Aufklärung, dann sehr intensiv.

Als im späten 18. Jahrhundert die protestantischen Dreiämterlehren zum Objekt kritischer Destruktion werden und so gut wie keine Orientierungskraft mehr zu entfalten vermögen, werden die drei *munera* in der deutschsprachigen römisch-katholischen Theologie intensiv rezipiert. Sowohl der Scholastik als auch der nachtridentinischen katholischen Theologie war das *triplex munus* »nahezu unbekannt«[15] geblieben. Doch in der zweiten Hälfte des 18. Jahrhunderts machen sich deutschsprachige Benediktiner die protestantische Konstruktion dreier Ämter Christi zu eigen – mit großem Erfolg. Die drei Ämter wandern in der Folgezeit in die neuscholastische Schultheologie ein und werden im 20. Jahrhundert auch vom römischen Lehramt in Enzykliken rezipiert. Selbst in Dokumente des II. Vaticanums wie insbesondere die Kirchenkonstitution *Lumen gentium* finden die drei

12 Ebd., S. 139.

13 Heinrich Schmid, *Die Dogmatik der evangelisch-lutherischen Kirche dargestellt und aus den Quellen belegt*, neu hrsg. und durchges. von Horst Georg Pöhlmann, 10. Aufl., Gütersloh 1983, S. 226.

14 Johann August Ernesti, *Programma de officio Christi triplici* [1769]; wiederabgedr. in: ders., *Opuscula theologica*, 2. Aufl., Leipzig 1792, S. 371–397.

15 Per Erik Persson, *Repraesentatio Christi*. Der Amtsbegriff in der neueren römisch-katholischen Theologie, übers. von Herbert Petersen und Hans Geisser, Göttingen 1966, S. 171.

Ämter Eingang.[16] Noch stärker als schon in der reformierten Tradition werden in der katholischen Debatte Christi Ämter auf den Begriff der Kirche hin funktionalisiert. Laut der 1943 verkündeten Enzyklika *Mystici corporis Christi* ist die Kirche eine »quasi altera persona Christi«;[17] oder, wie es der einflussreiche Dogmatiker Michael Schmaus formuliert hat, »der in der Zeit bis zur Vollendung der Welt fortlebende und fortwirkende Christus«[18] selbst. Die neuere römisch-katholische Ekklesiologie vertritt somit »eine Kontinuität oder geradezu eine Identität«[19] zwischen Christus und seiner Kirche. In strenger Entsprechung zum christologischen *munus triplex* werden deshalb Lehr-, Hirten- und Priesteramt als die drei konstitutiven »Grundämter der Kirche«[20] unterschieden. Ekklesiologisch wird das prophetische Amt Christi dann in der Lehre vom kirchlichen Lehramt in seiner institutionellen Gestalt, also in der Lehre vom universalen und episkopalen Jurisdiktions- und Lehrprimat des Papstes konkretisiert. So kann das calvinistische Problem einer möglichen Konkurrenz individueller prophetischer Ansprüche nicht entstehen. Die Spannung zwischen prophetischem Charisma und kirchlicher Institution wird im Amtscharisma des Bischofs von Rom stillgestellt.

Ihre Deutung als »zweiter Christus« impliziert zudem eine den drei Amtsfunktionen Christi entsprechende ethische Steuerung der Gesellschaft durch die Kirche. Gerade in der Betonung der Hierarchie der kirchlichen Ämter mit ihrer Spitze im Amt des Papstes ähnelt die moderne römisch-katholische Ekklesiologie somit einer Elitetheorie: Es ist die Elite der Geweihten, die der Masse der Laien und auch der Nichtgläubigen Orientierungswissen zu vermitteln hat. Im prophetischen Amt geht es, anders als im Calvinismus, nun nicht mehr um eine kritische Infragestellung der empirisch gegebenen Kirche in ihrer Institutionalität, sondern genau umgekehrt um die Stärkung von Macht- und Herrschaftsansprüchen der Kirche über die plurale Gesellschaft. Die dogmatische, in der Christologie verortete Lehre von den drei Ämtern und speziell des *munus propheticum* Christi wird durch ihre ekklesiologische Konkretion sukzessive zu einer ethischen Theorie:

16 Ludwig Hödl, »Die Lehre von den drei Ämtern Jesu Christi in der dogmatischen Konstitution des II. Vatikanischen Konzils ›Über die Kirche‹«, in: Leo Scheffczyk / Werner Dettloff / Richard Heinzmann (Hg.), *Wahrheit und Verkündigung*. Michael Schmaus zum 70. Geburtstag, München/Paderborn/Wien 1967, S. 1785–1806; Ludwig Schick, »Die Drei-Ämter-Lehren nach Tradition und Zweitem Vatikanischen Konzil«, in: *Communio*. Internationale Katholische Zeitschrift 10 (1981), 1, S. 57–66.

17 *Acta Apostolicae Sedis*. Commentarium Officiale 35 (1943), S. 218.

18 Michael Schmaus, *Katholische Dogmatik*, Bd. IV/1: *Die Lehre von den Sakramenten*, München 1952, S. 2.

19 Persson, *Repraesentatio Christi*, S. 12.

20 Otto Semmelroth, Art. »Ämter der Kirche«, in: *Lexikon für Theologie und Kirche*, begr. von Michael Buchberger, hrsg. von Josef Höfer / Karl Rahner, Bd. I: *A–Baronius*, 2., völlig neu bearb. Aufl., Freiburg 1957, S. 459–460, hier S. 459.

zur Lehre vom prophetischen Wächteramt der Kirche. Sie findet sich im 20. Jahrhundert sowohl im reformierten und lutherischen Diskurs als auch in der römisch-katholischen Ekklesiologie-Debatte.

Das prophetische Wächteramt der Kirche

Es ist unklar, wer wann und wo die Formel vom prophetischen Wächteramt der Kirche prägte. Theologen sind nur selten zu begriffshistorischer Selbstreflexion bereit und denken über die Historizität der dogmatischen wie ethischen Begriffe, mit denen sie arbeiten, zumeist nicht nach. Dies gilt gerade auch mit Blick auf das prophetische Wächteramt, das zahlreiche Theologen unterschiedlicher konfessioneller Herkunft für ihre Kirche und damit implizit auch für sich selbst in Anspruch nahmen und nehmen.

Die Rede vom Wächteramt der Kirche hat drei klare Voraussetzungen: Sie impliziert zunächst eine starke Unterscheidung von Kirche und ›Welt‹, die immer nur als das Andere der Kirche in den Blick kommt. Sie beinhaltet sodann das normative Programm, die Kirche müsse über den Gang der ›Welt‹ wachen. Aber kann die Kirche das überhaupt, und wenn ja, dann wie? Offenkundig muss die Kirche sich diese Amtsfähigkeit selbst zuschreiben. Sie tut dies in genau dem Maße, in dem sie für sich eine ethische Superiorität gegenüber der ›Welt‹ reklamiert. Sie meint durch ihre Bindung an Schrift und Bekenntnis – und im römisch-katholischen Fall auch durch ihr Traditionsprinzip – über ein ethisches Orientierungswissen zu verfügen, dessen die ›Welt‹ als solche entbehrt. Sie ist so tief von ihrer ethischen Überlegenheit überzeugt, dass sie sich gar nicht vorstellen kann, auch andere gesellschaftliche Akteure, etwa Wissenschaftler oder Künstler, könnten an der ethischen Selbstreflexion der Gesellschaft mitwirken.

Die Anfänge der Rede vom prophetischen Wächteramt dürften bei jenen konservativen Kulturlutheranern und lutherischen Neukonfessionalisten zu suchen sein, die seit dem frühen 19. Jahrhundert zunehmend die Entstehung und Durchsetzung der modernen bürgerlichen Gesellschaft und der mit ihr verbundenen kapitalistischen Ökonomie als einen radikalen Bruch mit der christlichen Herkunftsgeschichte Europas erlebten. Politisch und theologisch konservative Lutheraner wie beispielsweise der Dorpater und Erlanger Praktische Theologe Theodosius Harnack, der (später mit seinem theologisch liberalen Sohn brechende) Vater Adolf von Harnack,[21] oder der mecklenburgische Theologe Theodor Kliefoth dachten vom kirch-

21 Zu Theodosius Harnack siehe Friedrich Wilhelm Graf, »Theodosius Harnack in Italien. Eine Romreise 1871«, in: *Journal for the History of Modern Theology / Zeitschrift für Neuere Theologiegeschichte* 31 (2024), 2, S. 274–288.

lichen Amt sehr hoch;[22] tendenziell katholisierend, drohten sie bisweilen die Autorität des Amtes der Verwaltung von Wort und Sakrament gegenüber der Gemeinde allzu stark zu betonen – worin sie von einem restaurationsgestimmten lutherischen Staatsrechtslehrer wie Friedrich Julius Stahl unterstützt wurden. Je mehr die Gesellschaft von Prozessen der Kirchendistanz, Entkirchlichung und Irreligiosität geprägt wurde,[23] desto entschiedener sehnten die konservativen Kulturlutheraner eine neue Prädominanz der Volkskirche über die Kultur herbei. Dabei sprachen sie der Kirche ausdrücklich auch ein ethisches Mandat zu.

Im 20. Jahrhundert findet sich die Formel vom prophetischen Wächteramt der Kirche bei protestantischen wie katholischen Theologen und Kirchenfunktionären ganz unterschiedlicher theologischer Herkunft und höchst differenter politischer Position. Fast immer spiegelt sie elementare Ängste vor der pluralistischen Moderne, der liberalen Parteiendemokratie und der weltanschaulichen Neutralität des modernen Verfassungsstaates. Nur wenige Beispiele: Der radikalnationalistische Lutheraner Paul Althaus bezeichnet die Kirche 1917 als »Wächterin an jedem heiligen Feuer« des Volkstums;[24] und sein Berliner Kollege Julius Kaftan erklärt beim Kirchentag 1921, als »die von Gott bestellten Zionswächter« hätten die Theologen das prophetische Amt, auch politische Glocken zu läuten, wenn dem Gemeinwesen das Unheil der Emanzipation von Gottes Gesetz, also konkret: die religiöse Neutralität des demokratischen Verfassungsstaates drohe.[25] Dass das *munus propheticum* Christi einst calvinistisches Sondergut war, lässt sich nicht mehr erkennen; neben diversen reformierten, Ideale einer »Bekenntniskirche« formulierenden Schülern Karl Barths schreiben in den innerprotestantischen kirchen- und theologiepolitischen Kämpfen seit 1945 auch entschieden lutherische Anhänger der Volkskirche – allen voran der viel gelesene, im deutschen Bürgertum überaus prominente und der CDU nahestehende lutherische Ethiker Helmut Thielicke – der Kirche ein prophetisches Wächteramt zu: »Dieses Wächter-Amt zu begründen und zu begrenzen, ist eine theologische Ethik aufgerufen.«[26]

22 Siehe etwa Theodosius Harnack, *Die Kirche, ihr Amt, ihr Regiment*. Grundlegende Sätze mit durchgehender Bezugnahme auf die symbolischen Bücher der lutherischen Kirche, zur Prüfung und Verständigung herausgegeben, Nürnberg 1862; Theodor Kliefoth, *Acht Bücher von der Kirche*, Schwerin/Rostock 1854.

23 Zu dem um 1800 geführten Diskurs über Entkirchlichung und Dechristianisierung siehe Friedrich Wilhelm Graf, *Die Wiederkehr der Götter*. Religion in der modernen Kultur, München 2004, S. 69–101.

24 Paul Althaus, »Die Stellung der Kirche im Volksleben«, in: ders., *Um Glauben und Vaterland*. Neues Lodzer Kriegsbüchlein, Göttingen 1917, S. 29.

25 Julius Kaftan, »Die neue Aufgabe, die der evangelischen Kirche aus der von der Revolution proklamierten Religionslosigkeit des Staates erwächst«, in: Deutscher Evangelischer Kirchenausschuß (Hg.), *Verhandlungen des 2. Deutschen Evangelischen Kirchentages 1921, Stuttgart 11.–15. IX. 1921*, o. O. o. J. [1921 oder 1922], S. 121–138, hier S. 133.

26 Helmut Thielicke, *Ethik*, Bd. II/1: *Mensch und Welt*, 3. Aufl., Tübingen 1965, S. 614.

Nach 1945, in den mit großer Härte geführten Debatten um eine Mitschuld der evangelischen Kirchen an der NS-Diktatur, hat das prophetische Wächteramt in allen kirchenpolitischen Lagern hohe Konjunktur – wechselseitig wirft man sich vor, 1933 versagt zu haben. Der Göttinger Kirchenhistoriker Ernst Wolf, ein lutherischer Linksprotestant und entschiedener Neutralist, spricht 1949 vom *munus propheticum ecclesiae* und bringt so die Überführung eines christologischen Hoheitstitels in einen ethischen Interventionsanspruch prägnant auf den Begriff. Der württembergische Linksprotestant Hermann Diem attestiert der evangelischen Kirche 1946 insgesamt »ein Versagen des prophetischen Amtes unter dem Nationalsozialismus«.[27] Das prophetische Wächteramt wurde seit 1945 für ganz unterschiedliche politische Ziele und Interessen in Anspruch genommen. Es konnte zur Kritik von Westbindung und Wiederbewaffnung ebenso aufgerufen werden wie zur Unterstützung der Politik Konrad Adenauers. Konservative katholische Kirchenfunktionäre wie Joseph Kardinal Höffner legten prophetischen Protest gegen die Liberalisierung der Sexualmoral ein. Das Problem: Die sich autosuggestiv selbst zugeschriebene Autorität des Propheten erodiert, wenn andere mit prophetischem Pathos ganz anderes wollen und verkünden. In den kirchenpolitischen Kontroversen der zweiten Hälfte des letzten Jahrhunderts wurde das calvinistische Problem der Prophetenkonkurrenz somit auch für die anderen christlichen Kirchen Realität.

Wer mit prophetischer Entschiedenheit zu wissen meint, was Gottes Zeitansage zu welchem Thema auch immer ist, ist nicht diskussionsfähig. Der prophetische Wächter kennt weder Kompromisse noch kann er über seine eigenen Wissensansprüche eine Debatte führen, die nicht von seinen eigenen autoritativen Vorgaben beherrscht wird. Zu Recht hat der niederländische reformierte Theologe Hendrikus Berkhof 1982 festgestellt: »Das prophetische Zeugnis ist [...] ein diskussionslos letztes Wort, dem kein ›Gespräch‹ mehr folgen kann.«[28] Es ist insofern kein Zufall, dass sich der reformierte Schweizer Theologe Alfred de Quervain die zentralen Begriffe seiner Kirchentheorie bei Carl Schmitt besorgte. Seine »Begründung des christlichen Lebens im dreifachen Amt Christi«[29] lief deshalb auf eine Kritik der demokratischen Majoritätsherrschaft hinaus, und analog zu Schmitts Begriff des Politischen gewann die Kirche ihre Identität hier primär durch den Kampf gegen ihre Feinde. Das hatte schon Karl Barth gewusst: Die

27 Hermann Diem, zit. nach Karl Gerhard Steck, »Schuld und Schuldbekenntnis. Ein kritischer Bericht«, in: *Evangelische Theologie* 6 (1946/1947), S. 368–385, hier S. 371, Anm. 5.

28 Hendrikus Berkhof, »Zwischen Prophetie und Weisheit. Über kirchliche Stellungnahmen zur Friedensfrage«, in: *Evangelische Kommentare* 15 (1982), S. 242–245.

29 Alfred de Quervain, *Die Heiligung*. Ethik, I. Teil, 2. Aufl., Zollikon 1946, S. 31–63, hier S. 31.

»Geschichte der Prophetie Jesu Christi [ist] in ihrem Verlauf [...] eine *Kampfgeschichte*«.[30]

Im prophetischen Wächteramt der Kirche wird ein Paradox zu institutionalisieren versucht: die prophetisch radikale Kritik des jeweils Gegebenen zu einem kirchlichen ›Amt‹ zu überhöhen. So wird Dezisionismus zum theologischen Programm gemacht. Dass der prophetische Wächter sich für seine politischen Interventionen auf Gott selbst beruft, macht die Sache nicht besser. Das ist weithin nur klerikale Autoritätsgaukelei, die durch religiösen Sprachbombast zu verbergen sucht, dass sie elementare Prinzipien der demokratischen Deliberation nicht anzuerkennen vermag. Das prophetische Wächteramt der Kirche ist eine Formel aus dem Ideenarchiv kirchlicher Demokratieferne.

Das Predigtamt

Die Reformatoren entwickelten ihr Verständnis des Predigtamtes als des zentralen kirchlichen Amtes überhaupt im prägnanten Gegensatz zur spätmittelalterlich katholischen Vorstellung vom Priester als Vermittler des Heils, der durch die Weihe eine ihm exklusiv eigene geistliche Seinsqualität erhält, derer die Laien ermangeln; der einstige Bamberger Erzbischof Ludwig Schick hat in seinen Publikationen zur Dreiämterlehre[31] zu zeigen versucht, dass gerade auch das »dreifache Amt der Geweihten« als eine »Teilhabe am dreifachen Amt Christi« zu denken sei, die sich von der Teilhabe der »Christgläubigen allgemein« beziehungsweise der Laien grundlegend unterscheide.[32] Luther und die anderen Reformatoren des 16. Jahrhunderts betonten demgegenüber die Idee des Priestertums aller Gläubigen. So ist der Pfarrer ein Christ wie jeder andere Christ auch, ohne jeden religiösen Sonderrang. Er unterscheidet sich von seinen Mitchristen allein durch die *vocatio*, die Berufung zum öffentlichen Predigtamt durch Gott selbst. »Diese vocatio tritt an die Stelle der römischen Priesterweihe – nicht die Ordination, die nur als deren Ausdruck und äußere Dokumentation zu verstehen ist.«[33] Luther unterscheidet dabei zwischen der *vocatio immediata*, also der unmittelbaren Berufung der Propheten und Apostel, sowie der *vocatio mediata*, die durch die Kirchenleitung erfolgt, hält aber daran fest, dass das Amt der Verkündigung von Gott gestiftet sei.

30 Karl Barth, *Kirchliche Dogmatik*, Bd. IV/3: *Die Lehre von der Versöhnung*, Zollikon 1959, S. 271.

31 Schick, »Die Drei-Ämter-Lehren«; ders., *Das dreifache Amt Christi und der Kirche.* Zur Entstehung und Entwicklung der Trilogien, Frankfurt am Main / Bern 1982.

32 Schick, *Das dreifache Amt Christi und der Kirche*, S. 136.

33 Dietrich Rössler, *Grundriß der Praktischen Theologie*, Berlin / New York 1986, S. 106.

Sofern sich das Amt durch »die Verpflichtung zu fremdnütziger Geschäftsbesorgung«[34] definieren lässt, sind die öffentliche Wortverkündigung und die Sakramentsverwaltung das spezifische Geschäft des Inhabers des Pfarramtes. Zu seinem Amt gehört »auch die Erstzuständigkeit für Amtshandlungen und kirchlichen Unterricht sowie maßgebliche Mitverantwortung für die äußere Gemeindeleitung. [...] Sein Dienst wird durch Kirchengesetz in beamtenähnlicher Rechtsform geordnet.«[35] Eine wichtige Aufgabe protestantischer Kirchentheorien war es deshalb, im Nachdenken über das spezifische Amt des Pfarrers der Idee des Priestertums aller Getauften Rechnung zu tragen. »Der Unterschied zwischen dem Amt und dem allgemeinen geistlichen Priestertum ist maßgebend für das Verhalten auf dem Gebiet der innern kirchlichen Ordnung«, heißt es beispielsweise 1896 in einem Ethikkompendium des konservativen Kulturlutheraners Christoph Ernst Luthardt.[36] Wie andere Konservative denkt er vom kirchlichen Amt sehr hoch: Das »kirchliche *Amt*« sei »nicht etwa als Organisirung des allgemeinen Priesterthums des Einzelnen, sondern als Amt der *Gemeinde* und ihrer Selbstverwaltung durch die ihr übergebenen Gnadenmittel, somit als Zentrum alles kirchlich geordneten Lebens und Thuns« zu deuten. Luthardt folgert daraus: »Somit haben Amt und allgemeines Priesterthum sich gegenseitig in ihrer Besonderheit und besonderen Berechtigung anzuerkennen, so daß alles kirchliche Handeln zwar nicht ausschließlich durch die Amtsträger und mit Beseitigung jenes allgemeinen christlichen Thuns, wohl aber im Einklang mit dem Amt und seiner schriftgemäßen Gnadenmittelverwaltung zu geschehen hat.« Auch die Befähigung zum geistlichen Amt denkt Luthardt in Analogie zum »allgemeinen Priestertum«: »Wie nun die *Voraussetzung* des allgemeinen Priesterthums und seiner Thätigkeit der Christ, d.h. nicht bloß die äußere Zugehörigkeit zur äußeren Kirche, sondern die innere Zugehörigkeit zu Gott in Christo ist, so ist die Voraussetzung des Amtes die besondere kirchliche Beauftragung, in deren Lücke nur im Nothfall das allgemeine Priesterthum einzutreten hat.« Erst durch die *vocatio* durch Gott, die dann in der Ordination vonseiten der Gemeinde öffentlich inszeniert wird, wird aus einem Menschen, der aufgrund eines Studiums der Theologie und eines darauffolgenden Vikariats – dem strukturellen Analogon zum Referendariat der Juristen und der Gymnasiallehrer – zwei kirchliche Examina absolviert hat, der Inhaber eines Pfarramtes. Vor dem Hintergrund seiner theologischen Bildungsbiografie kann und muss von ihm (heute natürlich auch ihr) erwartet werden, dass er beziehungsweise sie das Amtsgeheimnis, also vor allem das Beichtgeheimnis und das

34 Ralf Dreier, *Das kirchliche Amt.* Eine kirchenrechtstheoretische Studie, München 1972, S. 118.

35 Albert Stein, *Evangelisches Kirchenrecht.* Ein Lernbuch, Neuwied/Darmstadt 1980, S. 102.

36 Christoph Ernst Luthardt, *Kompendium der theologischen Ethik*, Leipzig 1896, S. 282. Luthardts Abkürzungen wurden in diesem und den folgenden Zitaten aufgelöst.

Seelsorgegeheimnis wahrt; nicht nur nach kirchlichem Eigenrecht, sondern auch nach staatlichem Recht sind Verstöße gegen diese gewichtigen Amtspflichten strafbar. »Jener rechtlichen Voraussetzung«, der Berufung ins kirchliche Amt beziehungsweise der Ordination, »muß dann die moralische Voraussetzung der persönlichen, theologisch wissenschaftlichen und allgemein geistigen Befähigung zur Seite stehen«,[37] erklärt Luthardt. Die theologisch wissenschaftliche Befähigung lässt sich in Examensklausuren und Prüfungsgesprächen relativ objektiv erheben. Aber wie will eine Kirchenleitung die persönliche Befähigung eines für die Ordination vorgesehenen Theologen beurteilen? Und mit welchen Kriterien sucht sie über die allgemein geistige Befähigung eines Kandidaten zu entscheiden? Die hier gegebenen evidenten Probleme suchten die protestantischen Landeskirchen vor allem über das Dienstrecht für Pfarrer zu lösen, speziell über das sogenannte Disziplinarrecht. Bis 1993 lautete hier der zentrale Begriff Amtszucht.[38]

Wie sehr der Pfarrer tatsächlich ein durch institutionelle Kontinuität definiertes Amt innehat, zeigen einige professionsspezifische Grundzüge. Geistliche und Kirchenbeamte mussten beim Antritt ihres Amtes jeweils einen Diensteid oder ein Ordinationsgelübde ablegen, keineswegs nur gegenüber den Inhabern der kirchlichen Leitungsgewalt, sondern oft auch gegenüber dem weltlichen Herrscher. Diese Tradition mit Wurzeln in der Spätantike[39] prägt auch noch die Gegenwart – kein bayerischer Bischof, der nicht, wie 1924 im Konkordat zwischen dem Freistaat Bayern und dem Heiligen Stuhl vereinbart, gegenüber dem Ministerpräsidenten einen Treueid ablegt, auch für seinen Klerus: »Vor Gott und auf die heiligen Evangelien schwöre und verspreche ich, so wie es einem Bischof geziemt, Deutschland und Bayern Treue. Ich schwöre und verspreche, die verfassungsgemäß gebildete Regierung zu achten und von meinem Klerus achten zu lassen.«[40] Die Amtsqualität des Pfarrberufs zeigt sich auch daran, dass der Staat den Pfarrern gewichtige Rechte zugesteht. Der Pfarrer darf in seinem Pfarrbüro ähnlich wie ein Notar Urkunden beglaubigen. Sein Dienstverhältnis ist »ein öffentlich-rechtliches Dienst- und Treueverhältnis eigener Art«, heißt es etwa im Württembergischen Pfarrergesetz.[41]

37 Ebd., S. 283.

38 Wolfgang Strietzel, »Kirchenrecht und Kirchenpolitik. Zur Entstehung des Amtszuchtverfahrensgesetzes der VELKD«, in: *Zeitschrift für evangelisches Kirchenrecht* 34 (1989), S. 21–39.

39 Dietrich Pirson, Art. »Amtseid der Geistlichen und Kirchenbeamten«, in: Hans Dieter Betz / Don S. Browning / Bernd Janowski / Eberhard Jüngel (Hg.), *Religion in Geschichte und Gegenwart*. Handwörterbuch für Theologie und Religionswissenschaft, Bd. 1: *A–B*, 4., völlig neu bearb. Aufl., Tübingen 1998, Sp. 440–441.

40 Siehe dazu auch Ulrike Marga Dahl-Keller, *Der Treueid der Bischöfe gegenüber dem Staat*. Geschichtliche Entwicklung und gegenwärtige staatskirchenrechtliche Bedeutung, Berlin 1994.

41 Zit. nach Rössler, *Grundriß der Praktischen Theologie*, S. 457.

Auch der evangelische Pfarrer trug traditionell eine Amtstracht. Bei seinen öffentlichen performativen Auftritten, also im Gemeindegottesdienst und bei den Amtshandlungen beziehungsweise den gottesdienstlich inszenierten Passageriten der Taufe, Trauung und Beerdigung, tritt er im schwarzen Talar mit Beffchen auf, also im Unterschied zu seinen katholischen Kollegen nicht in einem bunten oder weißen Messgewand oder einer Soutane, sondern – ähnlich wie Richter und Anwälte im Gerichtssaal – in einer seine universitäre Bildung zeigenden Amtskleidung. Früher, aber heute nur selten noch, erschien er bei öffentlichen Veranstaltungen, bisweilen auch im Alltag, im sogenannten Lutherrock, der allerdings nichts mit dem Reformator zu tun hatte. Dieser schwarze, einreihig geknöpfte, oft fast knielange Gehrock mit einem kleinen weißen Stehkragen sollte die Sichtbarkeit des Pfarrers als eines Amtsträgers erhöhen und zugleich die Visibilitätsdominanz katholischer Amtsträger – schwarzer Anzug mit weißem Kollar – im öffentlichen Raum konterkarieren. Heutzutage tragen, mit wenigen Ausnahmen, nur noch sogenannte leitende Geistliche im dienstlichen Alltag einen Lutherrock, oft mit einem Kreuz. Das wirkt bisweilen peinlich.

Der Beruf des protestantischen Pfarrers ist im Unterschied zu anderen Berufen ein Weltanschauungsberuf.[42] Vom Pfarrer wird erwartet, dass er sich als öffentliche Person wie auch in seinem Privatleben an jenen christlich-religiösen Gehalten orientiert, die er zu verkünden hat: das Evangelium beziehungsweise das Wort Gottes.

> Ein Weltanschauungsberuf ist dadurch qualifiziert, daß sich zwischen persönlichen und privaten Äußerungen einerseits und beruflichen oder amtlichen Äußerungen andererseits nicht unterscheiden läßt. Aussagen etwa über Gott oder die Bedeutung der Religion für das Leben, die immer zum selbstverständlichen Bestand beruflicher Auslassungen des Pfarrers gehörten, können nicht verbunden werden mit privaten oder persönlichen Erklärungen, die das Gegenteil behaupten.

Vom Pfarrer gefordert ist eine »Übereinstimmung des persönlichen Standpunktes mit dem, der beruflich zu vertreten ist«.[43]

Sofern Pfarrer beziehungsweise Pfarrerinnen ein Amt innehaben, sind ihre professionellen Tätigkeitsvollzüge durch bestimmte, in der protestantischen Überlieferung als konstitutiv behauptete Kompetenzerwartungen geprägt. Die Aufgabe des Pfarrers darf es nicht sein, auf der Kanzel seine eigene religiöse Unmittelbarkeit zu inszenieren und seiner Gemeinde zu predigen, was er als frommes Individuum glaubt. Seine Aufgabe im Predigtamt ist es vielmehr, eine überindividuelle Identität auszubilden und in sei-

42 Zum Begriff siehe ebd., S. 103.
43 Ebd., S. 104.

ner öffentlichen Glaubenskommunikation, auf der Kanzel ebenso wie am offenen Grabe, durch besonnene Nachdenklichkeit und objektivierende Sachlichkeit der Vielfalt ganz unterschiedlicher Frömmigkeitsstile und Glaubensoptionen gerecht zu werden. Der kirchliche Amtsträger darf nicht zum religiösen oder gar politischen Parteimann werden wollen. Gerade deshalb war im Protestantismus der Zugang zum Pfarramt, die Amtsfähigkeit, an die Bedingung eines akademischen Studiums an einer staatlichen Universität geknüpft. Sektenprediger müssen nicht studieren, sondern dürfen im Betsaal ihre mehr oder minder reflektierten privaten Glaubensgewissheiten verkündigen. Der Inhaber eines kirchlichen Predigtamtes hingegen muss sich Bildung erarbeitet haben. Denn nur durch Bildung lässt es sich erreichen, in der öffentlichen Glaubenskommunikation nicht immer nur die eigene fromme Unmittelbarkeit zu reproduzieren.

Sind Pfarrer heute noch Amtsträger? Katholische gewiss mehr als protestantische, schon aufgrund der Tatsache, dass mittlerweile nahezu 35 Prozent – Gott sei Dank! – der Angehörigen des evangelischen Klerus Frauen sind, und diese neigen deutlich weniger zu amtstheologischer Selbstüberhöhung als männliche Divinalmachos. Dass das Amtsbewusstsein schwindet, lässt sich relativ leicht an einer häufig zu machenden Beobachtung verdeutlichen: Immer öfter unterlaufen Pfarrer in ihren Reden die heilsame Differenz von Privatem und amtlich Öffentlichem. Der neue bayerische Landesbischof Christian Kopp beispielsweise erzählt im ersten Interview nach seiner Wahl der *Süddeutschen Zeitung*,[44] dass er ein begeisterter Fahrradfahrer sei und gar über die Alpen radele. Vermutlich wohl in Radlerhose und nicht im Lutherrock. Warum diese irritierende Inszenierung des Privaten? Vielleicht glaubt der Landesbischof der evangelisch-lutherischen Kirche in Bayern nicht mehr daran, dass ihm kraft seines Amtes einst Amtscharisma zugeschrieben wurde.

Friedrich Wilhelm Graf ist emeritierter Professor für Systematische Theologie und Ethik an der Ludwig-Maximilians-Universität München.
friedrichw.graf@evtheol.uni-muenchen.de

44 Andrea Schlaier, »Der Transformator«, in: *Süddeutsche Zeitung Online*, 27. 10. 2023. Schon anlässlich seiner Wahl zum Regionalbischof für München und Oberbayern 2019 hatte Kopps bereitwillig Auskunft über seine Affinität zu Fahrrädern gegeben. Damals wusste die Zeitung zu berichten: »Der Bischof besitzt mindestens fünf Fahrräder, ein Trekkingrad für jeden Tag, ein Mountainbike, ein Faltrad, das er im Zug mitnimmt, und zwei Rennräder, ein altes aus Stahl, eines aus Karbon.« Bernd Kastner, »Ein Gute-Laune-Bischof für München«, in: *Süddeutsche Zeitung* Online, 5. Februar 2020.

Berthold Vogel

Die Verwaltungsbedürftigkeit der Gesellschaft

Leben wir in einem erstarrten Land, in dem ein Dickicht an Vorschriften und Paragrafen jede soziale und wirtschaftliche Aktivität überwuchert? Sind Frustration im Handwerk und unter Bauern, marode Infrastruktur in der Stadt und auf dem Land oder der wirtschaftliche Niedergang des Autobaus primär ein Verwaltungs- und Bürokratieproblem? Und würde sich das Land vom depressiven Mehltau befreien und zu neuem Wohlstand finden, wenn Amt und Behörde kujoniert werden, wenn dem öffentlichen Dienst der antibürokratische Marsch geblasen wird und wenn es weniger Beamt:innen und Staatsangestellte gibt? Wer die Gazetten studiert, den politischen Tiraden in Talkshows zuhört und durch das Netz scrollt, der gewinnt den Eindruck, dass der Bürokratieabbau die Linderung aller sozialen Gebrechen bedeutet. Wir müssen daher gar nicht nach Argentinien oder in die Vereinigten Staaten schauen, um eine ausgeprägte Kultur des Ressentiments gegen die Verwaltung zu finden. Wir sehen dort nur besonders radikale Beispiele einer herrschenden Bürokratiekritik, deren Apologeten jede Art von Verwaltung und staatlicher Aktivität verachten, solange sie nicht ihren eigenen Interessen dienen.

Dabei sind plurale und offene Gesellschaften, die rechts- und sozialstaatlich geprägt sind, in hohem Maße verwaltungsbedürftig. Man könnte die pointierte Formel des Staatsrechtlers Ernst Forsthoff von der »Staatsbedürftigkeit der Gesellschaft« noch einmal zuspitzen und von einer Verwaltungsbedürftigkeit der modernen Gesellschaft sprechen. Forsthoff hatte die Daseinsvorsorge im Sinn und hob hervor, dass Markt und Staat als »Funktions- und Ordnungsprinzipien des Sozialen« zu verstehen sind,[1] die sich wechselseitig konstituieren und rahmen. Der Wohlfahrtsstaat konzipiert und gewährleistet Leistungen, seine Regularien bewerten Bedürftigkeit, sie sichern dem Individuum qua Rechtsansprüchen ein Dasein, das die Erfordernisse eines menschenwürdigen Existenzminimums erfüllen soll. Staatlichkeit, gerade Wohlfahrtsstaatlichkeit, ist auf Gerichte, Behörden, Ämter und somit auf Akteure in Ämtern angewiesen. Sie tragen, organisieren und verwalten den demokratischen Wohlfahrtsstaat.

Wie steht es also um Amt und Amtsführung, verstanden als soziale Praxen, die auf eine demokratische Öffentlichkeit verpflichtet sind? Dieser Frage

1 Berthold Vogel, *Die Staatsbedürftigkeit der Gesellschaft*, Hamburg 2007, S. 35.

widmet sich der folgende Text, der die Aufmerksamkeit auf den gesellschaftlichen Nutzen von Verwaltung und Bürokratie lenken und einen knappen Einblick in das Selbstverständnis von Amtsträger:innen geben möchte. Auf Verwaltung und auf Leistungen der Daseinsvorsorge alleine mit Ressentiment und allfälliger Bürokratiekritik zu reagieren, wird der Bedeutung öffentlicher Leistungen nicht gerecht. Denn die Funktionsfähigkeit der öffentlichen Verwaltung und ihre Zukunftsfestigkeit sind die Basis einer rechts- und sozialstaatlich geprägten Demokratie. Verwaltung und öffentliche Güter – also die Organisation und Gewährleistung von Gesundheit und Bildung, die Aufmerksamkeit auf innere und äußere Sicherheit sowie die Gestaltung der sozialen und technischen Infrastruktur – sind wesentliche Voraussetzungen des gesellschaftlichen Miteinanders, des sozialen Ausgleichs und eines demokratischen Gemeinwesens.[2] Verwaltung ermöglicht gesellschaftliche Resilienz in verwundbaren Zeiten – sie hat jedenfalls das Potenzial dazu.

Gesellschaftswissenschaftliche Aufmerksamkeit für die Verwaltung

Angesichts dessen erstaunt es, dass die Verwaltungsbedürftigkeit moderner Gesellschaften in der gesellschaftswissenschaftlichen Forschung und Diskussion nur wenig Aufmerksamkeit erhält. In weiten Teilen der soziologischen Zeitdiagnostik fehlen die öffentlichen Angelegenheiten als analytischer Referenzpunkt. Vor allen Dingen fehlt aber der Blick auf das Verwaltungspersonal, das in Zeiten der Polykrise als Akteur Verantwortung trägt für Stabilität und Wandel. Die Realisierung öffentlicher Infrastrukturausgaben – ob für Klimaanpassung und Energiewende, ob für Wegebau und innere Sicherheit – hängt maßgeblich vom Vorhandensein und von der Kompetenz des entsprechenden Personals ab. Schon heute ist der demografische Wandel als Fachkräfteknappheit zu spüren, doch in den kommenden Jahren wird sich die Zahl derer, die in den unterschiedlichen Sparten des öffentlichen Sektors tätig sind, erheblich reduzieren.

Unter der Dauerbeschallung einer von jeder Empirie unbelasteten Bürokratiekritik fällt es schwer, eine unvoreingenommen-interessierte Perspektive auf Amtsführung und Amtsverständnis prominent zu machen. Die Beschäftigung mit Amt und Verwaltung steht in weiten Teilen der soziologischen Debatte eher unter dem Verdacht konservativer Staatsverklärung. Staat und Amt klingen nach Zwang und nicht nach Freiheitsermöglichung. Verwaltung ist von einer Aura konservativen Beharrens umgeben. Die Be-

2 Jens Kersten / Claudia Neu / Berthold Vogel, *Politik des Zusammenhalts. Über Demokratie und Bürokratie*, Hamburg 2019.

griffe Amt, Amtsethos, Amtsführung haben zweifelsohne einen *conservative touch* – und Deutscher Beamtenbund klingt nach Unbeweglichkeit und Versorgungsanspruch. Kompetente Stimmen, die ein vielschichtiges Bild der Verwaltung zeichnen,[3] dringen kaum durch.

Auch in der arbeits- und professionssoziologischen Forschung findet das Arbeiten für die öffentliche Hand nur wenig Beachtung. Die Verwaltung der öffentlichen Angelegenheiten ist bestenfalls eine institutionensoziologisch interessante Frage. Die Spezifika der Erwerbstätigkeit für Kommune, Staat und Öffentlichkeit werden selten untersucht. Gerade mit Blick auf die arbeitssoziologischen Debatten um Exklusion und prekäre Arbeit verwundert dieser Umstand, denn der »arbeitende Staat« (Lorenz von Stein) war stets stilbildend für die Entwicklung der Arbeitswelt gewesen – vom Industrie- und Bankbeamten des frühen 20. Jahrhunderts über die alten und neuen Dienstklassen bei Ralf Dahrendorf bis zum Arbeits- und Tarifrecht dieser Tage. Der öffentliche Sektor war über Jahrzehnte ein zentraler Referenzpunkt für das sogenannte Normalarbeitsverhältnis, für die Berufsfachlichkeit der Arbeit und für die betriebliche Welt von Rang- und Aufstiegsordnungen.

Die Vitalität des öffentlichen Sektors: Wertorientierung statt Jobmentalität

Wenn wir auf den »arbeitenden Staat« schauen, sehen wir, dass öffentliche Leistungen ihre Wirkmächtigkeit erst durch handelnde Personen erhalten. Es gilt daher, den Personen in Amt und Behörde ein Gesicht zu geben, sprich: den Amtsmenschen Aufmerksamkeit zu schenken.[4] Sie arbeiten für öffentliche Belange, tragen Verantwortung für das Gemeinwohl und entwickeln im Idealfall den »Institutionenverstand«, der für die Ausführung ihres jeweiligen Amtes erforderlich ist.[5] Ausgehend von der Kategorie des Institutionenverstandes sprechen wir – soziologisch pragmatischer und vermutlich näher an der gesellschaftlichen Wirklichkeit – von einem »wertorientierten Arbeitsbewusstsein« derjenigen, die im Dienst öffentlicher Güter stehen.[6] Soll heißen: Die große Mehrheit der öffentlich Bediensteten, die wir seit vielen Jahren in unterschiedlichen Funktionsbereichen befra-

3 Vgl. Wolfgang Seibel, *Verwaltung verstehen*. Eine theoriegeschichtliche Einführung, Berlin 2016.

4 Siehe hierzu die Einleitung von Astrid Séville und Julian Müller in diesem Heft.

5 Franz Schultheis / Berthold Vogel / Kristina Mau (Hg.), *Im öffentlichen Dienst*. Kontrastive Stimmen aus einer Arbeitswelt im Wandel, Bielefeld 2014.

6 Berthold Vogel / Andreas Pfeuffer, »Amtsethos oder Job? Zum Arbeitsbewusstsein im öffentlichen Dienst«, in: *WSI-Mitteilungen* (2016), 7, S. 513–520; online unter: https://www.wsi.de/data/wsimit_2016_07_vogel.pdf [29. 4. 2025].

gen,[7] bewertet ihre Tätigkeit als universalistische Aufgabe, die sich explizit am Gemeinwohl orientiert, und hat ein klares Berufsbild vor Augen, dessen Erfolg und Verwirklichung anhand von Gemeinwohlbelangen, nicht nach Marktprinzipien, zu bewerten ist. Dieses Arbeitsbewusstsein fungiert als symbolisches Kapital und als soziale wie vor allen Dingen berufliche Selbstbehauptung – gegen die Banalisierung des öffentlichen Sektors durch befristete Jobs, durch den Einkauf von Leiharbeit in der öffentlichen Verwaltung und durch die ausgreifende Bedeutung von Projektarbeit in allen Sparten des Staatsdienstes.

Amtscharisma im Weber'schen Sinne spielt in unseren Studien in den unterschiedlichen Sektoren des öffentlichen Dienstes habituell immer noch eine gewichtige Rolle. Viele verteidigen das Amt gegen eine öffentliche Wahrnehmung der Starrheit und Regelfixierung. Der Wandel öffentlicher Arbeitswelten führt nicht dazu, dass sich die Beschäftigten in Jobmentalitäten flüchten. Eine öffentliche Aufgabe auszuführen, das heißt in den Diensten der Allgemeinheit tätig zu sein, ist nicht irgendeine Tätigkeit, die beliebig zu wechseln wäre. Vielmehr treten hier Berufsehre und eine professionelle Haltung in den Vordergrund. Mit Blick auf öffentliche Arbeitswelten wird deutlich, dass sich hier zwar die Strukturen, die Aufgaben, die rechtlichen und technologischen Grundlagen ändern mögen, dass auch die Klient:innen in ihren Anspruchshaltungen komplizierter werden, dass die Leistungsanforderungen wachsen, dass die Kassen weitgehend leer sind – dennoch gilt es aus Sicht der Amtspersonen, an Standards festzuhalten, die für die eigene Berufsausübung orientierend und handlungsleitend sind.

Vor diesem Hintergrund überrascht es kaum, dass der öffentliche Dienst in der Corona-Krise in weiten Teilen durchaus leistungsfähig reagieren konnte. Gerade weil sich die Strukturen zum Teil sehr grundlegend ändern und die Bedarfe der Bürger:innen kompliziert und komplex sind, bleiben die Amtsträger:innen der entscheidende Faktor im öffentlichen Sektor. Denn selbst gegen widrige Umstände hält die Mehrheit an Standards fest, die in ihren Augen für die eigene Berufsausübung notwendig sind.[8] Interessant ist freilich, dass sich das »wertorientierte Arbeitsbewusstsein« differenziert und je nach Lage und Laufbahn, Status und Position unterschiedlich ausfällt.

Die Beharrlichkeit der Amtspersonen in öffentlichen Dienstleistungen sowie die daraus entstehenden Spannungsfelder und Handlungskonflikte unterstreicht die klassische Studie *Street-Level Bureaucracy. Dilemmas of the*

7 Exemplarisch dazu René Lehweß-Litzmann (Hg.), *Fachkräfte für die Daseinsvorsorge.* Heute hier, morgen weg?, Baden-Baden 2024; Berthold Vogel, »Leisten Justizjuristinnen und -juristen einen Beitrag zum Zusammenhalt? Befunde einer justizsoziologischen Studie«, in: Klaus Günther / Daniel Thym / Uwe Volkmann (Hg.), *Zusammenhalt durch Recht?*, Frankfurt am Main / New York 2024, S. 165–182.

8 Vgl. Vogel/Pfeuffer, »Amtsethos oder Job?«.

Individual in Public Services, die der US-amerikanische Soziologe Michael Lipsky zu den Hochzeiten öffentlicher Dienstleistungen und in der Expansionsphase moderner Wohlfahrtsstaaten veröffentlichte.[9] Seine Arbeit – die im Übrigen all die schon lange bestehenden Vorurteile widerlegt, es gäbe in den USA keinen öffentlichen Dienst – nimmt systematisch die Arbeitswirklichkeit und die Arbeitserfahrungen eines in struktureller und normativer Hinsicht bedeutsamen Beschäftigungssektors moderner Gesellschaften in den Blick: Wer verantwortet die Herstellung öffentlicher Güter? Wer trägt die Leistungen der Daseinsvorsorge? Lipsky wendet sich mit den Methoden der qualitativen Sozialforschung jenen Beschäftigtengruppen zu, die dem *welfare state* ein Gesicht geben. Die Repräsentant:innen des Öffentlichen bekommen bei Lipsky eine Bühne. Ihre Aufgabe und Profession ist es, rechtsstaatliche Gesetzgebung umzusetzen, durchzusetzen und zu übersetzen. Die Befunde Lipskys klingen gerade im Nachklang der gesellschaftlichen Erfahrungen während der Corona-Pandemie bemerkenswert aktuell:

> Buchstäblich Millionen von Menschen entscheiden sich für eine Tätigkeit im öffentlichen Sektor wegen der positiven Aspekte und Herausforderungen der Arbeit mit und für andere Menschen. Sie verdienen viel mehr an öffentlicher Anerkennung und Respekt (und meistens auch eine bessere Bezahlung), als sie im Allgemeinen erhalten. Um diese Entscheidungen zu unterstützen, wäre es gut, zu erfahren – als Ergebnis von systematischen Forschungsarbeiten aus der Perspektive der Street-Level-Bürokraten –, wie Polizeibeamte, Lehrer und Sozialarbeiter zu einem befriedigenden Gleichgewicht gelangen zwischen den Anforderungen ihres Jobs und dem, was sie bewältigen können.[10]

Lehrerinnen, Sozialarbeiter, Polizisten und Amtsrichterinnen

> haben einen erheblichen Einfluss auf das Leben von Menschen. Dieser Einfluss kann unterschiedlicher Art sein. Sie sozialisieren Bürger in Bezug auf deren Erwartungen über öffentliche Dienste und deren Platz in der politischen Gemeinschaft. Sie bestimmen, welche Bürger Anspruch auf öffentliche Leistungen haben und wer von Sanktionen betroffen wird. Sie beaufsichtigen den Umgang mit Bürgern in entsprechenden Programmen (beziehungsweise die Dienstleistungen, die sie bekommen). [...] Kurzum, ihnen kommt eine Schlüsselrolle zu, wenn es um eine Dimension der Bürgerrechte geht.[11]

Beschäftigte in öffentlicher Verwaltung und Daseinsvorsorge, in Gesundheitsdiensten und lokalen Infrastrukturen haben eine Schlüsselrolle bei der

9 Michael Lipsky, *Street-Level Bureaucracy*. Dilemmas of the Individual in Public Services, New York 1980.
10 Ebd., S. xxii (meine Übers., B.V.).
11 Ebd., S. 4 (meine Übers., B.V.).

Definition sozialer Lagen und Positionen, so die These Lipskys. Das gilt auch für sogenannte einfache Bedienstete in der Sozial- und Leistungsverwaltung oder im kommunalen Krankenhaus. Auch sie – obgleich nicht in leitender Position – entscheiden, in welcher Weise Bürger:innen behandelt werden. Sie geben in ihrer und durch ihre Arbeitspraxis Antworten auf die Fragen, welche Leistungen die Bürger:innen von Staat oder Kommune erwarten dürfen und welche Hilfestellung ihnen in prekären Lebenssituationen gegeben wird. Street-Level-Bürokrat:innen definieren wichtige Aspekte bürgerschaftlichen Daseins. Lipsky beschreibt die im öffentlichen Sektor Bediensteten als *policy makers*. Ausführlich widmet er sich ihren *patterns of practice*. Auf diese Weise legt er neben einer Soziologie des Verwaltungshandelns auch eine Arbeitsanalyse der öffentlichen Aufgaben und Angelegenheiten vor. Die Studie gibt Hinweise auf den Habitus und die Mentalität von Amtsmenschen, die nichts an Gültigkeit, Evidenz und gesellschaftspolitischer Relevanz verloren haben.

Eine Typologie der Amtsmenschen

Die Amtsmenschen sind nicht nur in ihrer Herkunft und sozialen Laufbahn keine homogene Gruppe; sie sind es insbesondere nicht im Hinblick auf ihre Orientierungen, Einstellungen und Mentalitäten gegenüber den öffentlichen Leistungen, die sie zu erbringen haben. Und offensichtlich stehen diese Mentalitäten in engem Zusammenhang mit der jeweiligen Position innerhalb des öffentlichen Sektors. Während beispielsweise die qualifizierten (akademischen) Mitarbeiter:innen im öffentlichen Dienst berufsfachliche Ausbildung und Professionalität als zentrale Qualitätsvoraussetzung öffentlicher Leistungen betrachten, setzen die Beschäftigten im einfachen Dienst andere Schwerpunkte. Für sie ist die Verbindlichkeit und Stabilität öffentlicher Leistungen die Gemeinwohlgarantie. Nur stabile Arbeitsstrukturen sichern nach ihrer Auffassung die sachgemäße Erfüllung des Auftrags, mit der eigenen Tätigkeit dem allgemeinen Wohl zu dienen – den Müll zu entsorgen, die Verkehrswege sicher zu halten, öffentliche Anlagen zu pflegen. Einen anderen Akzent setzen die, die beispielsweise als Projektentwicklerin oder Controller, also auf mittleren Positionen im gehobenen Dienst, tätig sind. Sie betonen, dass der öffentliche Dienst nur dann eine für die gesellschaftliche Entwicklung produktive Zukunft haben wird, wenn er sich neuen Impulsen öffnet, wenn er innovativ ist und kein ›Beamtenapparat‹.

Die Sicht auf den öffentlichen Sektor, auf seine Entwicklung und seine Perspektiven fällt also sehr unterschiedlich aus. Von einer generalisierbaren Beamten- oder Angestelltenmentalität kann daher nicht die Rede sein. Deutlich wird allerdings, dass diejenigen, die in den Diensten öffentlicher Güter stehen, in besonderer Weise durch die Normativität des eigenen Handelns herausgefordert zu sein scheinen. Darauf bezieht sich auch die Debatte um die *public service motivation* (PSM). Das im angelsächsischen Raum entwickelte empirische Messkonzept und Indikatorensystem[12] fragt zum einen nach den Beweggründen für den Eintritt von Arbeitskräften in den öffentlichen Sektor, zum anderen versucht es herauszufinden, ob sich die Motivationslagen der Beschäftigten im Rahmen ihrer Tätigkeit für öffentliche Arbeitgeber verändern. Macht also das Amt die Person – oder die Person das Amt? Die Ergebnisse sind im internationalen Vergleich nicht für alle Länder eindeutig, aber es zeigt sich zumindest, dass insbesondere in legalistisch geprägten Verwaltungskulturen – so exemplarisch in Österreich oder Deutschland – die Gemeinwohlorientierung der Beschäftigten viel stärker ausgeprägt ist als beispielsweise politisches Engagement oder soziales Mitgefühl. Insofern spricht einiges dafür, dass das auszuführende Amt durchaus sozialisierende Effekte hat und den persönlichen Habitus prägt.

Arbeiten im öffentlichen Sektor: Die Gestaltung des Verantwortungsvierecks

Begreift man die Arbeitswelt der Ämter und Verwaltungseinrichtungen als Handlungs- und Interessenfeld, zeigt sich, dass Amtsmenschen in ihrer Tätigkeit eben nicht nur für Stabilität und geordnete Berufsverläufe stehen, sondern in hohem Maße auch für konfliktreiche Verantwortungs- und Anforderungsprofile, die die Berufstätigkeit im Amt (ob Verwaltung, Stadtwerke, Schule oder Polizei) markant von anderen Beschäftigungsformen unterscheiden. Öffentliche Bedienstete bewegen sich in aller Regel in einem Verantwortungsviereck, das sich aufspannt (erstens) zwischen den Bürger:innen als Klient:innen, die differenzierte Ansprüche stellen und vor Konflikten mit Amt und Behörde nicht zurückschrecken. Die Selbstpräsentation der öffentlichen Verwaltung als Dienstleister und nicht mehr als Ort hoheitlicher Befugnisse spiegelt sich in der Haltung derjenigen, die diese Dienstleistungen in Anspruch nehmen. Die dahingehend veränderte Verwaltungskultur findet sich jedoch nicht selten in den Fallstricken der Verrechtlichung wieder. Kurzum, die Amtsführung und die Leistungserbringung sind komplizierter und komplexer geworden.

Einen zweiten Eckpunkt markieren die jeweiligen öffentlichen Arbeitgeber, die die Verwaltungsbedürftigkeit der Gesellschaft zum Teil sehr unterschiedlich interpretieren. Hier schlägt die hohe Regelungsdichte und die zum Teil exorbitante Aufgabenübertragung an die (lokale) Verwaltung in

12 Gerhard Hammerschmid / Renate E. Meyer / Isabell Egger-Peitler, »Das Konzept der Public Service Motivation. Status Quo der internationalen Diskussion und erste empirische Evidenzen für den deutschsprachigen Raum«, in: *Der moderne Staat*. Zeitschrift für Public Policy, Recht und Management 2 (2009), 1, S. 73–92.

Mahlzeit!

Schon Georg Simmel verwies 1910 in seiner »Soziologie der Mahlzeit« auf die »ungeheure sozialisierende Kraft«, die das gemeinsame Einnehmen von Speisen und Getränken entfaltet. Essen baut Brücken, sagt auch der Volksmund – von Kultur zu Kultur, aber auch über Klassen und Stände hinweg. Um diesen vergemeinschaftenden Effekt wissen auch Amtsmenschen und machen ihn sich geschickt zunutze: Mit Bratwurst, Döner, Burger oder Grünkohl inszenieren sie sich – entsprechend ihrer jeweils zu affizierenden Klientel – wahlweise als traditionsbewusst, gesellig oder bodenständig. Doch ist die Nahrungsaufnahme coram publico nicht frei von Risiken. Gerade auf interkultureller Ebene kann der angestrebte kulinarische Brückenschlag infolge ungewohnter Verrichtungen oder gewöhnungsbedürftiger Geschmacksnoten auch fehlschlagen. Dann braucht es Disziplin und Selbstbeherrschung, die Tugenden des Amtes, um die zwischenmenschlich prekäre Situation zu retten.

besonderer Weise zu Buche. Wenn Kommunen mit immer mehr Aufgaben belastet werden – die menschenwürdige und verlässliche Unterbringung von Flüchtlingen, die Anpassungsleistungen an den Klimawandel oder das Krisenmanagement in der Daseinsvorsorge, das exemplarisch in der Pandemie gefordert wurde –, reagieren ihre Verantwortungsträger:innen je nach kommunaler Situation und politischem Selbstverständnis sehr unterschiedlich. Diejenigen, die die kommunale Aufgabenerfüllung, sprich: die Pflichtaufgaben von Städten und Gemeinden, umsetzen müssen, bekommen dies in ihrem Arbeitsalltag in besonderer Weise zu spüren.

Drittens gibt es die Gemeinschaft der Steuerzahlenden, die als Öffentlichkeit, nicht als Klient:innen allgemeine Erwartungen an die Präsenz und Leistungsfähigkeit öffentlicher Dienste und Güter haben.

Der vierte Punkt des Verantwortungsvierecks sind die eigenen professionellen Ansprüche der Beschäftigten im öffentlichen Dienst, die mit Ausbildung, Berufslaufbahn und je nach Sektor spezifischen arbeitsethischen Vorstellungen verbunden sind. Die Berufe von Amtspersonen werden mehr als andere Tätigkeiten moralisiert und problematisiert: vonseiten der Bürger:innen, der Dienstherren, der politischen und medialen Öffentlichkeit sowie von den Amtsmenschen selbst.

Wie weiter mit dem öffentlichen Sektor?

Der öffentliche Sektor ist auf der einen Seite mit wachsenden Ansprüchen in anspruchsvollen Zeiten konfrontiert, auf der anderen Seite registrieren wir aber auch eine hohe persönliche Motivation und erhebliche Stabilisierungsbemühungen der Beschäftigten. Das Personal ist der entscheidende Faktor, wenn wir auf die Verwaltungsbedürftigkeit moderner Gesellschaften blicken. Wie geht es nun weiter mit denen, die dem öffentlichen Sektor ein Gesicht geben? Schon lange vor der Corona-Pandemie war die Nachwuchsrekrutierung für öffentliche Aufgaben eine zentrale, durch den demografischen Wandel beschleunigte Herausforderung. Denn falls es nicht gelingt, in ausreichender Zahl geeignetes Personal für öffentliche Aufgaben zu finden, drohen in absehbarer Zukunft faktische Leerstellen staatlichen und kommunalen Handelns. Einem Gemeinwesen, das nach demokratischen und rechtsstaatlichen Prinzipien funktionieren soll, kann es jedoch nicht gleichgültig sein, wer den Polizeidienst versieht, welches Erscheinungsbild die öffentliche Verwaltung hat, wer technische Leistungen garantiert oder mit welchem Engagement Bildungs- und Erziehungsaufgaben übernommen werden – mit *street level bureaucracy* meint Lipsky die Arbeitswirklichkeit einer Demokratie.

Ämter und Professionen sind gleichermaßen institutionalisierte und personalisierte Strukturen des sozialen Rechtsstaats und des demokratischen Wohlfahrtsstaats. Wer diese personelle Seite nur als Kosten- und Planungsfaktor begreift, springt zu kurz. Das öffentliche Personal bewirtschaftet den normativen Haushalt der Gesellschaft, indem es durch sein berufliches Handeln öffentliche Standards und Bewertungen, Leistungen und Verpflichtungen, Gemeinwohlorientierung und individuelle Ansprüche gestaltet und durchsetzt. Weil einiges dafürspricht, diese Aufgaben nicht jedem und jeder anzuvertrauen, rückt in der Diskussion um künftige Wohlfahrtsstrukturen die Frage nach dem Generationenwandel in den Mittelpunkt. Die öffentlichen Aufgaben und Amtsgeschäfte sind Personalfragen, die quantitative (Wie viel Personal ist notwendig?), aber auch qualitative Aspekte haben (Wer versieht mit welcher Qualifikation und Professionalität welche öffentlichen Dienstleistungen?). Es ist nicht damit getan, dass Politiker:innen an die engagierten Bürger:innen und an deren Statthalterfunktion für öffentliche Angelegenheiten appellieren. Das Engagement im Sportverein oder in der Altenbetreuung ersetzt keine funktionierende rechtsstaatliche Verwaltung des kommunalen und sozialen Ganzen. Die Professionskulturen in den öffentlichen Diensten verschieben sich. Wohin bewegt sich also die *street level bureaucracy*? Angesichts der aktuellen Polykrise – Seuche, Krieg und Klimakatastrophe – und mit Blick auf die infrastrukturellen Defizite des gesellschaftlichen Alltags braucht es resiliente öffentliche Institutionen und Soziale Orte,[13] die für Zusammenhalt und Gemeinsinn auch in Zeiten verschärfter Verteilungs- und Wohlstandskonflikte sorgen.[14]

Der öffentliche Sektor als soziales Gewebe demokratischer Gesellschaften

Öffentliche Güter und eine leistungsfähige Verwaltung sind entscheidend für die kohäsive Kraft unserer Gesellschaft und ihre rechts- und sozialstaatlichen Institutionen. Hinsichtlich des Zusammenhangs von Amt, Amtsmenschen und der Zukunft des gesellschaftlichen Zusammenhalts sind daher abschließend zwei Perspektiven von besonderer Relevanz: die lokale beziehungsweise die kommunale Perspektive sowie die Frage nach Kooperationsfähigkeit, die die Etablierung Sozialer Orte ermöglicht. Das bedeutet erstens: Demokratie und Zusammenhalt leben von ihren kommunalen Bedingungen. Starke Kommunen sind eine wesentliche Voraussetzung für das Gelingen demokratischer Veränderung. Umgekehrt gilt: Wer die Kommunen verliert, wer die Fläche vernachlässigt, wer den ländlichen Raum, seine Dörfer und Kleinstädte, nur als Hinterland betrachtet, der oder die

13 Jens Kersten / Claudia Neu / Berthold Vogel, *Das Soziale-Orte-Konzept*. Zusammenhalt in einer vulnerablen Gesellschaft, Bielefeld 2022.

14 Berthold Vogel, *Wohlstandskonflikte*. Soziale Fragen, die aus der Mitte kommen, Hamburg 2009.

wird die Demokratie verlieren.[15] Das Plädoyer für starke Kommunen speist sich daher nicht aus einem Mitgefühl für Bürgermeister und Landrätinnen, sondern aus Gemeinwohlinteresse und aus dem Wissen, dass demokratische Gesellschaften einen beträchtlichen Teil ihrer Energie aus den lokalen Verhältnissen ziehen. Ein Impuls aus der Beschäftigung mit den Amtspersonen muss es daher sein, die Gesellschaft stärker vom Lokalen her zu denken – von den Leistungen der Daseinsvorsorge und von der Gewährleistung öffentlicher Güter und Infrastrukturen.

Ein zweiter Impuls zielt darauf ab, die Kooperationen und Netzwerke, in denen Amtsmenschen agieren (müssen), genauer zu untersuchen. Ermöglicht ihr Handeln die Entwicklung von Sozialen Orten des Zusammenhalts – durch das Zusammenspiel von Amt, Ehrenamt und lokalen Wirtschaftsleistungen? Vieles spricht dafür, dass wir solche Sozialen Orte[16] als Bindekräfte und Impulsgeber gesellschaftlichen Zukunftsvertrauens benötigen. Angestellte des öffentlichen Dienstes haben hier eine Scharnierfunktion: Sie verbinden im Idealfall zivilgesellschaftliches Engagement, unternehmerische Aktivitäten der lokalen Wirtschaft und kommunale Verwaltung. Zumindest verfügen sie qua Amt über die Potenziale für einen solchen Brückenbau zwischen unterschiedlichen Akteuren, die nicht selten im Konflikt zueinanderstehen.

Verwaltungsbedürftigkeit bedeutet daher auch, dass überall dort, wo öffentliche Einrichtungen rückgebaut werden, empfindliche Risse im sozialen Gewebe einer Gesellschaft entstehen, die die Menschen vor Ort sehr genau bemerken. Das Wissen und das Gefühl für soziale Zugehörigkeit drohen verloren zu gehen.[17] Das heißt: Habe ich an dem Ort, wo ich lebe, die Chance, eine Zukunftsperspektive zu entwickeln? Die Bürger:innen beurteilen den Zustand ihrer Gesellschaft nicht nach abstrakten Maßstäben, sondern nach den Erfahrungen, die sie machen, wenn sie am Morgen das Haus verlassen – am Zustand der Straßen und der Verkehrsmittel, die sie zu ihrer Arbeit bringen, oder an der Qualität der Schulen für die Kinder und der Pflegeeinrichtungen für die alten Eltern. Auch Amtsmenschen stehen nicht ›neben‹ der Gesellschaft, auch sie sind Teil von lokalen Bindungen und Netzwerken, denen wir empirische Aufmerksamkeit schenken müssen. Sie tragen öffentliche Strukturen und werden zugleich ebenso von der Funktions- und Leistungsfähigkeit des (lokalen) Wohlfahrtsstaats getragen. Daraus ergeben

15 Vgl. Berthold Vogel / Sarah Herbst / Nina Kerker / René Lehweß-Litzmann / Maike Reinhold, »Soziale Orte – ein Forschungskonzept. Merkmale, Wirkungen und Gelingensbedingungen«, in: *SOFI-Impulspapier*; online unter: https://sofi.uni-goettingen.de/fileadmin/Impulspapiere/SOFI_Impulspapier_SOK_Stadt-Land_2024.pdf [29. 4. 2025].

16 Kersten/Neu/Vogel, *Das Soziale-Orte-Konzept*; Berthold Vogel, »Die Demokratie stirbt aus dem Lokalen heraus. Soziale Orte als Kultur der Resilienz in vulnerablen Zeiten«, in: *Amos International* (2024), 4, S. 46–51.

17 Ralf Dahrendorf, *After 1989*. Morals, Revolution and Civil Society, London 1997.

sich abschließend eine Reihe von Fragen für und Anforderungen an eine Soziologie der Verwaltungsbedürftigkeit der Gesellschaft.

Für eine Soziologie der öffentlichen Angelegenheiten

Eine Soziologie der Verwaltungsbedürftigkeit der Gesellschaft müsste sich zunächst konzeptionell aus den Fallstricken der Bürokratiekritik lösen. Wer jedes Verwaltungshandeln als Bürokratie etikettiert, kann dem Funktionieren von rechtsstaatlich formierten Wohlfahrts- und Marktgesellschaften nicht gerecht werden. Wer verhindern möchte, dass sich gesellschaftlich das Recht des Stärkeren durchsetzt, wem am Ausgleich von Interessen gelegen ist, wer Fairness für eine demokratische Tugend hält und wem unterschiedliche Lebensweisen in einer offenen Gesellschaft wichtig sind, der oder die kommt nicht umhin, eine regelbasierte Verwaltung als historischen Fortschritt zu erkennen. Die Auseinandersetzung mit gesellschaftlich notwendigen Dienstleistungen verlangt daher einen analytischen und keinen ideologischen Blick auf Verwaltung und Amt sowie auf öffentliche Institutionen und Güter. Dieser analytische Blick sollte zwei Perspektiven enthalten: eine personal-arbeitspolitische und eine räumlich-ungleichheitsbezogene. Der empirische Kristallisationspunkt einer Soziologie der Verwaltungsbedürftigkeit müssen daher die Amtsmenschen und deren Arbeits- und Lebenswirklichkeit selbst sein.

Der arbeitende Staat und sein Personal erfordern höhere Aufmerksamkeit. So müssen angesichts wachsender Infrastrukturaufgaben bei gleichzeitig schrumpfendem Arbeitskräfteangebot Fragen nach der Attraktivität gesellschaftlich notwendiger Dienstleistungen in den Vordergrund treten: Wie müssen die Arbeitsbedingungen und die regionalen Versorgungslagen gestaltet sein, wenn Rettungs- und Pflegekräfte, Polizistinnen, Berufsschullehrer, aber auch Mitarbeiter:innen in der Wasserwirtschaft, der Verkehrs- und Raumplanung sowie in der lokalen Klimapolitik rekrutiert werden sollen? Wie müssen sich Verwaltungskulturen verändern, um veränderten gesellschaftlichen wie auch professionellen Ansprüchen gerecht zu werden? Die »Kunst der Daseinsvorsorge«[18] ist nicht nur eine Leistung des Staates oder der Kommunen gegenüber den Bürger:innen, sie ist auch eine Herausforderung für die Gestaltung öffentlicher Arbeit.

Darüber hinaus hat die Analyse der Verwaltungsbedürftigkeit immer auch eine raum- und ungleichheitsbezogene Seite. An welchen Orten ist Verwaltung mit welchen Leistungen sichtbar und zugänglich? Wie gelingt es, öffentliche Leistungen und Institutionen auch in der Fläche präsent zu

18 Peter Dehne / Thomas Klie, »Daseinsvorsorge – gemeinwirtschaftlich und engagementgetragen. Erträge aus einem explorativen Forschungsprojekt«, in: *Zeitschrift für Gemeinwirtschaft und Gemeinwohl* 47 (2024), 3, S. 406–441, hier S. 436.

halten? Welche Rolle können dabei Digitalisierung beziehungsweise digitale Assistenzsysteme spielen? Und wie viel Sichtbarkeit des Staates und seines Personals ist notwendig, um soziale Räume nicht an antidemokratische Kräfte zu verlieren, die als sogenannte Kümmerer die Lücken öffentlicher und kommunaler Daseinsvorsorge zu schließen versuchen? Vieles spricht dafür, dass wir die geosoziale Frage, also die wachsende räumliche Ungleichheit, die in der Regel eine Versorgungs- und Infrastrukturungleichheit ist, mit Verwaltungsaspekten verknüpfen müssen.

Die Überlebensfähigkeit demokratischer Gesellschaften hängt in besonderer Weise an der räumlichen Verfügbarkeit der öffentlichen Verwaltung und der in ihr tätigen Menschen. Demokratische Gesellschaften und deren Verwaltung leben von Anwesenheit und wechselseitiger Bezugnahme. Es muss Orte geben, an denen sich die lokale Gesellschaft in ihren Anliegen und Angelegenheiten begegnen kann. Die in jüngster Zeit vielbeschworene Digitalisierung der Verwaltung mag in einer Reihe von Fällen mehr Effizienz und Kundenfreundlichkeit bedeuten. Dagegen ist nichts einzuwenden, im Gegenteil. Aber sie wird nicht zu mehr Zusammenhalt und Gemeinsinn führen. Denn Vertrauen gründet auf sozialen Beziehungen, die in den allermeisten Fällen örtlich gebunden sind und durch Personen vertreten und repräsentiert werden. Eine Soziologie der öffentlichen Angelegenheiten, die die Verwaltungsbedürftigkeit der Gesellschaft in den Mittelpunkt ihrer Überlegungen rückt, muss diese lokal-sozialen Beziehungen und Verbindungen zu ihrem Forschungsgegenstand machen.

Berthold Vogel ist Geschäftsführender Direktor des Soziologischen Forschungsinstituts Göttingen an der Georg-August-Universität und Sprecher des Standorts Göttingen im Forschungsinstitut Gesellschaftlicher Zusammenhalt.
berthold.vogel@sofi.uni-goettingen.de

Peter Imbusch / Joris Steg

Amtsmenschen als Zielscheibe von Anfeindungen und Gewalt

In den letzten Jahren wurde in den Medien vermehrt über Gewalt gegen Amtspersonen berichtet. Amtspersonen sind Menschen, die innerhalb der staatlichen Bürokratie Ämter innehaben oder denen eine bestimmte öffentliche Funktion übertragen wurde, die haupt- oder ehrenamtlich ausgeübt werden kann. Amtspersonen sind beispielsweise Politiker:innen auf der Bundes-, Landes- oder der kommunalen Ebene, aber auch Einsatzkräfte (wie Polizei, Feuerwehr oder Rettungsdienst) und die vielen, meist anonym bleibenden Menschen, die in Ämtern oder Behörden arbeiten.

Gewalt gegen diese Personen stellt auf mehreren Ebenen ein gravierendes Problem dar. Zum einen richtet sich die Gewalt stets gegen das spezifische Amt beziehungsweise die konkrete Amtsausübung. Da das Amt aber als abstrakte Entität nur selten als solches adressierbar ist, kann sich Gewalt niemals allein gegen das Amt wenden, sondern richtet sich immer auch gegen die Personen, die das Amt ausüben oder bürokratische Akte vollziehen. Diese Personen werden also wegen ihrer Rolle und Funktion oder wegen ihrer Amtshandlungen angegriffen. Durch die Gewalt gegen Amtspersonen wird das abstrakte Amt greifbar – und angreifbar. Zum anderen handelt es sich bei der Gewalt gegen Amtspersonen stets um Gewalt gegen menschliche Individuen – die Gewalt trifft also nicht lediglich anonyme Amtspersonen und richtet Schäden auf der abstrakten Amtsebene an, sondern sie trifft *Amtsmenschen* – und das heißt, sie trifft sowohl Amt als auch Mensch. Weil Amtsmenschen essenzielle Aufgaben in liberalen demokratischen Gesellschaften übernehmen, stellt Gewalt gegen sie darüber hinaus immer auch einen Angriff auf die Demokratie als Staats- und Lebensform dar, zieht sie doch das demokratische Verfahren in Mitleidenschaft und führt dazu, demokratisches Engagement einzuschüchtern.

Der vorliegende Beitrag untersucht das Phänomen der Gewalt gegen Amtsmenschen. Sieht man genauer hin, weist dieses strukturelle Gemeinsamkeiten, aber auch unterschiedliche Dimensionen, Ursachen und Hintergründe auf, weswegen sich grobe Verallgemeinerungen verbieten. Wir wollen erklären, was Gewalt gegen Amtsmenschen konkret bedeutet, warum Amtsmenschen zur Zielscheibe von Gewalt werden und was die Ursachen und Hintergründe für die zunehmende Gewalt gegen Amtsmenschen sind. Dafür werden wir zunächst einige grundlegende Bestimmungen zum Begriffsverständnis und Beziehungsgeflecht von Amt, Amtspersonen, Amtsmenschen und Gewalt vornehmen. Danach gehen wir unter Berücksichtigung empirischer Befunde auf die Gewalt gegen Amtsmenschen ein; hierbei fokussieren wir uns auf Politiker:innen, Polizeibeamte sowie Verwaltungskräfte in Arbeitsagenturen und Jobcentern. Sodann betrachten wir die Hintergründe und Ursachen für die Gewalt gegen Amtsmenschen. Abschließend fassen wir die Erkenntnisse zusammen und skizzieren Umrisse einer Gesellschaftsdiagnose. Die zunehmenden Verrohungstendenzen, die ein gesellschaftliches Klima erzeugt haben, in dem Gewalt zunimmt und Akzeptanz findet, bringen wir mit den Begriffen der Entregelung, Entstrukturierung und Enthemmung auf den Punkt.

Amt, Amtspersonen, Amtsmenschen und Gewalt

Deutschland gilt vielfach als (über-)bürokratisiertes Land mit einer aufgeblähten Verwaltung und vielen Amtspersonen.[1] Das schlägt sich auch sprachlich nieder: Allein im Deutschen Wörterbuch finden sich über 350 Begriffe, die das Präfix Amt im Namen tragen; sie decken quasi jede Facette der Amtstätigkeit ab. Amtspersonen können positiv, neutral oder negativ wahrgenommen werden – je nachdem, ob die mit dem Amt verbundene Gewissenhaftigkeit und Sorgfalt hervorgehoben werden, die funktionierende Verwaltungsabläufe garantieren und die Einhaltung einer gesatzten Ordnung gewährleisten, oder ob Amtspersonen als Beispiele für Faulheit, das rigide Einhalten von Regeln, dumpfes Befolgen von Vorschriften und übertriebenen Formalismus gelten, als Verwaltungskräfte, die keine Flexibilität kennen und sich ansonsten durch mangelnde Kundenorientierung, geringe Empathie und fehlende Emotionalität oder gar durch Bestechlichkeit auszeichnen, mithin nur geringe Eigeninitiative zeigen und auf eigenes (kritisches) Denken verzichten. Zwischen diesen Polen liegt eine Zone der überraschungsfreien Langeweile, der routinierten Abarbeitung notwendiger Tätigkeiten in einem bürokratischen Verwaltungszusammenhang, die vor allem repetitiv ist, nach dem immer gleichen Schema zu erfolgen hat und wenig Raum für Kreativität lässt.

Diese oder ähnliche Stereotype werden jedoch der Realität der Ämter und den darin arbeitenden Menschen kaum gerecht. Dafür sind erstens die Ämter zu vielgestaltig, mit unterschiedlich weit reichenden Kompetenzen ausgestattet und in ihren Aufgabenbereichen zu verschieden, gibt es doch neben den reinen Verwaltungsämtern noch exekutive Ämter und Vollzugs-

1 Hans-Ulrich Derlien / Doris Böhme / Markus Heindl, *Bürokratietheorie*. Einführung in eine Theorie der Verwaltung, Wiesbaden 2011; Thomas Schindler / Carsten Sobik (Hg.), *Das Amt*. Alltag, Verwaltung, Öffentlichkeit, hrsg. von der Hessischen Vereinigung für Volkskunde, Marburg 2010; Renate Mayntz, *Soziologie der öffentlichen Verwaltung* [1978], 4., durchges. Aufl., Heidelberg 1997.

beziehungsweise Durchgriffsämter. Zweitens müssen bürokratische Strukturen von der kommunalen Verwaltung über die Länder- bis hin zur Bundesebene – mit je spezifischen Ämtern und Funktionen – unterschieden werden. Staat und Verwaltung sind drittens mit einer spezifischen bürokratisch-institutionellen Eigenlogik ausgestattet und haben auch ein »Interesse an sich selbst«.[2] Viertens sind die Menschen, die Ämter ausüben oder in Ämtern arbeiten, viel zu individuell und verschieden.

Amtspersonen und Amtsmenschen

Das heutige Verständnis von Bürokratie und amtlicher Verwaltung geht wesentlich auf Max Weber zurück, der sich als einer der Ersten wissenschaftlich mit bürokratischen Strukturen auseinandergesetzt und zugleich bürokratische Gebilde als Macht- und Herrschaftsinstanzen beschrieben hat.[3] Seine vor über hundert Jahren entstandenen Analysen dienen bis heute als erkenntnisträchtiger Ausgangspunkt zum Verständnis von Amtspersonen und Amtsmenschen, zugleich liefern sie erste Hinweise für die Gewaltproblematik.

In *Wirtschaft und Gesellschaft* hat Weber ein idealtypisches Modell der Bürokratie entworfen, welches sich durch bewusst gesetzte Regeln und auf Dauer eingerichtete Verwaltungen mit hauptamtlichem, fachlich ausgebildetem Personal auszeichnet, das seinen Lebensunterhalt aus dem Beruf bestreiten und es sich daher leisten kann, allein einem Dienstherrn zu dienen.

Auf diese Weise, so Weber, seien in Bezug auf Verwaltungsakte Sachkompetenz und Gerechtigkeit zu erwarten – sowie vom Personal Loyalität gegenüber den Vorgesetzten und Pflichtbewusstsein im Amt. Auch wenn Weber es immer vermieden hat, von Soll-Aussagen auf Seins-Aussagen zu schließen und sein Amts- und Bürokratieverständnis von realen Gegebenheiten abstrahiert, ist der von ihm skizzierte Idealtypus in der Folgezeit doch zu einem Abziehbild der Funktionsweise und Funktionsprinzipien von Ämtern wie Amtspersonen geworden. Während der Begriff der Amtsperson vor allem auf die konkreten Tätigkeiten abzielt, die eine Person in einem Amt übernimmt, und insofern gedanklich eine Trennung von Amt und Mensch vornimmt, die Amtstätigkeit vom konkreten menschlichen Individuum ablöst, ist der Begriff des Amtsmenschen komplexer. Er verwischt diese Trennung. Spricht man von Amtsmenschen, steht die Einheit von

2 Claus Offe, »Reformpolitik und das Interesse des Staates an sich selbst« [1975], in: ders., *Strukturprobleme des kapitalistischen Staates*. Aufsätze zur Politischen Soziologie, veränd. Neuausg., hrsg. und eingel. von Jens Borchert und Stephan Lessenich, mit einem Vor- und Nachw. von Claus Offe, Frankfurt am Main / New York 2006, S. 127–152.

3 Max Weber, *Wirtschaft und Gesellschaft*. Grundriß der verstehenden Soziologie [1921/22], hrsg. von Johannes Winckelmann, 5., rev. Aufl., Tübingen 1976.

Amt und Mensch, die Untrennbarkeit des konkreten Amtes vom jeweiligen Menschen, im Fokus.

Amt, Herrschaft und Gewalt

Die Amtsführung soll Weber zufolge nach generellen, erlernbaren Regeln – einer »besonderen Kunstlehre« – erfolgen, sodass »hinter jedem bürokratischen Verwaltungsakt ein System rational diskutabler ›Gründe‹, das heißt entweder: Subsumtion unter Normen, oder: Abwägung von Zwecken und Mitteln steht«.[4] Die Bürokratie zeichnet sich dabei nicht zwangsläufig oder auch nur typischerweise durch ein Übermaß an Reglementierung und Starrheit aus. Zwar braucht jede rationale Organisation Regeln, diese können jedoch unterschiedlich dicht gewebt und sowohl zweckrational als auch wertrational begründet sein. Webers Beschreibung bezog sich nicht allein auf die öffentliche Verwaltung, sondern ebenso auf die kapitalistische Privatwirtschaft. Daher verwendete er den Begriff des Beamten vielmehr in einem umfassenderen soziologischen denn in einem engen juristischen Sinne. Für ihn waren alle Bedienstete mit Bürotätigkeit – nicht nur die des Staates – Beamte. Bürokratie beschrieb Weber damit als die moderne Herrschaftsform in Verwaltung und Wirtschaft. Einen geordneten Betrieb, der den Regeln und Prinzipien rationaler Herrschaft folgt, nannte er dementsprechend Behörde.

In dem Maße nun, wie hierarchische bürokratische Gebilde selbst Macht- und Herrschaftsinstanzen sind, haben Amtsmenschen auf unterschiedlichen Ebenen abgestufte Macht- und Herrschaftskompetenzen. Für Weber verkörpert die Herrschaft mittels eines bürokratischen Verwaltungsstabs den reinsten Typus der legalen Herrschaft. Selbst wenn man unterstellt, dass die legale Herrschaft mit bürokratischem Verwaltungsstab traditionellen oder charismatischen Herrschaftsformen überlegen ist, bleibt sie Herrschaft – und erfordert (beziehungsweise produziert) Unterworfene.[5] Denn Amtsmenschen haben nicht nur auf verschiedenen Ebenen Autoritäts- und Anweisungsbefugnisse, die dann als abgestufte Machtformen wirken,[6] sondern sind bisweilen selbst die Verkörperung exekutiver Gewalt (zum Beispiel in Vollzugs- und Durchsetzungsbehörden wie etwa der Polizei oder der Justiz). So wird das Gewaltmonopol des Staates von Amtsmenschen verwaltet und ausgeübt. Aber auch im Fall der Verwaltungsbehörden (mit Publikumsverkehr) tritt die Behörde als eine Herrschaftsinstanz in Erschei-

4 Weber, *Wirtschaft und Gesellschaft*, S. 565.

5 Peter Imbusch (Hg.), *Macht und Herrschaft*. Sozialwissenschaftliche Konzeptionen und Theorien [1998], 2., aktual. und erw. Aufl., Wiesbaden 2012.

6 Peter Imbusch, »Macht – Herrschaft – Autorität«, in: Bernhard Schäfers / Johannes Kopp (Hg.), *Grundbegriffe der Soziologie*, 9., grundl. überarb. und aktual. Aufl., Wiesbaden 2006, S. 164–171.

nung, deren Bürokratie sich »gegenüber anderen geschichtlichen Trägern der modernen rationalen Lebensordnung [...] durch ihre weit größere Unentrinnbarkeit« auszeichnet.[7] Die Behörde kann dabei im Extremfall selbst wie eine Gewaltorganisation erscheinen.

Gewalt gegen Amtsmenschen

Das Verhältnis von Amt und Gewalt zu beleuchten und die Gewalt gegen Amtsmenschen zu untersuchen, ist ein komplexes Unterfangen. Deshalb sind eingangs einige Limitationen bezüglich der vorfindbaren Daten und Fakten angebracht. So fehlen erstens leider repräsentative Längsschnittstudien, die Auskunft darüber geben, wie sich die Gewalt gegen Amtsmenschen im Zeitverlauf entwickelt und ob sie überhaupt zugenommen hat. Weil das Phänomen der Gewalt gegen Amtsmenschen in den letzten Jahren verstärktes Interesse in der politisch-medialen Öffentlichkeit gefunden hat, liegen mittlerweile zwar zahlreiche Untersuchungen zu dieser Thematik vor, allerdings beziehen sich die meisten Studien auf spezifische Ausschnitte und Stichproben (etwa Bürgermeister:innen in einem Bundesland, Politiker:innen auf kommunaler Ebene, Lehrkräfte oder Verwaltungsangestellte in einem Bundesland), sodass sie wegen verschiedenartiger Methoden oder Samples häufig nicht repräsentativ und vergleichbar sind. Daher sind verallgemeinernde Aussagen über Gewaltprozesse und -verläufe problematisch.

Ein zweiter Punkt betrifft die Datenlage selbst, sie erschwert eine verlässliche und belastbare Interpretation der Entwicklung von Gewalt. So lässt sich anhand der Daten zwar feststellen, dass es in den letzten Jahren zu einem Anstieg von Anfeindungen und Gewalt gegen Amtsträger:innen gekommen ist, allerdings könnte dieser Anstieg auch ein statistisches oder mediales Artefakt sein. Hinlänglich bekannt sind etwa die Schwächen der Polizeilichen Kriminalstatistik (PKS), die Hellfeld-Dunkelfeld-Problematik, eine erhöhte Aufmerksamkeit der Sicherheitsbehörden gegenüber Gewaltanwendungen, die höhere Fallzahlen zur Folge hat. Und wenn Medien verstärkt über Fälle von Anfeindungen und Gewalt berichten, dann stellt sich subjektiv schnell der Eindruck ein, diese hätten wohl auch zahlenmäßig zugenommen – was aber nicht der Fall sein muss, wie Forschungen zur Kriminalitätsfurcht gezeigt haben.[8] Möglich wäre auch, dass es einfach eine

7 Weber, *Wirtschaft und Gesellschaft*, S. 834.

8 Tobias Singelnstein / Karl-Ludwig Kunz, *Kriminologie*. Eine Grundlegung, 8., vollst. überarb. und erw. Aufl., Bern 2021, S. 420-470; Karl-Heinz Reuband, »Kriminalitätsfurcht. Erscheinungsformen, Trends und soziale Determinanten«, in: Hans-Jürgen Lange / H. Peter Ohly / Jo Reichertz (Hg.), *Auf der Suche nach neuer Sicherheit*. Fakten, Theorien und Folgen, Wiesbaden 2008, S. 233–251.

größere gesellschaftliche Sensibilität für Gewaltvorfälle gibt und dass Gewalt gegen Amtsmenschen zu Recht stärker skandalisiert wird.

Ein dritter Punkt bezieht sich auf das Untersuchungsfeld selbst. Das Spektrum der zugehörigen Amtsmenschen ist breit, sodass es eher spezielle Untersuchungen zu einzelnen Amtskategorien gibt und nicht alle Arten und Typen von Amtspersonen gleichermaßen untersucht werden können. Hinzu kommt, dass die Betroffenheit von Anfeindungen und Gewalt zwischen einzelnen Amtskategorien stark variiert. Wir haben daher beschlossen, uns mit Verallgemeinerungen zurückzuhalten und für diesen Beitrag besonders auf die Personengruppen der Politiker:innen, Polizeivollzugsbeamt:innen sowie der Angestellten in Arbeits- und Sozialämtern zu konzentrieren. Damit wird nicht nur eine gewisse Breite des Spektrums an Amtspersonen abgebildet, sondern es werden auch unterschiedliche Konstellationen mitbedacht, die jene komplexen Situationen reflektieren, in denen Gewalt stattfindet.

Ein vierter Punkt betrifft den Gewaltbegriff beziehungsweise das Gewaltverständnis selbst. Alle Untersuchungen zur Gewalt gegen Amtsmenschen arbeiten mit einem erweiterten (nicht weiten) Gewaltbegriff.[9] Neben der direkten physischen Gewalt werden unter der erweiterten Definition so beispielsweise auch Beleidigungen, Drohungen, Hassäußerungen, bestimmte Gesten oder Gebärden, das physische Berühren sowie Widerstandsdelikte als Formen der Gewalt erfasst – was schlussendlich, Anzeigebereitschaft vorausgesetzt, die Kriminalitätszahlen in die Höhe treibt. Mit einem erweiterten Gewaltbegriff zu arbeiten und sich nicht auf direkte physische Gewalt zu beschränken, ist dennoch sinnvoll, weil auch Beleidigungen oder Bedrohungen überaus belastend sein und handfeste (psychische) Auswirkungen auf die Amtsausübung und das Privatleben haben können.

Zu guter Letzt ist zudem noch auf eine implizite Verschiebung des Gewaltdiskurses hinzuweisen. In den jüngeren Diskussionen geht es in erster Linie um Gewalt, die von außen gegen Amtsmenschen gerichtet wird, und nicht um Gewalt, die im Amt selbst stattfindet (*workplace violence*). Im ersten Fall geht es um externe Angreifer, die sich gewaltsam nähern, im zweiten Fall sprechen wir eher von klassischen Fällen der Gewalt am Arbeitsplatz (wie etwa Mobbing, Bullying, sexuelle Übergriffe). Wir werden uns im Folgenden auf die von außen kommende Gewalt gegen Amtsmenschen konzentrieren.

9 Peter Imbusch, »Der Gewaltbegriff«, in: Wilhelm Heitmeyer / John Hagan (Hg.), *Internationales Handbuch der Gewaltforschung*, Wiesbaden 2002, S. 26–57.

Gewalt gegen Politiker:innen

Spätestens seit dem Mord an dem hessischen CDU-Politiker Walter Lübcke im Jahr 2019 ist das Problem der Gewalt gegen Politiker:innen ins Blickfeld einer breiten Öffentlichkeit getreten, obwohl dieser Anschlag lediglich den negativen Höhepunkt einer ganzen Reihe von gewaltsamen Angriffen auf politische Amtsträger:innen in den Jahren zuvor darstellte. Zu erinnern ist etwa an das Messerattentat auf Oskar Lafontaine 1990 in Köln, die Schüsse auf Wolfgang Schäuble in Oppenau im gleichen Jahr und die Messerattacke auf die Kölner Oberbürgermeisterin Henriette Reker 2015 – Attentate, die diese Personen nur knapp überlebt haben. Aber auch andere Fälle wurden in den letzten Jahren prominent diskutiert: etwa der Angriff auf den Bürgermeister von Altena, Andreas Hollstein, im Jahr 2017 oder die Attacke auf den SPD-Politiker Matthias Ecke in Dresden im Jahr 2024. Dass dies nicht nur herausragende Einzelfälle oder gar Ausnahmen von der Regel sind, wird spätestens deutlich, wenn man sich das Gesamtbild der Anfeindungen, Bedrohungen und Gewalt gegenüber politischen Amtsträger:innen vor Augen führt.

Seit 2020 untersucht das Verbundprojekt Kommunales Monitoring der Forschungsstelle Terrorismus/Extremismus des Bundeskriminalamts (BKA) systematisch Hass und Gewalt gegenüber Amtsträger:innen.[10] Dabei wird zwischen verbalen Anfeindungen, Hasspostings in Sozialen Medien und tätlichen Übergriffen unterschieden. Die Untersuchungen zeigen, dass die Gewalt gegen Amtsträger:innen zwischen 2018 und 2023 zugenommen hat, und zwar von 1000 auf über 4000 Straftaten. In den regelmäßig stattfindenden Online-Befragungen von haupt- und ehrenamtlichen Bürgermeister:innen und Landrät:innen berichteten jeweils circa 40 Prozent der befragten Personen von eigenen Gewalterfahrungen; diese reichten von Beleidigungen (circa 70 Prozent) über Verleumdung beziehungsweise üble Nachrede (circa 25 Prozent Hasspostings) bis hin zu Bedrohungen, Nötigungen oder gar tätlichen Übergriffen (circa 3 Prozent). In über 90 Prozent der Fälle richtete sich die Gewalt gegen die Personen in ihrer Rolle beziehungsweise Funktion als Amtsträger:in – etwa weil sie eine bestimmte politische Meinung vertreten. Das zeigt, wie schwierig und prekär gerade bei

10 Lara Simon / Sarah Bitschnau / Kirsten Eberspach / Uwe Kemmesies, *Kommunales Monitoring*. Hass, Hetze und Gewalt gegenüber Amtsträgerinnen und Amtsträgern (KoMo). Beobachtungen und Befunde zur Frühjahrsbefragung 2023, Wiesbaden 2024; online unter: https://www.staedtetag.de/files/dst/docs/Publikationen/Weitere-Publikationen/2024/KoMo-Fruehjahrsbefragung-2023-1.pdf [24. 4. 2025]; Sarah Bitschnau / Kirsten Eberspach / Uwe Kemmesies, *Kommunales Monitoring*. Hass, Hetze und Gewalt gegenüber Amtsträgerinnen und Amtsträgern (KoMo). Beobachtungen und Befunde zur Ersterhebung – Herbstbefragung 2021, Wiesbaden 2022; online unter: https://www.motra.info/wp-content/uploads/2023/02/KoMo_Beobachtungen-und-Befunde-zur-Ersterhebung_Herbstbefragung2021.pdf [24. 4. 2025].

Politiker:innen die Trennung von Amt und Mensch ist, denn politische Handlungen und politische Meinungen von Amtsträger:innen können nicht losgelöst von den weltanschaulichen Ansichten des jeweiligen Menschen verstanden werden.

In allen Studien überwiegen Formen verbaler oder symbolischer Gewalt; viele Politiker:innen haben diese nicht nur einmal erlebt. Ebenso stimmen die Studien darin überein, dass die Gewalt gegen Politiker:innen in den vergangenen Jahren zugenommen hat. »Die Gewalt und die Aggressionen gegen Amts- und Mandatsträger nehmen zu«, stellte Britta Bannenberg 2021 fest.[11]

Unsere eigene Untersuchung über die Bedrohungslage von politischen Amtsträger:innen im Bergischen Städtedreieck (Wuppertal, Remscheid, Solingen) bestätigt den Befund.[12] Mehr als die Hälfte der Teilnehmer:innen ist der Ansicht, dass Bedrohungen und Gewalt in den letzten Jahren zugenommen haben. Ein Drittel der Befragten hat bereits selbst Gewalt erfahren. Die weit überwiegenden Formen der Gewalt sind Beleidigungen und Bedrohungen über das Internet und Soziale Medien oder im persönlichen Kontakt. Direkte physische Gewalt ist die Ausnahme und macht nur einen vergleichsweise geringen Anteil aus. Das größte Gefahrenpotenzial wird in Bedrohungen im Internet und in den Sozialen Medien gesehen (knapp 50 Prozent), gefolgt von persönlichen Kontakten und Face-to-Face-Interaktionen (knapp 20 Prozent). Es scheint gerade die Anonymität des Internets zu sein, die es Menschen anlassbezogen opportun erscheinen lässt, Anfeindungen oder Drohungen gegenüber Politiker:innen auszusprechen. So verwundert es nicht, dass knapp zwei Drittel die Sozialen Medien als Radikalisierungsmaschine ansehen, die eine Emotionalisierung und auch Vorurteile verstärken, die Hemmschwellen für hasserfüllte Äußerungen senken und die politische Diskussionskultur verrohen lassen. Und es verwundert auch nicht, dass Gewalt im zwischenmenschlichen Kontakt stattfindet, sind doch gerade Kommunalpolitiker:innen immer Amtsmenschen, die persönlich bekannt, volksnah und nahbar sind – und eben dadurch auch (an-)greifbar.

Nach Beleidigungen und Bedrohungen folgen mit einigem Abstand Delikte wie Anpöbeln, Anspucken, aggressives Herantreten oder Sachbeschädigungen wie tätliche Angriffe auf das Büro oder auf privates Eigentum von Politiker:innen, auf Haus, Auto und ähnliches. Selbst wenn dies noch die Ausnahme bleibt, erhalten Politiker:innen in wachsendem Maße Todesdro-

11 Britta Bannenberg, »Gewalt gegen Amtsträger«, in: *Aus Politik und Zeitgeschichte* 71 (2021), 13–15, S. 27–34, hier S. 27; online unter: https://www.bpb.de/shop/zeitschriften/apuz/im-dienst-der-gesellschaft-2021/329322/gewalt-gegen-amtstraeger/ [24. 4. 2025].

12 Peter Imbusch / Joris Steg, »Bedrohungen und Gewalt gegen politische Amtsträger*innen – eine Gefahr für die Demokratie«, in: Institut für Demokratie und Zivilgesellschaft (Hg.), *Demokratie unter Druck*, Jena 2022, S. 34–49; online unter: https://www.idz-jena.de/wsddet/wsd12-03 [24. 4. 2025].

hungen per Brief oder im direkten Kontakt, man versucht sie zu nötigen oder greift sie körperlich mit Waffen an. Nur ein geringer Teil der Vorfälle (10 Prozent) wurde bei der Polizei angezeigt, einige machten Vorfälle öffentlich, andere haben sich in den Medien verbal verteidigt, aber circa 30 Prozent der Angegriffenen haben gar nichts unternommen. Die geringe Anzeigebereitschaft ist den Betroffenen zufolge darauf zurückzuführen, dass nichts Gravierendes passiert sei, die Täter im Falle von Anonymität ohnehin nicht ermittelt werden könnten oder Anzeigen im Sande verliefen. Gleichwohl gab es handfeste Vermutungen darüber, wer die Täter gewesen sein könnten: Weit über die Hälfte vermutete sie im rechtsextremen Spektrum.

Interessant ist zudem, dass sich aus den Vorfällen für die meisten Politiker:innen keine Konsequenzen für ihre Amtsführung, ihr Privatleben oder für sie persönlich ergeben haben. Vielfach berichteten die Befragten, dass ein gewisses Maß an Anfeindungen und Gewalt anscheinend zum Berufsrisiko gehöre und somit wohl unvermeidbar sei. Bei schwerwiegenden Gewalttaten kam es jedoch zu gravierenden psychischen Folgen wie Angstzuständen und depressiven Verstimmungen. In Reaktion darauf wurden zusätzliche Sicherheitsmaßnahmen getroffen, bewusste Zurückhaltung bei persönlichen Belangen in der Öffentlichkeit geübt und insgesamt ein vorsichtigeres Verhalten an den Tag gelegt. Einige wenige entschieden sich sogar, ihr Amt aufzugeben und sich aus der Politik zurückzuziehen.

Gewalt gegen die Polizei

Wenn es um Konflikte und Gewalt in öffentlichen Organisationen geht, die Amtsmenschen erleiden (oder auch ausüben), darf ein Blick auf die Polizei nicht fehlen. In modernen Gesellschaften liegt das Gewaltmonopol beim Staat, der spezifische kollektive und individuelle Akteure mit der Ausübung dieses Monopols betraut (zum Beispiel die Polizei und weitere Institutionen zur Gefahrenabwehr und Sicherung von Recht und Ordnung im Inneren, das Militär zur Abwehr äußerer Gewalt und Gewaltandrohung). Schon Max Weber sah im Gewaltmonopol das zentrale Merkmal des modernen Staates; er definierte ihn als »diejenige menschliche Gemeinschaft, welche innerhalb eines bestimmten Gebietes […] das Monopol legitimer physischer Gewaltsamkeit für sich (mit Erfolg) beansprucht«.[13] Als wesentliche Trägerin des staatlichen Gewaltmonopols hat die Polizei dabei ein doppeltes Verhältnis zur Gewalt: Einerseits kann und muss sie sowohl bei der Strafverfolgung als auch zur Abwendung einer drohenden Gefahr sogenannten unmittelbaren Zwang anwenden. Dies geschieht beispielsweise mittels körperlicher Gewalt, unter Einsatz von Hilfsmitteln oder auch Waffen. Die Gewaltanwendung greift dabei in grundlegende Rechte der betrof-

13 Weber, *Wirtschaft und Gesellschaft*, S. 822.

fenen Personen ein, insbesondere in das Recht auf körperliche Unversehrtheit sowie das der Freiheit.[14] Dabei kommt es bisweilen zu übermäßiger Gewaltausübung seitens der Polizei – ein Phänomen, das bislang nur in Ansätzen wissenschaftlich untersucht ist.[15] Andererseits wurden in den zurückliegenden Jahrzehnten verstärkt Gewalterfahrungen von Polizist:innen diskutiert, die diese selbst im Dienst machen, sind sie doch nicht nur Gewaltakteure, sondern werden in zunehmendem Maß auch Opfer von Gewalt.

Seit ungefähr 15 Jahren erfasst die Polizeiliche Kriminalstatistik (PKS) die Zahl der Polizeivollzugsbeamt:innen (PVB), die im Dienst Opfer von Gewalt werden, gesondert und nach Deliktbereichen aufgeschlüsselt. Auch das BKA veröffentlicht in seinen jährlichen Lagebildern Daten zur Gewalt gegen Polizeivollzugsbeamte.[16] Demnach ist seit 2014 die Zahl der Gewalttaten gegen Polizist:innen kontinuierlich gestiegen, immer mehr Polizist:innen werden Opfer von Gewalt. Betrug die Anzahl der Gewalttaten gegen Polizeivollzugsbeamte 2014 noch knapp 33.400, so lag sie im Jahr 2023 bereits bei 46.200. Die Anzahl der Polizeivollzugsbeamt:innen als Opfer stieg im gleichen Zeitraum von 62.300 auf 105.700. Das bedeutet zunächst eine Zunahme der Zahl der Gewalttaten gegen Polizeivollzugsbeamt:innen seit 2014 um 38,5 Prozent, die Zunahme der Anzahl der als Opfer erfassten Polizist:innen liegt mit 69,7 Prozent noch höher. Allerdings sind diese Zahlen mit Vorsicht zu betrachten, da die Deliktarten in ihrer historischen Entwicklung nicht immer vergleichbar sind, spezifische Zählmethoden zur Erfassung der Taten genutzt wurden und Änderungen der gesetzlichen Rahmenbedingungen mit berücksichtigt werden müssen, die in der Statistik zu höheren und schwerwiegenderen Fällen führen. Zudem handelt es sich um Ausgangsstatistiken, bei denen die Justiziabilität von Taten erst später offiziell festgestellt wird; so wird zwischen versuchten und vollendeten Delikten nur ungenügend unterschieden.[17] Nicht zuletzt darf nicht vergessen werden, dass die Polizei als staatliche Instanz selbst die Definitionshoheit über die Einstufung und Bewertung einzelner Delikte besitzt.

Zu den spezifischen Gewalttaten gegen Polizeivollzugsbeamte gehören Mord (§ 211 StGB), Totschlag (§ 212 StGB), Raubdelikte (nach den §§ 249–252, 255, 316a StGB), Körperverletzung mit Todesfolge (§§ 227,

14 Thomas Görgen / Daniela Hunold, »Gewalt durch und gegen Polizistinnen und Polizisten«, in: Dieter Kugelmann (Hg.), *Polizei und Menschenrechte*, Bonn 2019, S. 121–136.

15 Laila Abdul-Rahman / Hannah Espín Grau / Luise Klaus / Tobias Singelnstein, *Gewalt im Amt*. Übermäßige polizeiliche Gewaltanwendung und ihre Aufarbeitung, Frankfurt am Main 2023.

16 Bundeskriminalamt (BKA), *Gewalt gegen Polizeivollzugsbeamtinnen und Polizeivollzugsbeamte*. Bundeslagebild 2023, Wiesbaden 2024; online unter: https://www.bka.de/SharedDocs/Kurzmeldungen/DE/Kurzmeldungen/241014_BLBGewaltgegenPVB2023.html [24. 4. 2025].

17 Katharina Bühren et al., *Gewalt gegen Beschäftigte im öffentlichen Dienst*. Ein Literatur- und Praxisüberblick (= Speyerer Forschungsbericht 302), Speyer 2022, S. 120 ff.; online unter: https://dopus.uni-speyer.de/frontdoor/deliver/index/docId/5741/file/FB302.pdf [24. 4. 2025].

231 StGB), gefährliche und schwere Körperverletzung (§§ 224, 226, 226a, 231 StGB), vorsätzliche einfache Körperverletzung (§ 223 StGB), Freiheitsberaubung (§ 239 StGB), Nötigung (Paragraf 240 StGB), Bedrohung (§ 241 StGB), der – besonders umstrittene – Widerstand gegen Vollstreckungsbeamte und gleichstehende Personen (§§ 113, 115 StGB) sowie der tätliche Angriff auf Vollstreckungsbeamte und gleichstehende Personen (§§ 114, 115 StGB). Im Vergleich der Deliktarten und im zeitlichen Verlauf fällt zunächst auf, wie selten Mord und Totschlag, vollendet oder versucht, vorkommen. Sie sind extreme Vorkommnisse, die zwar ein hohes Maß an Aufmerksamkeit erzeugen, für die gesamte Problematik jedoch kaum charakteristisch sind.[18] Auch sonst ist die Ungleichverteilung groß: Knapp 90 Prozent der Polizeivollzugsbeamt:innen, die Opfer von Gewalttaten wurden, waren von Widerstandsdelikten und tätlichen Angriffen betroffen. Gerade diese beiden Kategorien sind durch die Veränderungen strafrechtlicher Bestimmungen 2011 und 2017 ›scharf gestellt‹ worden.[19] Darüber hinaus werden Polizist:innen häufig Opfer von gefährlicher schwerer Körperverletzung oder einfacher Körperverletzung sowie Bedrohungs- und Nötigungsdelikten. Polizeibeamt:innen erleben also qua Amt und in der Summe sicherlich die gravierendste Gewalt und sind hinsichtlich der Häufigkeit von Gewaltereignissen wohl auch am stärksten belastet.

Das liegt auch daran, dass die polizeilichen Einsatzkräfte im Dienst häufig mit schwierigen Situationen konfrontiert sind, in denen entweder ein erhöhtes Konfliktpotenzial besteht oder sie es mit Personen zu tun haben, die sich in Ausnahmesituationen befinden. Insofern ist es zunächst nicht überraschend, dass in jüngster Zeit auch die Viktimisierung von Polizist:innen zum Gegenstand von Untersuchungen geworden ist. Die entsprechenden Studien lassen sich grob in phänomenologische und Risikofaktorenstudien unterteilen.[20]

Phänomenologische Untersuchungen betrachten in der Regel Fälle, in denen es zu Gewaltübergriffen gegen Polizeibeamt:innen gekommen ist, um etwas über die Gewaltsituation und -kontexte zu erfahren. Hier geht es also um die Deskription der Täter und der Opfer, der situativen Umstände einer Tat sowie der Folgen, die daraus für die betroffenen Beamt:innen (und auch

18 Görgen/Hunold, »Gewalt durch und gegen Polizistinnen und Polizisten«.

19 Erich Elsner / Michael Laumer, *Gewalt gegen Polizeibeamte in Bayern*. Langzeitanalyse der Polizeilichen Kriminalstatistik und Auswertung von Strafverfahrensakten, München 2015; Tobias Singelnstein / Jens Puschke, »Polizei, Gewalt und das Strafrecht – Zu den Änderungen beim Widerstand gegen Vollstreckungsbeamte«, in: *Neue Juristische Wochenschrift* 64 (2011), 48, S. 3473–3477; online unter: https://www.jura.fu-berlin.de/fachbereich/einrichtungen/strafrecht/lehrende/singelnsteint/dokumente/Polizei_-Gewalt-und-Strafrecht.pdf [24. 4. 2025].

20 Karoline Ellrich / Dirk Baier, *Gewalt gegen niedersächsische Beamtinnen und Beamte aus dem Einsatz- und Streifendienst*. Zum Einfluss von personen-, arbeits- und situationsbezogenen Merkmalen auf das Gewaltopferrisiko, Hannover 2014; online unter: https://kfn.de/wp-content/uploads/Forschungsberichte/FB_123.pdf [24. 4. 2025].

für die Angreifer) resultieren können. Als Ergebnis solcher Studien kann zusammenfassend festgehalten werden,[21] dass die von Gewalt betroffenen Beamt:innen fast ausschließlich männlich und eher jüngeren Alters (unter 30 Jahre) waren; es sich bei den Täter:innen ebenfalls um meist männliche und junge Personen handelt, die oft unter Einfluss von Alkohol standen und schon zuvor polizeilich auffällig waren; die Polizeibeamt:innen insbesondere an öffentlichen Orten angegriffen wurden und in den Einsatzsituationen aktiv-regulierend eingreifen mussten (etwa bei Streitigkeiten, Ruhestörungen, Straftaten oder Festnahmen); und dementsprechend der Einsatz- und Streifendienst besonders häufig von Übergriffen betroffen war. Darüber hinaus ist eine Konzentration von Angriffen in den Abend- und Nachtstunden sowie überproportional häufig an Wochenenden festzustellen. Zudem ist die Gewaltbelastung in Großstädten höher als in kleinen oder mittleren Städten und Kommunen. Wenn physische Gewalt gegen Beamt:innen ausgeübt wird, dann vor allem in Form von Schubsen und Wegdrängen, von Schlägen oder Tritten. Weiter verbreitet sind jedoch – wie bei Politiker:innen – Drohungen, Pöbeleien, Beleidigungen und Beschimpfungen, die jedoch ebenfalls als Gewaltformen justiziabel sind.

Studien über Risikofaktoren hingegen versuchen herauszufinden, welche Faktoren Übergriffe auf die Polizei begünstigen.[22] Potenzielle Einflussfaktoren auf das Viktimisierungsrisiko werden dabei grundsätzlich in drei Bereichen vermutet: in Merkmalen des Opfers, in Merkmalen des Täters beziehungsweise der Täterin und in Merkmalen der Situationen, in denen die Gewalt stattfindet. Zu den möglichen Bedingungsfaktoren auf Seiten der Beamt:innen gehören vor allem soziodemografische Merkmale (wie Geschlecht, Alter, Körpergröße beziehungsweise Gewicht oder Herkunft). Diese spielen, abgesehen von Geschlecht und Alter, zumeist keine signifikante Rolle, sehr wohl aber die Dienstgruppenzugehörigkeit als arbeitsbezogener Faktor. Stark gefährdet sind hauptsächlich Beamt:innen aus dem Streifendienst und aus besonderen Einsatzeinheiten (zum Beispiel bei Großereignissen oder Demonstrationen), da sie häufiger mit potenziell eskalierenden Situationen und Einsätzen konfrontiert sind.

Zu den möglichen Bedingungsfaktoren auf Seiten der Bürger:innen zählen ebenfalls soziodemografische Merkmale (wie Alter, Geschlecht, Größe, Bildungs- oder Familienstand). Hier zeigt sich, dass vor allem junge Männer Täter sind, zudem scheinen Arbeitslosigkeit sowie ein vorhandener Migrationshintergrund mit einer erhöhten Angriffsneigung einherzugehen. Als weitaus bedeutsamere Prädiktoren für einen Übergriff auf die Polizei erweisen sich jedoch Alkohol- und/oder Drogenkonsum wie auch eine generell

21 Karoline Ellrich / Dirk Baier / Christian Pfeiffer, *Polizeibeamte als Opfer von Gewalt.* Ergebnisse einer Befragung von Polizeibeamten in zehn Bundesländern, Baden-Baden 2012.

22 Ellrich/Baier, *Gewalt gegen niedersächsische Beamtinnen und Beamte aus dem Einsatz- und Streifendienst.*

feindselige Einstellung gegenüber der Polizei. Bleiben noch die Situationsmerkmale als besondere Risikofaktoren: So gelten insbesondere Einsätze mit Festnahmen, Personenkontrollen oder bei (häuslichen) Streitigkeiten als risikoreich; dazu kommt es auf die spezifische Einsatzkonstellation an (beispielsweise beim Kontakt mit emotionalisierten und/oder alkoholisierten Bürger:innen, in nächtlichen Einsätzen und an als gefährlich geltenden Orten oder mit Anwesenheit sogenannter Dritter).

Gewalt gegen Verwaltungskräfte

Neben den Politiker:innen und der Polizei gibt es schließlich noch eine dritte, sehr heterogene und meist übersehene Gruppe von Amtsmenschen, die von Gewalt gegen ihre Person betroffen ist, und zwar Verwaltungskräfte in den kommunalen Behörden und der staatlichen Administration. Nur in seltenen Ausnahmefällen – wie etwa 2013, als in Neuss eine Mitarbeiterin des Jobcenters von einem ihrer sogenannten Klienten ermordet wurde – schafft es die Gewalt gegen diese Beschäftigten in die Schlagzeilen. Abseits solch spektakulärer Fälle erhalten die alltäglichen Anfeindungen und Angriffe im öffentlichen Dienst in der Regel nicht die nötige Aufmerksamkeit, obwohl Gewalt gegen Beschäftigte im Dienst der Gesellschaft ein Massenphänomen ist. So hat Britta Bannenberg in einer Übersicht über die Gewaltbetroffenheit im öffentlichen Dienst verschiedene Berufsgruppen hierarchisiert und darauf hingewiesen, dass – neben den besonders exponierten Politiker:innen und Polizeibeamt:innen – »deutlich mehr Beschäftigte im öffentlichen Dienst im Rahmen ihrer beruflichen Tätigkeit Aggressionen und Gewalthandlungen ausgesetzt sind«.[23] Als besonders gewaltbelastet gelten Einsatzkräfte von Feuerwehr und Rettungsdienst, Lehrkräfte, Justizvollzugsbedienstete und Gerichtsvollzieher:innen sowie Beschäftigte in Jobcentern und Arbeitsagenturen.

Schaut man auf die wenigen verfügbaren Untersuchungen und Studien zur Gewalt gegen Beschäftigte in der öffentlichen Verwaltung – flächendeckende Zahlen zu Übergriffen auf Beschäftigte des öffentlichen Dienstes liegen bislang nur rudimentär vor –, dann nimmt die Gewalt gegen Beschäftigte des öffentlichen Dienstes und des privatisierten Sektors seit Jahren zu.[24] Die ausführlichsten Untersuchungen zur Gewalt gegen Amtsträger:in-

23 Bannenberg, »Gewalt gegen Amtsträger«, S. 28.

24 Forsa Gesellschaft für Sozialforschung und statistische Analysen (Hg.), *dbb Bürgerbefragung Öffentlicher Dienst 2023*. Der öffentliche Dienst aus Sicht der Bevölkerung, Berlin 2023; online unter: https://www.dbb.de/fileadmin/user_upload/globale_elemente/pdfs/2023/forsa_2023.pdf [24. 4. 2025]; Deutscher Gewerkschaftsbund (Hg.), *Gewalt gegen Beschäftigte im öffentlichen und privatisierten Sektor*. DGB-Faktenbuch, red. betr. von Alexander Boettcher und Henriette Schwarz, Berlin 2022; online unter: https://mitmachen-mensch.dgb.de/w/files/material/broschueren/dgb-mensch_faktenbuch_stand_mai_2024.pdf [24. 4. 2025]; Bühren et al., *Gewalt gegen Beschäftigte im öffentlichen Dienst*. Ein Literatur- und Praxisüberblick;

Cher ami

Wenn Politiker:innen sich begegnen, entwickelt sich vor den Augen des interessierten Publikums ein komplexes Spiel von Nähe und Distanz, bei dem neben der Mimik der Protagonist:innen auch deren Körperhaltung und Bewegungen vielsagende Botschaften transportieren. Eine wichtige Geste bei dieser sorgsam inszenierten Choreografie der Macht ist die Umarmung. Lächelnd eingeleitet, innig vollzogen und mit beiden Armen ausgeführt, drückt sie Vertrauen und Zuneigung aus – oder zumindest die beiderseitige Bereitschaft, dem Publikum ebendiesen Eindruck zu vermitteln. Fehlt es daran, können die Beteiligten durch den Einsatz jeweils eines Armes einander immerhin ihren Respekt bekunden und gegenüber Dritten Solidarität demonstrieren. Wird die Geste hingegen nur einseitig und nicht auf Augenhöhe vollzogen, verkehrt sich die Botschaft in ihr Gegenteil: Die vermeintliche Nähe entpuppt sich dann als Dominanzgebaren, das lediglich dazu dient, die eigene Überlegenheit auszustellen und das Gegenüber auf Abstand zu halten.

WIR.

nen in der öffentlichen Verwaltung stammen von der Hochschule für öffentliche Verwaltung in Speyer.[25] Die Studien versuchen, sowohl den vielfältigen Arbeitskontexten des öffentlichen Dienstes gerecht zu werden als auch das Ausmaß der Gewalt gegen Beschäftigte differenziert für einzelne Arbeitsfelder festzustellen. Wie bei Politiker:innen und Polizist:innen ist auch hier verbale Gewalt in Form von Beleidigungen und Bedrohungen die am häufigsten vorkommende Gewaltform. Es folgen schwerere Gewaltdelikte wie Körperverletzung und sexuelle Gewalt. Versuchte Tötungen blieben die absolute Ausnahme. Diese Ergebnisse sind konsistent mit anderen Untersuchungen.

Im Folgenden wollen wir einen Fokus auf die scheinbar unauffällige Gruppe der Beschäftigten in Arbeitsagenturen und Jobcentern legen. So verweist etwa Daniel Rölle darauf, dass die Zunahme von Gewalt typischerweise in den Bereichen der öffentlichen Verwaltung zu beobachten ist, in denen es zu direktem physischen Kontakt mit Bürger:innen kommt, also besonders auf kommunaler Ebene anzutreffen ist.[26] Neben der politischen Verwaltungsspitze scheint insbesondere das Personal in den Ordnungs- und Sozialämtern, beim kommunalen Vollzugsdienst, in Ausländerämtern und in Jobcentern betroffen zu sein. Auch der Deutsche Gewerkschaftsbund (DGB) hat in seinem Faktenbuch zur Gewalt im öffentlichen Dienst festgestellt, dass in den vorgängigen zwei Jahren 67 Prozent der Beschäftigten Opfer verbaler oder physischer Gewalt wurden, darüber hinaus seien auch sexualisierte Gewalt und brutale Übergriffe keine Seltenheit mehr.[27] Mehr als die Hälfte der Beschäftigten sieht eine klare Tendenz der Zunahme der Übergriffe und Respektlosigkeiten. Auch wenn die Ergebnisse im Einzelnen nicht immer vollständig übereinstimmen, zeigt sich doch eine deutliche Tendenz zur Zunahme von Gewalt gegen Beschäftigte in der Verwaltung.

Die Gewalterfahrungen am Arbeitsplatz wirken sich zudem auf die Opfer sowohl körperlich als auch psychisch aus. Sie beeinträchtigen ihr Privat- und Berufsleben und führen dazu, dass Betroffene ihre Lebensgewohnheiten oder ihr Arbeitsverhalten verändern. So berichten Opfer der Gewalt von unguten Gefühlen bei der Arbeit, psychischen Problemen, Krankmeldungen, Behandlungsnotwendigkeiten aufgrund von Verletzungen bis hin zum

Katharina Bühren et al., *Gewalt gegen Beschäftigte im öffentlichen Dienst*. Ergebnisse der Behörden- und Beschäftigtenbefragung (= Speyerer Forschungsbericht 303), Speyer 2022; online unter: https://dopus.uni-speyer.de/frontdoor/deliver/index/docId/5769/file/FB303.pdf [24.4.2025]; Daniel Rölle, »Gewalt gegen Verwaltungsmitarbeiter und Politiker auf kommunaler Ebene in Deutschland«, in: *Verwaltung und Management* 26 (2020), 6, S. 288–294.

25 Bühren et al., *Gewalt gegen Beschäftigte im öffentlichen Dienst*. Ergebnisse der Behörden- und Beschäftigtenbefragung.

26 Rölle, »Gewalt gegen Verwaltungsmitarbeiter und Politiker auf kommunaler Ebene in Deutschland«, S. 293.

27 Deutscher Gewerkschaftsbund (Hg.), *Gewalt gegen Beschäftigte im öffentlichen und privatisierten Sektor*, S. 7 ff.

Bereichswechsel oder der Arbeitsunfähigkeit.[28] Interessant ist deshalb auch, wie die Opfer von Gewalt auf solche Vorfälle reagieren: In 90 Prozent der Fälle werden die gewaltsamen Übergriffe den unmittelbaren Vorgesetzten gemeldet, in circa 30 Prozent auch die Behörden- oder Dienststellenleitungen informiert; in nur knapp 30 Prozent werden die Vorfälle bei der Polizei angezeigt; ungefähr weitere 10 Prozent gehen mit ihren Anliegen zur Personalabteilung/-vertretung oder zur behördlichen Vertrauensperson.

Zur Erklärung, warum gewalttätige Übergriffe nicht gemeldet werden, gab über die Hälfte der Befragten an, dass eine Meldung nichts an der Situation verändern würde (56 Prozent) oder dass sie die Übergriffe für gar nicht meldewürdig hielten (55 Prozent); 32 Prozent verwiesen auf den großen bürokratischen Aufwand, 21 Prozent begründeten die Nichtmeldung damit, dass Täter psychisch krank oder unzurechnungsfähig gewesen seien. Viele Betroffene sahen auch von einer Meldung ab, weil ihre Behörde keine Unterstützung nach der Meldung eines gewalttätigen Übergriffs anbiete (17 Prozent), je 11 Prozent meinten, dass eine Meldung gewalttätiger Übergriffe negative Konsequenzen für sie haben könnte oder in der Behörde nicht gerne gesehen würde. 4 Prozent der Befragten gaben Peinlichkeit und Scham, Opfer eines Übergriffs geworden zu sein, als Grund für die Nichtmeldung an.

Ursachen und Hintergründe der Gewalt gegen Amtsmenschen

Die Gewalt gegen Amtsmenschen ist ein komplexes Phänomen, für das es keine monokausale oder lineare Erklärung gibt. Es bedarf daher einer differenzierten Analyse der vielschichtigen Ursachen und Hintergründe der Gewalt gegen Amtsmenschen. Von entscheidender Bedeutung ist es, die Mikro- wie die Makroperspektive zu berücksichtigen. Das bedeutet erstens, sowohl berufsgruppenspezifische Merkmale als auch gemeinsame strukturelle Merkmale der Gewalt gegen Amtsmenschen in den Blick zu nehmen – also eine nach verschiedenen Amtskategorien und verschiedenen Amtsmenschen differenzierte Betrachtung vorzunehmen und zugleich Gewalt gegen Amtsmenschen aus einer ganzheitlichen Perspektive zu betrachten. Das bedeutet zweitens, bei der Ursachen und Motivanalyse neben individuellen Aspekten auch den gesellschaftshistorischen Kontext und langfristige Trends zu berücksichtigen, ohne die das Phänomen der Gewalt gegen Amtsmenschen weder verstanden noch adäquat erklärt werden kann. Und drittens sind auch für die Untersuchung der Folgen und Konsequenzen von Gewalt gegen Amtsmenschen sowohl die Mikro- also auch die Makro-

28 Bühren et al., *Gewalt gegen Beschäftigte im öffentlichen Dienst*. Ergebnisse der Behörden- und Beschäftigtenbefragung, S. 81–101.

perspektive relevant, denn Gewalt hat nicht nur individuelle Auswirkungen auf die Betroffenen, sondern darüber hinaus auch gesamtgesellschaftliche und praktisch-politische Auswirkungen.

Zur Erklärung der Ursachen und Hintergründe der Gewalt gegen Amtsmenschen geht es letztlich darum, das Zusammenwirken verschiedener individueller, situativer, akzidentieller und berufsspezifischer sowie verschiedener sozioökonomischer, politisch-kultureller und medialer Entwicklungen zu analysieren. Es ist das Zusammenspiel dieser Ereignisse, Faktoren, Verhältnisse und Veränderungen, das unterschiedliche Arten von Gewalt gegen Amtsmenschen hervorbringt oder zumindest die Radikalisierung gegen diese Gruppen befördert.

Ursachen und Hintergründe der Gewalt – die Mikroperspektive

Wie kommt es also zu Gewalt gegen Politiker:innen, Polizist:innen und Verwaltungskräfte? Berücksichtigt man die Vielfältigkeit der Verwaltungsstrukturen und ihrer Amtsmenschen, wird deutlich, dass es – neben allgemeinen Hintergrundfaktoren – jeweils spezifische Faktoren gibt, die diese Gewalt bedingen können. Auf der Mikroebene müssen individuelle (personenbedingte), akzidentielle (zufällige), situative (sozialräumliche) und berufsspezifische (professionsbedingte) Ursachen, Motive und Hintergründe für die Gewalt gegen Amtsmenschen untersucht werden.

In Demokratien sind Politiker:innen von der kommunalen Ebene bis hin zur Bundesebene als Amtsmenschen Repräsentant:innen des Staates, die sich durch ihre Bekanntheit, Sichtbarkeit und Nahbarkeit auszeichnen. Politiker:innen vertreten mitunter strittige politische Positionen, die in der Öffentlichkeit Widerspruch provozieren und politische Gegner:innen herausfordern. Politiker:innen sind Exekutoren von politischen Entscheidungen, die das Leben der Bürger:innen mittelbar oder auch ganz unmittelbar betreffen können. Und sie vertreten – je nach Amt – am Ende nicht nur enge Parteiinteressen, sondern sollen sich für das allgemeine Wohl eines Ortes, einer Stadt, einer Region oder eines Landes einsetzen. Zudem haben Politiker:innen viel Kontakt mit Bürger:innen. In Bürgersprechstunden, bei Ortsterminen, öffentlichen Ereignissen und Wahlkampfauftritten oder in Sitzungen und Versammlungen kommen sie mit vielen Personenkreisen zusammen. Als Amtsmenschen bewegen sie sich nicht nur in ihrer Rolle als Amts- oder Funktionsträger:in, sondern auch als Mensch und Privatperson (in den meisten Fällen ohne Personenschutz), deren Wohnort und Familienverhältnisse gerade auf kommunaler Ebene häufig bekannt sind. Sie sind öffentliche Personen und quasi immer im Dienst, eine Privatsphäre ist selten. Insofern schaffen die Anforderungen und Implikationen des Amtes vielfältige Opportunitätsstrukturen und Möglichkeiten für potenzielle Gewalttäter:innen.

Politiker:innen werden überwiegend wegen ihrer politischen Einstellungen und Überzeugungen Opfer von Anfeindungen und Gewalt. Hier zeigt sich abermals die Schwierigkeit, bei Politiker:innen zwischen Amt und Mensch zu trennen, da politische Handlungen und politische Meinungen der Amtsperson nicht unabhängig von der Haltung des Menschen verstanden werden können. Die Positionierung in strittigen und kontroversen Fragen – etwa in der Migrationspolitik – ist, neben der Unzufriedenheit mit der Politik im Allgemeinen und mit konkreten politischen Entscheidungen im Besonderen, häufig der entscheidende Faktor, warum Politiker:innen verbal oder auch körperlich angegriffen werden. So verwundert es auch nicht, dass die Täter – meist sind es Männer – oftmals aus dem anderen politischen Spektrum stammen. In Bezug auf die politische Motivation lassen sich die Täter, wie empirische Studien zeigen,[29] vor allem im extrem rechten Spektrum verorten, allerdings gibt es, wenngleich viel seltener, auch aus dem extrem linken Spektrum heraus verübte Gewalt gegen Politiker:innen. Zudem werden diese auch aus genderspezifischen Aspekten oder aus rassistischen Gründen angefeindet und angegriffen. Die allermeisten Beleidigungen und Bedrohungen erfolgen anonym über das Internet und Soziale Medien oder im persönlichen Kontakt.

Für die Gewalt gegen Polizeivollzugsbeamt:innen spielen berufsspezifische und situative Gründe eine überaus große Rolle, da Gewalt(ausübung) integraler Bestandteil des Berufes ist und sich die Polizei häufig in Risikokonstellationen bewegt, die Gewalt begünstigen. Dazu gehören etwa die Durchsetzung von Ordnungs- oder Zwangsmaßnahmen sowie Konfrontationsgewalt im Rahmen von Demonstrationen, Großveranstaltungen oder Fußballspielen. Gewalt gegen die Polizei gab es wahrscheinlich schon immer, gleichwohl muss als neueres Phänomen auf einen beträchtlichen Autoritäts- und Respektverlust gegenüber der Polizei hingewiesen werden: Beleidigungen, Beschimpfungen und Bedrohungen sowie Weigerungen, den Anordnungen der Polizei Folge zu leisten, lassen sich inzwischen in nahezu allen Schichten und bis weit in das bürgerliche Milieu hinein beobachten.[30] In diesem Zusammenhang ist auch auf die Ablehnung beziehungsweise die fehlende Anerkennung staatlicher Autoritäten und insbesondere weiblicher Amtspersonen durch Angehörige bestimmter patriarchalisch und konservativ geprägter migrantischer wie religiöser Gruppen oder durch Anhänger:innen von Verschwörungstheorien und durch Reichsbürger hinzuweisen. Generell scheint es eine sinkende Hemmschwelle für Gewalt gegen die Polizei, eine zunehmende Brutalisierung und einen allgemeinen Autoritäts-

29 Imbusch/Steg, »Bedrohungen und Gewalt gegen politische Amtsträger*innen«; Simon/Bitschnau/Eberspach/Kemmesies, *Kommunales Monitoring*. Hass, Hetze und Gewalt gegenüber Amtsträgerinnen und Amtsträgern (KoMo). Beobachtungen und Befunde zur Frühjahrsbefragung 2023.

30 Bannenberg, »Gewalt gegen Amtsträger«, S. 33.

verlust der Polizei in der Gesellschaft zu geben,[31] der sich unter anderem in einer zunehmenden Missachtung polizeilicher Anweisungen artikuliert.

Häufig richtet sich die Gewalt gegen die Polizei als Institution, also gegen die Polizist:innen in ihrer Amtsfunktion und Amtsrolle, sie ist weniger gegen den einzelnen Menschen gerichtet. Allerdings wird das Amt beziehungsweise die Institution Polizei nur durch den Amtsmenschen, durch den Menschen in der Polizeiuniform greifbar. In bestimmten Milieus – etwa in linksautonomen Gruppen, im rechtsextremen Spektrum, in Gangs und kriminellen Clans oder auch bei Hooligans – herrscht eine generelle Feindseligkeit gegenüber der Polizei. Wenn sich das Feindbild Staat/Polizei mit einer grundsätzlich vorhandenen Gewaltbereitschaft verbindet, können Situationen schnell eskalieren und in Gewalt gegen Polizist:innen ausarten. Hinzu kommt, dass eine *cop culture,* eine ›harte‹ Polizeikultur und als unrechtmäßig und/oder unverhältnismäßig wahrgenommene Übergriffe der Polizei selbst nicht zu steigendem Institutionenvertrauen beitragen, sondern im Gegenteil eskalativ wirken können.[32]

Gewalt gegen Amtsmenschen in Arbeits- und Sozialämtern geht in der Regel von den ›Klienten‹ aus. Konfliktsituationen ergeben sich hier häufig aus der spezifischen Arbeitsorganisation. So haben Beschäftigte in Arbeits- und Sozialämtern eine hohe Kontaktfrequenz und Interaktionsdichte mit Bürger:innen, die sich in einer schwierigen Lebenssituation befinden und deshalb staatliche Leistungen in Anspruch nehmen müssen. Die Begegnungen zwischen Bürger:innen und Mitarbeiter:innen der öffentlichen Verwaltung beinhalten dabei besondere Interaktionen und Praktiken des Austauschs von Argumenten und Gegenargumenten, die nicht lediglich als bürokratische Implementation von Normen verstanden werden können,[33] da es oftmals um menschliche Schicksale geht.

Die Gewalt richtet sich auch hier nicht primär gegen die jeweiligen Menschen als Individuen, sondern gegen Personen, die eine bestimmte Funktion in einer Behörde innehaben und Verwaltungsakte vollziehen. Das abstrakte Amt und der scheinbar neutrale Verwaltungsakt werden wiederum erst durch den im Amt arbeitenden Menschen, mit dem die Täter in Kontakt treten, greifbar. Diese Kontaktnähe kann die Gewaltausübung erleichtern, da ohne sie in der Regel gar keine Möglichkeit bestünde, gewalttätig zu werden. Die Gewaltbereitschaft der Bürger:innen steige, so eine Diagnose von Rölle,[34] bei geringer Responsivität der Verwaltung und dem Gefühl

31 Elsner/Laumer, *Gewalt gegen Polizeibeamte in Bayern*, S. 10.

32 Ellrich/Baier, *Gewalt gegen niedersächsische Beamtinnen und Beamte aus dem Einsatz- und Streifendienst*; Abdul-Rahman et al., *Gewalt im Amt.*

33 Oliver Schmidtke, *Staatlichkeit, Deliberation und Facework.* Eine qualitative Analyse von Interaktionen in der öffentlichen Verwaltung, Köln 2018.

34 Rölle, »Gewalt gegen Verwaltungsmitarbeiter und Politiker auf kommunaler Ebene in Deutschland«, S. 295 f.

einer großen ›Schalterdistanz‹ – und je mehr sich die Bürger:innen lediglich als Nummer fühlen oder glauben, ungerecht behandelt zu werden. Werden die Verwaltungsangestellten zudem nicht als pflicht- und verantwortungsbewusst oder zuverlässig, sondern als stur, mürrisch oder gar arrogant empfunden, triggere dies bei bestimmten Bürger:innen die Gewalt. Manche wenden ihre Frustrationen, Ängste oder schlechten Erfahrungen gegen die öffentliche Verwaltung; manche neigen zu Gewalt, weil sie sich nicht nur in einer sozialen, sondern auch in einer seelischen Notlage befinden. Wie bei der Mehrheit der Fälle im Bereich der Polizei scheint sich auch die Gewalt gegen Verwaltungskräfte eher als Konsequenz aus einem spezifischen Interaktionsgeflecht zu ergeben, das durch ein großes Autoritäts- und Machtgefälle zwischen Amtsmenschen und Bürger:innen gekennzeichnet ist.

Für die Gewalt gegen Amtsmenschen in Arbeits- und Sozialämtern lassen sich zudem konkrete Bruch- oder Übergangsstellen benennen, die in der Konsequenz für mehr Gewalt gegen die Angestellten gesorgt haben. In diesen bürokratischen Verwaltungsorganisationen scheint die zunehmende Gewaltsamkeit insbesondere eine Folge von zwei Entwicklungen gewesen zu sein: zum einen der neoliberalen Reformen der Verwaltungsstrukturen (etwa das *new public management*), zum anderen der Sozialreformen anfangs der 2000er-Jahre (etwa die Hartz-Gesetze, die Etablierung der Agenturen für Arbeit und der Jobcenter). Während die neuen Verwaltungsstrukturen und -regeln zu größerer Konkurrenz, weniger Personal, hohen Arbeitsbelastungen und mehr Stress sowie einer geringeren Arbeitszufriedenheit geführt haben,[35] lag der hauptsächliche soziale Effekt der Hartz-Reformen in einer Art Degradierung der notleidenden Bürger:innen von Rechteinhaber:innen und Anspruchsberechtigten zu Bittsteller:innen.[36]

Ursachen und Hintergründe der Gewalt – die Makroperspektive

Neben den individuellen, akzidentiellen, situativen und berufsspezifischen Ursachen muss aber auch der gesellschaftshistorische Kontext betrachtet werden, spielen doch vielfältige sozioökonomische, politisch-kulturelle und mediale Entwicklungen eine wichtige Rolle. Ohne diese makrosozialen Entwicklungen und gesellschaftlichen Langfristtrends kann die Gewalt gegen Amtsmenschen nur unzureichend verstanden werden. Erst daraus resultierende Aspekte wie die Enthemmung der Sprache und die Verrohung des gesellschaftlichen Klimas machen die Zunahme der Gewalt gegen Amtsmenschen verständlich.

35 Kathrin Englert, *Anerkennungsarena Amt*. Zum Wandel der öffentlichen Verwaltung aus Sicht der Beschäftigten, Wiesbaden 2020.

36 Oliver Nachtwey, *Die Abstiegsgesellschaft*. Über das Aufbegehren in der regressiven Moderne, Berlin 2016; Christoph Butterwegge, *Die zerrissene Republik*. Wirtschaftliche, soziale und politische Ungleichheit in Deutschland, 2., aktual. Aufl., Weinheim 2020.

Zu den sozioökonomischen Ursachen gehören die vielfältigen Krisen[37] der Gegenwart – Finanz- und Wirtschaftskrisen, die Krise der liberalen Demokratie, die Klimakrise, die Corona-Krise, die Inflation und die Rückkehr des Krieges – und das mithin hochgradig kontroverse Krisenmanagement des Staates. Krisen sind stets mit einem Gefühl der Macht- und Hilflosigkeit und mit Gefühlen der Angst verbunden. Zukunftssorgen sowie Ängste vor sozialem Abstieg, Statusverlust und Kontrollverlust oder pure Existenzängste werden speziell in Krisenzeiten virulent. Gegenwärtig fordert der Krisendruck seinen Tribut. Das lange Zeit dominierende Gefühl, dass es unseren Kindern einmal besser gehen werde als uns, ist erodiert. Die gesellschaftliche Grundstimmung in Deutschland ist negativ. Die Deutschen sind skeptisch, pessimistisch, verunsichert und erschöpft wie selten zuvor. Ängstlichkeit und eine negative Sicht auf die Zukunft bestimmen die mentale Verfassung. Hinzu kommt, dass sich bestimmte gesellschaftliche Konfliktlinien und Konflikte – etwa in Fragen der Migration, des Klimas, der Identitätspolitik oder von Waffenlieferungen – in den Krisen und Kriegen der Gegenwart in neuer Form herausgebildet oder intensiviert und potenziert haben. Darüber hinaus darf die massive Zunahme sozialer Ungleichheit seit den 1970er-Jahren nicht vergessen werden – eine Folge der neoliberalen Transformation des Kapitalismus. Diese Entwicklungen haben zu einem weitverbreiteten Unzufriedenheits-, Enttäuschungs- und Frustrationspotenzial geführt. Diese Unzufriedenheit mit, Enttäuschung über und Frust auf die Politik potenzieren sich bisweilen zu einer Welle der Wut und des Zorns – im Extremfall sogar zu Hass und Systemverachtung.

Die Kombination und Kulmination aus vermehrten Krisen, sich intensivierenden Konflikten und gestiegenen Ungleichheiten hat gravierende politisch-kulturelle Auswirkungen: Rechtspopulismus, Nationalismus und Autoritarismus erleben eine Renaissance. Deren Erstarken führt zwar nicht automatisch oder umstandslos zur Gewalt gegen Amtsmenschen, aber ohne das Erstarken extrem rechter Kräfte ist die Zunahme der Gewalt nicht zu verstehen. Zunächst einmal entstammen viele Täter:innen selbst dem extrem rechten Spektrum. Hinzu kommt, dass in den letzten Jahren auch das gesellschaftliche Klima insgesamt verroht ist und sich die Grenzen legitimer gesellschaftlicher Handlungen verschieben, wenn sich die Grenzen des Sagbaren verschieben, das Denken in einer Freund-Feind-Logik zunimmt und permanent Sündenböcke gesucht werden.

Außerdem lässt sich generell ein fortschreitender Vertrauens- und Autoritätsverlust staatlicher Institutionen konstatieren. Das betrifft vor allem Politiker:innen, Parteien, Regierungen und den Staat sowie das Vertrauen in die staatlichen Handlungs- und Problemlösungsfähigkeiten. Dieser Ver-

37 Joris Steg, »Was heißt eigentlich Krise?«, in: *Soziologie* 49 (2020), 4, S. 423–435; online unter: https://publikationen.soziologie.de/index.php/soziologie/article/view/1484/1513 [24. 4. 2025].

trauens- und Autoritätsverlust, der nicht nur auf die politischen Ränder beschränkt ist, sondern sich auch in der Mitte der Bevölkerung feststellen lässt, hat dazu beigetragen, dass Amtsmenschen zusehends Respektlosigkeiten, Beleidigungen und Bedrohungen erleiden sowie physische Angriffe erfahren.

Schließlich muss der mediale Wandel in den Blick genommen werden, der durch den Siegeszug des Internets und der Sozialen Medien gekennzeichnet ist. Viele Soziale Medien scheinen mittlerweile zu regelrechten Radikalisierungsmaschinen geworden zu sein. Ihre Funktionsprinzipien, Algorithmen und anonymen Strukturen tragen zur sprachlichen Enthemmung und zur Verrohung von Diskurskulturen bei.[38] Soziale Medien laden gerade jene zum ›Dampfablassen‹ ein, die vorher stumm gewesen sind. Die Hemmschwelle, Menschen – auch und gerade Amtsmenschen – zu beleidigen und zu bedrohen, ist in der Anonymität des Netzes rapide gesunken.

Entregelung, Entstrukturierung und Enthemmung: Die Verrohung der Gesellschaft

Gewalt gegen Amtsmenschen ist ein gravierendes Problem, das sich in den letzten Jahren verschärft und intensiviert hat. Die zunehmende Gewalt gegen Amtsmenschen ist nicht einfach zu analysieren und zu erklären. Weder sind die Formen und Arten der Gewalt immer gleich noch sind alle Amtsmenschen gleichermaßen betroffen. Des Weiteren gibt es weder eine für alle Fälle passende monokausale Erklärung noch einen linearen Ursache-Wirkungs-Zusammenhang. Gewalt gegen Amtsmenschen hat nicht den einen Grund, das eine Motiv oder den einen Auslöser. Vielmehr handelt es sich um ein komplexes Phänomen, das einer differenzierten Analyse bedarf.

Dabei ist vor allem zwischen der Mikro- und der Makroebene zu unterscheiden. So handelt es sich bei der Gewalt gegen Amtsmenschen zum einen um Gewalt gegen einzelne Menschen, zum anderen handelt es sich um Gewalt gegen das Amt, zum Beispiel gegen Polizist:innen und Politiker:innen als Repräsentant:innen des Staates. Daher hat die Gewalt gegen Amtsmenschen immer und zuallererst Folgen und Konsequenzen auf der individuellen Ebene, sie hat aber stets auch Auswirkungen für die Demokratie als Staats- und Lebensform und für die liberale Gesellschaft insgesamt. Gewalt gegen Amtsmenschen unterminiert die Grundlagen des zivilen Miteinanders und bedroht fundamentale Prinzipien sowie grundlegende Mechanismen der Demokratie. Gewalttaten gegen Amtsmenschen sind Angriffe

38 Jürgen Habermas, *Ein neuer Strukturwandel der Öffentlichkeit und die deliberative Politik*, Berlin 2022; Simon Greipl / Julian Hohner / Heidi Schulze / Diana Rieger, »Radikalisierung im Internet. Ansätze zur Differenzierung, empirische Befunde und Perspektiven zu Online-Gruppendynamiken«, in: Uwe Kemmesies et al. (Hg.), *MOTRA-Monitor 2021*, Wiesbaden 2022, S. 42–71.

auf das Herz und das Fundament der Demokratie. Da es stets amtsspezifische Faktoren gibt, ohne die Gewalt gegen einen bestimmten Typus von Amtsmensch nicht verstanden werden kann, müssen auf der Mikroebene individuelle (personenbedingte), akzidentielle (zufällige), situative (sozialräumliche) und berufsspezifische (professionsbedingte) Ursachen, Motive, Gelegenheiten und Hintergründe für die Gewalt gegen Amtsmenschen betrachtet werden.

Bei den Hintergründen und Ursachen der zunehmenden Gewalt gegen Amtsmenschen sollten darüber hinaus aber auch der gesellschaftshistorische Kontext und gesellschaftliche Langfristtrends in den Blick genommen werden. Zu nennen sind hier unter anderem die Krisen und Konflikte der Gegenwart, die gestiegenen sozialen Ungleichheiten, das Erstarken des (Rechts-) Populismus, Autoritarismus sowie Nationalismus, der Autoritäts- und Vertrauensverlust staatlicher Institutionen, die zunehmende Wut auf den Staat und Frustration über die Politik sowie der mediale Strukturwandel mit dem Aufstieg der Sozialen Medien.

In den vergangenen Jahren hat sich ein weitreichender gesellschaftlicher Wandel vollzogen. Viele dieser Veränderungen haben einen regressiven und destruktiven Charakter. Gesellschaftlich ist etwas aus den Fugen geraten. Wir erleben eine Verrohung der Sprache, des gesellschaftlichen Klimas und der politischen Kultur sowie eine Verschiebung der Grenze des Sagbaren und auch der Grenzen der als legitim angesehenen Handlungen. Es hat eine weitreichende Entregelung, Entstrukturierung und Enthemmung in der Gesellschaft stattgefunden. Das Resultat dieser umfassenden gesellschaftlichen Norm- und Normalitätsverschiebungen sind Formen der Anomie und Entzivilisierung, die immer öfter in Gewalt gegen Amtsmenschen ausarten.

Peter Imbusch lehrt Politische Soziologie
an der Bergischen Universität Wuppertal.
pimbusch@uni-wuppertal.de

Joris Steg ist wissenschaftlicher Mitarbeiter
am Institut für Soziologie der Bergischen Universität Wuppertal.
steg@uni-wuppertal.de

Christian Kirchmeier

Die lustige Amtsperson

Politik, Karnevalismus und Ironie in der Medienkultur der Gegenwart

Komische Rahmenbrüche

In *Wirtschaft und Gesellschaft* schreibt Max Weber, die »moderne Kultur« verlange »für den äußeren Apparat, der sie stützt, je komplizierter und spezialisierter sie wird, desto mehr den menschlich unbeteiligten, daher streng ›sachlichen‹ *Fachmann*«.[1] Der bürokratische und politische Apparat ist für Weber umso vollkommener, je mehr er »entmenschlicht«, je freier er von »allen irrationalen, dem Kalkül sich entziehenden, Empfindungselementen« ist.[2] Folglich muss die ideale Amtsperson frei von allen negativen sowie positiven Emotionen sein, *sine ira et studio*, aber auch *sine gaudio*.

Webers Amtsperson ist kein »ganz[er] Mensch«[3] im Schiller'schen Sinn, bei dem sich Pflicht und Neigung in einem harmonischen Gleichgewicht befinden. Sie ist viel eher eine formale Rolle, die Amtsträger:innen einnehmen. Als solche ist sie, mit Erving Goffman gesprochen,[4] an auf das Amt bezogene situative Rahmen gebunden – an ein Büro zu Besuchszeiten etwa, an eine gerichtliche Anhörung oder an eine Verkehrskontrolle. Diese Rahmen geben den Anwesenden bestimmte Handlungsmuster vor, an denen sie sich in ihrem Auftreten orientieren. Dabei determinieren die Rahmen das Verhalten nicht vollständig, sondern setzen der individuellen Ausgestaltung der Rolle lediglich bestimmte Grenzen, innerhalb derer es beispielsweise möglich ist, eher zugewandt oder distanziert, kooperativ oder autoritär, nachgiebig oder durchsetzungsstark zu sein. Den für amtliche Rahmen charakteristischen Sachlichkeitserwartungen kann die Amtsperson nur entsprechen, solange alle Beteiligten auch den situativen Rahmen akzeptieren.

1 Max Weber, *Wirtschaft und Gesellschaft.* Grundriß der verstehenden Soziologie [1921/22], hrsg. von Johannes Winckelmann, 5., rev. Aufl., Tübingen 1985, S. 563.

2 Ebd.

3 Friedrich Schiller, »Über die ästhetische Erziehung des Menschen in einer Reihe von Briefen«, in: ders., *Werke und Briefe*, Bd. 8: *Theoretische Schriften* [1992], hrsg. von Rolf-Peter Janz, unter Mitarb. von Hans Richard Brittnacher, Frankfurt am Main 2008, S. 556–676, hier S. 614 (Hervorh. entf., C.K.).

4 Vgl. Erving Goffman, *Rahmen-Analyse.* Ein Versuch über die Organisation von Alltagserfahrungen, übers. von Hermann Vetter, Frankfurt am Main 1977.

Die politische Amtsperson stellt vor dem Hintergrund von Webers Überlegungen einen Sonderfall dar.[5] Sie ist mehr als eine bloß formale Rolle, da sie als Repräsentantin auch auf die Menschen bezogen bleibt, für die sie spricht. Politische Amtsträger:innen sind immer auch darauf angewiesen, einen habituellen, affektiven und symbolischen, womöglich sogar einen identifikatorischen Kontakt zu denjenigen aufrechtzuerhalten, die sie vertreten. Daraus ergibt sich eine Spannung für die Ausgestaltung ihrer Rolle: Einerseits muss die Amtsperson den Sachlichkeitserwartungen gerecht werden, die an das Amt gestellt sind, andererseits darf sie dabei nicht zu automatenhaft erscheinen, weil sie sonst die Repräsentationserwartungen unterlaufen würde.

Der vorliegende Beitrag geht der Frage nach, wie sich dieses Spannungsverhältnis gestaltet, wenn eine politische Amtsperson unter den Bedingungen der gegenwärtigen Medienkultur als Spaßmacher:in auftritt. Diese Momente spitzen den Rollenkonflikt insofern noch einmal zu, als komische Effekte in der Regel Rahmenbrüche voraussetzen und damit die Sachlichkeitserwartungen des amtlichen Rahmens unterlaufen. Das Komische ergibt sich zumeist – so lehren es zumindest die Komiktheorien – aus einer überraschenden Abweichung vom in einer Situation erwartbaren Verhalten.[6] Demnach gibt es komische Rollen nicht in demselben Sinn, in dem es andere soziale Rollen gibt. Das Komische entsteht vielmehr erst durch ein Spiel mit der Rolle, durch einen überraschenden Rollenwechsel, der zumindest für einen Moment den situativen Rahmen bricht. Illustrieren lässt sich dies an einem bekannten Sketch des Komikers Hape Kerkeling: Darin nimmt er im schwarzen Frack die Rolle eines Tenors beim Konzertabend ein, rezitiert aber mit großer Gebärde einen Nonsenstext über Wolf und Lamm auf einer grünen Wiese, den er mehrmals mit dem Ausruf »Hurz!« unterbricht.

Wird nun in der Politik ein komischer Rahmenbruch medial verbreitet, kann die Integrität des Amtes darunter leiden. Ein prägnantes Beispiel dafür ist das Foto des lachenden CDU-Kanzlerkandidaten Armin Laschet im Flutgebiet von Erftstadt während des Bundestagswahlkampfs 2021. Der ungewollt komische Rahmenbruch entstand, weil der damalige nordrhein-

5 Helmut Schelsky geht in diesem Zusammenhang sogar noch einen Schritt weiter und argumentiert, dass Amtspersonen und vor allem Beamte die Amtsverpflichtungen prinzipiell auch im Privaten fortführen müssten. Vgl. ders., »Die juridische Rationalität«, in: ders., *Die Soziologen und das Recht*. Abhandlungen und Vorträge zur Soziologie von Recht, Institution und Planung [1980], hrsg. und eingel. von Patrick Wöhrle, 2., aktual. und neu eingel. Aufl., Wiesbaden 2022, S. 83–133, hier S. 92–96. Für den Hinweis auf Schelskys Unterscheidung zwischen Rolle und Amt danke ich Astrid Séville.

6 Vgl. etwa Arne Kapitza, »Komik, Gesellschaft und Politik«, in: Uwe Wirth (Hg.), *Komik*. Ein interdisziplinäres Handbuch, unter Mitarb. von Julia Paganini, Stuttgart 2017, S. 134–146, hier S. 135. Einige Bemerkungen zur Komik des Rahmenbruchs finden sich in Goffman, *Rahmen-Analyse*, S. 376–408.

westfälische Ministerpräsident Laschet, von dem man bei der mitfühlenden Rede des Bundespräsidenten ein betont ernsthaftes Auftreten erwartet hätte, als scheinbar unbeteiligter Zuschauer mit seinen Mitarbeitern feixte. Der Vorfall markiert einen Extremfall, der deutlich macht, wie ein einziger unpassender komischer Augenblick ausreichen kann, um eine Person als schlechterdings ungeeignet für ein Amt erscheinen zu lassen.

Allerdings kann gemeinsames Lachen auch eine soziale Entlastung bedeuten und die befreiende Wirkung eines *comic relief* haben. Sigmund Freud etwa hat in diesem Sinne argumentiert, dass der Witz die Energie freisetzt, die sonst zur Affektkontrolle aufgewendet werden muss.[7] Wenn das Publikum mitlacht, billigt es die Abweichung von der Rollenerwartung, statt sie zu sanktionieren. Im gemeinsamen Lachen bilden sich dann »Lachgemeinschaften«, die trotz aller Spontaneität auch normativ verbunden sind.[8] Lachen ist damit nicht lediglich Ausdruck einer individuellen Emotion, sondern eine soziale Praxis, die performativ vergemeinschaftet und sich deswegen für politische Inszenierungen besonders gut eignet.

Als Spaßmacher:in steht die Amtsperson mithin vor einem Dilemma, das in unterschiedlichen kulturellen Kontexten unterschiedlich aufgelöst wird. In England und in den Vereinigten Staaten (jedenfalls in der Zeit vor Donald Trump) galt Humor als kaum verzichtbare politische Kompetenz.[9] Schon Abraham Lincoln soll auf den Vorwurf seines Widersachers Stephen Douglas, er sei »two-faced«, mit entwaffnender Selbstironie erwidert haben: »I leave it to my audience. If I had another face, do you think I'd wear this one?«[10] Winston Churchill verspottete seinen Labour-Kontrahenten Clement Attlee mit zielsicherem Witz einmal als »a sheep in sheep's clothing«, ein andermal als »very modest man … who has much to be modest about«.[11] Und noch in der jüngeren und jüngsten Geschichte sind so unterschiedliche Regierungschefs wie Ronald Reagan, Barack Obama oder Boris

7 Sigmund Freud, *Gesammelte Werke*, Bd. 6: *Der Witz und seine Beziehung zum Unbewussten*, London 1940.

8 Vgl. Hans-Jürgen Bachorski / Werner Röcke / Hans Rudolf Velten / Frank Wittchow, »Performativität und Lachkultur in Mittelalter und früher Neuzeit«, in: *Paragrana*. Internationale Zeitschrift für Historische Anthropologie 10 (2001), 1, S. 157–190, hier S. 157–161; Werner Röcke / Hans Rudolf Velten, »Einleitung«, in: dies. (Hg.), *Lachgemeinschaften*. Kulturelle Inszenierungen und soziale Wirkungen von Gelächter im Mittelalter und in der Frühen Neuzeit, Berlin / New York 2005, S. IX–XXXI, hier S. XI–XIV.

9 Für einen Vergleich zwischen politischer Komik in Deutschland und den USA siehe Ludgera Vogt, »Politische Kultur und Komik. Perspektiven für vergleichende Analysen«, in: Wolfgang Bergem / Paula Diehl / Hans J. Lietzmann (Hg.), *Politische Kulturforschung reloaded*. Neue Theorien, Methoden und Ergebnisse, Bielefeld 2019, S. 135–159.

10 Harold Holzer, »›If I Had another Face, Do You Think I'd Wear This One?‹«, in: *American Heritage* 34 (1983), 2; online unter: https://www.americanheritage.com/if-i-had-another-face-do-you-think-id-wear-one [27. 3. 2025].

11 Zur (fragwürdigen) Authentizität der beiden Zitate vgl. Ralph Keyes, *The Quote Verifier*. Who Said What, and Where, When, New York 2006, S. 25.

Feucht-fröhliche Abendunterhaltung: Moderator Rudi Carrell und Bundesarbeitsminister Norbert Blüm in der letzten Ausgabe von *Rudis Tagesshow* am 8. März 1987.

Johnson (unabhängig von einer Bewertung ihrer Politik) als charismatische und humorvolle Politiker im Gedächtnis geblieben.

Die deutsche Politik pflegte traditionell ein vergleichsweise distanziertes Verhältnis zur Komik, das selbst dann spürbar blieb, wenn Politiker:innen zu Gast in Comedy-Formaten waren. Diese Auftritte reichen mindestens zurück bis in das Jahr 1986, in dem der CDU-Politiker Heiner Geißler dem Moderator Rudi Carrell in dessen *Tagesshow* eine Torte ins Gesicht drückte.[12] Bekanntheit erlangte auch ein Sketch aus dem folgenden Jahr, bei dem der seinerzeit amtierende Bundesarbeitsminister Norbert Blüm Carrell mit einem Eimer Wasser übergoss, um anschließend selbst die Abmoderation der Sendung zu übernehmen: »Letzte Meldung: In einem Bremer Studio wurde heute Abend deutlich, dass ein deutscher Minister einem holländischen Showmaster durchaus das Wasser reichen kann.«[13]

12 https://youtu.be/CcHCfgrh-7c?t=48 [27. 3. 2025].
13 https://youtu.be/GgGkwtsqzzk?t=1618 [27. 3. 2025].

© picture alliance / ASSOCIATED PRESS | REED SAXON

Melodien für Millionen: Gastgeber Arsenio Hall zusammen mit US-Präsidentschaftskandidat Bill Clinton in der *Arsenio Hall Show* am 3. Juni 1992.

Für den politischen Humor zur Zeit der Bonner Republik waren Geißlers und Blüms komische Auftritte insofern charakteristisch, als sie in ihrer bemühten medialen Inszenierung fast den Eindruck einer ministerialen Amtshandlung vermittelten. Als Blüm staatstragend an Carrells Schreibtisch Platz nahm, erinnerte nur sein Pullover daran, dass hier der Amtsträger als Privatmann saß. Die beiden Beispiele haben nichts von der Coolness der Auftritte US-amerikanischer Amtsträger, vergleicht man sie etwa mit dem Saxofon spielenden Präsidentschaftskandidaten Bill Clinton in der *Arsenio Hall Show* 1992 oder mit dem eloquenten Präsidenten Barack Obama, der 2014 seinen Besuch bei *Between Two Ferns with Zach Galifianakis* nutzte, um für seine Gesundheitspolitik zu werben, und dessen *White House Correspondents Dinner* als professionelle Stand-up-Gigs hätten durchgehen können. Diese Auftritte waren zwar nicht weniger inszeniert, aber sie wirkten sehr viel spontaner und durchbrachen den erwartbaren politischen Rahmen viel deutlicher, sodass in diesen Momenten tatsächlich die Rolle der Amtsperson in den Hintergrund trat.

Dass sich die deutsche Politik mit dem Komischen so lange schwertat, hat historische Gründe, die weiter zurückreichen als bis in die Trümmerjahre der Nachkriegszeit. Die deutsche Lachfeindlichkeit wurzelt im Kampf des pädagogischen Programms der Aufklärung gegen die anarchischen Formen der ›niederen‹ Komik des Barock. Ihr Schauplatz war diejenige Institution, die das Modell sozialer Rollentrennung vorgab, nämlich das Theater, und der Konflikt entzündete sich am Typus der Lustigen Figur, die das Komische der Vormoderne auf der Bühne verkörperte. Symbolisiert wurde der Bruch mit der bis dato populären Bühnenkomik in der berüchtigten Inszenierung der Vertreibung Harlekins durch die Theatertruppe der Friederike Caroline Neuber im Jahr 1737. Zeitgenoss:innen sahen in dem Ereignis einen entscheidenden Schritt hin zur pädagogischen Theaterreform Johann Christoph Gottscheds, die als komisches Stilmittel nur noch das Verlachen einer lasterhaften Handlung duldete.[14] Eine »moralische Anstalt« im Sinne Gotthold Ephraim Lessings konnte das Theater im 18. Jahrhundert nur werden, weil es keinen komischen Charakter mehr gab, der ständig aus der Rolle fiel.

In Überblicksdarstellungen zur deutschen Literaturgeschichte kann man zwar bisweilen lesen, dass die Aufklärung ihre rigide Humorlosigkeit bald wieder zurücknahm – immerhin urteilte sogar Lessing im Jahr 1759, dass Gottscheds Vertreibung Harlekins selbst die »größte Harlequinade« gewesen sei.[15] Sieht man sich jedoch die Versuche einer Rückkehr der Figur des Hanswurst auf die Bühne genauer an, wird deutlich, dass sich die Bühnenkomik in Deutschland von diesem Schlag lange Zeit nicht erholte.[16] Die zentrale dramaturgische Lehre der Aufklärung, wonach die Rolle unter allen Umständen einzuhalten war, blieb bestehen – auf der Theaterbühne ebenso wie auf der politischen Bühne. Und so erschien der komische Rollenbruch als weithin unangebrachtes Mittel. Zwanglos heiter waren Kunst wie auch Politik in Deutschland seit der Aufklärung nur selten.[17]

Erst in der jüngeren Vergangenheit scheint sich die politische Humordistanz abzubauen, insofern sich mittlerweile auch hierzulande immer mehr Amtspersonen auf komische Bühnen begeben. So ist der SPD-Politiker und ehemalige Bundesfinanzminister Peer Steinbrück nach seiner politisch ak-

14 Die Symbolkraft des Ereignisses wurde in der Rezeption nicht davon geschmälert, dass es sich bei der Episode eher um eine Momentaufnahme in der wirtschaftlichen Konkurrenz zweier Theatergruppen handelte als um eine Stellungnahme zur dramaturgischen Komik. Vgl. Friedrich Johann Freiherr von Reden-Esbeck, *Caroline Neuber und ihre Zeitgenossen.* Ein Beitrag zur deutschen Kultur- und Theatergeschichte, Leipzig 1881, S. 118–169.

15 Das Zitat stammt aus dem »17. Literaturbrief« in: Gotthold Ephraim Lessing, *Werke und Briefe in zwölf Bänden*, hrsg. von Wilfried Barner, Bd. 4: *Werke 1758–1759*, hrsg. von Gunter E. Grimm, Frankfurt am Main 1997, S. 500.

16 Vgl. Christian Kirchmeier, *Parabasis.* Literarische Wirklichkeit im Zeitalter der Repräsentation, Konstanz 2023, S. 139–205.

17 Zu denken wäre in diesem Zusammenhang etwa an Theodor W. Adorno, »Ist die Kunst heiter?«, in: ders., *Gesammelte Schriften*, Bd. 11: *Noten zur Literatur*, hrsg. von Gretel Adorno / Rolf Tiedemann, Frankfurt am Main 1974, S. 599–606.

tiven Zeit mit dem Comedian Florian Schroeder als Kabarettist aufgetreten; die CDU-Politikerin und frühere saarländische Ministerpräsidentin Annegret Kramp-Karrenbauer hielt seit 2009 mehrfach Fastnachtsreden als »Putzfrau Gretel«; der Linken-Politiker Gregor Gysi moderiert seit 2016 das Gesprächsformat *Missverstehen Sie mich richtig!*, bei dem immer wieder Komiker:innen zu Gast sind; und der SPD-Politiker und frühere Bundesgesundheitsminister Karl Lauterbach trat 2022 als Amateur-Comedian beim *One Mic Stand* auf.

Der Wandel des Politisch-Komischen in der jüngeren Medienkultur soll im Folgenden an zwei Typen des komischen Rollenbruchs exemplarisch untersucht werden, die unterschiedliche Modifikationen politischer Rahmen vornehmen: am Karneval und an der Ironie. Der Karneval invertiert den Rahmen der Politik, sodass die Amtspersonen in karnevalistische Rollen wechseln, die der Tagespolitik eigentlich entzogen sind. Allerdings wirkt der karnevalistische Spaß durch seine mediale Verbreitung immer wieder in den politischen Diskurs hinein. Die Ironie wiederum überlagert zwei voneinander unabhängige Rahmen, indem sie die Bedeutung einer Äußerung im Unklaren lässt. Dann bleibt fraglich, ob eine Person im Amt spricht oder nicht.

Politischer Karnevalismus

Die einflussreichste Beschreibung der Logik des Karnevals stammt von dem russischen Literaturwissenschaftler Michail Bachtin. Ihm zufolge bricht die Frühaufklärung mit der langen Tradition einer »volkstümliche[n] Lachkultur des Mittelalters«,[18] in deren Mittelpunkt der Karneval stand. Er habe eine besondere Stellung unter den kulturellen Festen eingenommen. Während religiöse und höfische Feste der Repräsentation und der Stabilisierung sozialer Ordnung dienten, »zelebrierte der Karneval die zeitweise Befreiung von der herrschenden Wahrheit und der bestehenden Gesellschaftsordnung, die zeitweise Aufhebung der hierarchischen Verhältnisse, aller Privilegien, Normen und Tabus«.[19]

Bachtin schreibt, der Karneval folge einer »Logik der ständigen Vertauschung von Oben und Unten«.[20] Er meint damit aber nicht einfach nur eine Inversion der Machtverhältnisse, es geht also nicht lediglich darum, dass für ein paar Tage die Untertanen die Macht übernehmen. Seine Pointe besteht vielmehr darin, dass der Karneval in einem zeitlich begrenzten, räum-

18 Michail Bachtin, *Rabelais und seine Welt.* Volkskultur als Gegenkultur [1987], übers. von Gabriele Leupold, hrsg. und mit einem Vorw. vers. von Renate Lachmann, Frankfurt am Main 1995, S. 51.

19 Ebd., S. 58.

20 Ebd., S. 59 f.

lich aber totalen Rahmen soziale Antagonismen außer Kraft setzt. Der Karneval in seiner idealtypischen Form kennt keine Trennung zwischen Darsteller:innen und Publikum, sondern schließt unabhängig von Schichtzugehörigkeiten alle Feiernden in eine universal-inklusive Lachgemeinschaft ein. In dieser karnevalistischen Lachgemeinschaft gibt es für das bloß negierende Verlachen, wie es Gottscheds Komödientheorie vorsieht, keinen Raum.

Eine wichtige gesellschaftliche Leistung des Karnevals besteht darin, einen Entlastungsraum zu schaffen, in dem konkurrierende Herrschaftsansprüche vorübergehend außer Kraft gesetzt sind. Diese Funktion kann er allerdings nur erfüllen, weil seine Komik die politische Ordnung nicht berührt. Der karnevalistische Spaß findet innerhalb eines klar abgegrenzten Als-ob-Rahmens statt und bleibt deswegen für den politischen Rahmen letztlich ohne Konsequenzen. Das erklärt auch seine Nähe zur Kunst. Nur aufgrund dieser Folgenlosigkeit besteht innerhalb des karnevalistischen Rahmens die Freiheit zu sagen und zu tun, was man sonst weder sagen noch tun darf.

Nun hat der real existierende Karneval mit Bachtins Modell nicht mehr allzu viel gemein, und es ist durchaus fraglich, ob er in dieser idealtypischen Form jemals existierte. Aber zumindest seine kulturelle Semantik orientiert sich nach wie vor an der ursprünglichen Funktion. Für Politiker:innen eröffnet dies einerseits die Chance, sich volksnah zu geben und in der karnevalistischen Lachgemeinschaft die Distanz zwischen Repräsentierenden und Repräsentierten zu verringern. Andererseits aber stehen sie vor dem Problem, dass ihre Auftritte beim Karneval den dortigen Rahmen zwangsläufig verlassen, da sich die mediale Verbreitung ihrer Kostümierungen und Reden stets auch an Personen richtet, die sich außerhalb des karnevalistischen Rahmens befinden.

Das Problem beginnt bereits bei der Wahl der Verkleidung, was bei dem CSU-Politiker und amtierenden bayerischen Ministerpräsidenten Markus Söder besonders augenfällig wird. Söder verwendet mehr Sorgfalt auf seine Kostüme als die meisten anderen Politiker:innen. Er trat unter anderem als Zauberer Gandalf, als Gene Simmons von der Band Kiss, als Punk, als Marilyn Monroe, als Shrek, als Mahatma Gandhi (was ihm den Vorwurf des *brownfacing* einbrachte), als Stammesältester sowie als Elvis Presley auf. Unterstützung erhielt er dabei von Martin Häfner, einem mittlerweile pensionierten Maskenbildner des Staatstheaters Nürnberg. Die Kostüme waren stets so professionell, dass sie sich ideal für Fotos und Videos eigneten, die weit über die fränkische Fastnacht hinaus medial zirkulierten. Sie waren offensichtlich nicht nur für die Augen der Feiernden bestimmt, sondern auch für den Fernsehzuschauer auf dem Sofa, für die Zeitungsleserin am Frühstückstisch und für das Publikum in den Sozialen Medien.

Konsequenterweise wurden Söders Maskeraden regelmäßig als politische Kommentare gelesen. Schon 2009 spielte das Kostüm als Eisbär Flocke

Der letzte Preuße: Bayerns Ministerpräsident Markus Söder verkleidet als Reichskanzler Fürst Otto von Bismarck bei der Fastnacht in Franken 2024.

auf sein im Vorjahr neu angetretenes Amt als bayerischer Umweltminister an; 2016 gab er sich in der Verkleidung als Edmund Stoiber laut eigener Aussage als »Stoiberianer« zu erkennen; seinen Auftritt als Homer Simpson 2017 kommentierte er mit dem Satz »Homer Simpson würde CSU wählen«;[21] und 2018 wurde sein Kostüm als Prinzregent Luitpold von Bayern als Ausdruck für einen Stilwandel des inzwischen designierten Ministerpräsidenten hin zu einem moderaten Landesvater verstanden. Söders Auftritte bei der Fastnacht in Franken gerieten so regelmäßig zu einer amtlichen Selbstinszenierung.

Ein solcher Verstoß gegen die karnevalistische Logik ist schwer zu vermeiden. Söder versuchte offensichtlich, bei seinem ersten Fastnachtstermin

21 Bernhard Hiergeist, »Fastnacht in Franken. The Söders in Veitshöchheim«, in: *Süddeutsche Zeitung*, 17. 2. 2017; online unter: https://www.sueddeutsche.de/bayern/fastnacht-in-veitshoechheim-fastnacht-in-franken-the-soeders-in-veitshoechheim-1.3384894 [27. 3. 2025].

als bayerischer Ministerpräsident im Jahr 2019, als er lediglich mit einer bunten Fliege auftrat, weitgehend auf eine Verkleidung zu verzichten. Doch die Verweigerung der Kostümierung bedeutet unweigerlich eine in der Karnevalslogik nicht vorgesehene Distanzierung von der Lachgemeinschaft. Und so kehrte Söder 2024 nach der coronabedingten Pause auch wieder verkleidet zurück – diesmal als Fürst Otto von Bismarck, begleitet von einem selbstinterpretativen Tweet mit Franz Josef Strauß' Bonmot, wonach notfalls die Bayern die letzten Preußen sein müssten.

Mehr noch als die Kostüme stellen die Büttenreden die Politiker:innen vor eine Aufgabe, die unter den Bedingungen der karnevalistischen Logik kaum zu bewältigen ist. Die Amtspersonen stehen immer vor dem Problem, dass sie nicht in der Lage sind, die politische Ordnung zugleich zu verantworten und zu invertieren. Sie können zwar versuchen, das Publikum zu unterhalten, ohne den politischen Gegner zu verspotten und ohne am üblichen Machtdiskurs teilzunehmen, dürfen sich dann aber kaum mehr als eine verhaltene Selbstironie erlauben. In diesem Sinn erklärte etwa Lars Klingbeil bei der Verleihung des Ordens wider den tierischen Ernst 2023: »Ich bin SPD-Vorsitzender, da hast du mit Spaß nicht viel am Hut.«[22] Und die damalige Bundesaußenministerin Annalena Baerbock von Bündnis 90/Die Grünen machte bei derselben Veranstaltung – zur Zeit kontrovers geführter Rüstungsdebatten im Ukrainekrieg – die doppeldeutige Bemerkung, sie habe sich gegen den Leopard als Kostüm entschieden. Daran schloss sie ein vergleichsweise sachliches Plädoyer für feministische Außenpolitik und für Solidarität mit der Ukraine an, das staatstragend genug war, um ohne allzu große Texteingriffe auch bei anderen offiziellen Anlässen gehalten zu werden.[23] Solche Büttenreden vollziehen letztlich keinen Wechsel vom politischen in den karnevalistischen Rahmen und vernachlässigen damit die für den Karneval eigentlich obligatorische Inversion der normativen Ordnung.

Der SPD-Politiker und seinerzeit noch amtierende Bundeskanzler Olaf Scholz hielt seine erste Büttenrede im Bundestagswahlkampf 2025 – wenn auch nur in Kurzform und bei einem eher sachlichen Neujahrsempfang der Industrie- und Handelskammer Köln. Seine rheinländischen Kolleg:innen hätten ihn ermahnt: »Ohne irgendwas, das sich reimt, lassen die Dich in Köln um diese Jahreszeit nicht gehen.«[24] Die Rede zielte darauf ab, dass er als Hamburger eigentlich gar keine Büttenreden halten könne und sich deswegen ja auch für das Amt des Bundeskanzlers und nicht um den Posten eines

22 https://youtu.be/jvrswEl5WRY?t=160 [27. 3. 2025].

23 Passenderweise kann man die Rede auch auf der Homepage des Auswärtigen Amtes nachlesen: »Außenministerin Annalena Baerbock anlässlich der 73. Verleihung des Ordens wider den Tierischen Ernst«, 5. 2. 2023; online unter: https://www.auswaertiges-amt.de/de/newsroom/rede-bmin-verleihung-orden-wider-tirischen-ernst-2579962 [27. 3. 2025].

24 https://youtu.be/x6rpVcnxLdk?t=10 [27. 3. 2025].

Immer bissig: FDP-Politikerin Marie-Agnes Strack-Zimmermann als Vampirin bei ihrer Büttenrede anlässlich der Verleihung des Ordens wider den tierischen Ernst 2023.

Büttenredners bewerbe. Im Mittelpunkt standen die beiden schwerfälligen Verse »›Scholzomat‹, ›Olaf der Schweiger‹ – ein Hamburger Jung / Das trifft nicht überall auf Begeisterung«.[25] Ähnlich wie Klingbeil zwei Jahre zuvor gab Scholz seiner Büttenrede damit eine selbstironische Wendung und sprach sich in der rhetorischen Tradition des Unfähigkeitstopos eine Eignung zur Rede ab.[26] Der hanseatisch-nüchterne Auftritt hatte mit der von Bachtin beschriebenen volkstümlichen Lachkultur nichts zu tun, und auch Volksnähe konnte der gebürtige Niedersachse damit kaum herstellen, obwohl er versuchte, mit seinem Image als betont sachlicher ›Scholzomat‹ zu kokettieren.

Wenn Politiker:innen in ihren Büttenreden hingegen vom karnevalistischen Rügerecht Gebrauch machen, verletzen sie fast unweigerlich die Spielregeln des politischen Diskurses. Bei der Aachener Ordensverleihung im Jahr 2023 verspottete beispielsweise die damalige FDP-Bundestagsabgeordnete Marie-Agnes Strack-Zimmermann den CDU-Vorsitzenden Friedrich Merz als »Flug-Zwerg aus dem Mittelstand«, der Flüchtlinge als »Sozialtourist[en]« bezeichne, bei einem »Nazi-Prinz« (eine Anspielung auf den

25 https://youtu.be/x6rpVcnxLdk?t=57 [27. 3. 2025].

26 Die rhetorische Schwerfälligkeit der beiden Verse, erkennbar an der in den beiden jambischen Fünfhebern ausgiebig genutzten metrischen Füllungsfreiheit sowie am unebenen Reim, lässt sich wiederum als performative Bekräftigung des Unfähigkeitstopos interpretieren.

›Reichsbürger‹ Heinrich XIII. Prinz Reuß) aber plötzlich Milde zeige.[27] Der so lächerlich gemachte Merz, der im Publikum saß, quittierte die Bemerkungen mit heruntergezogenen Mundwinkeln und einem stillen Kopfschütteln. Von einer alle inkludierenden Lachgemeinschaft, wie sie den Karneval eigentlich auszeichnet, konnte in diesem Moment keine Rede sein.

Noch problematischer war der karnevalistische Rollenwechsel bei der damaligen CDU-Vorsitzenden Annegret Kramp-Karrenbauer in ihrer Fastnachtsrede beim Stockacher Narrengericht 2019. Darin sagte sie: »Wer war denn von Euch vor kurzem mal in Berlin? Da seht ihr doch die Latte-Macchiato-Fraktion, die die Toiletten für das dritte Geschlecht einführen. Das ist für die Männer, die noch nicht wissen, ob sie noch stehen dürfen beim Pinkeln oder noch sitzen müssen. Dafür, dazwischen, ist diese Toilette.«[28] Die Reaktionen damals fielen noch kritischer aus als nach Strack-Zimmermanns Auftritt. Lars Klingbeil kommentierte: »Solche Äußerungen – auch an Karneval – sind absolut respektlos«; der Bundestagsabgeordnete Sven Lehmann (Bündnis 90/Die Grünen) nannte sie »diskriminierend und verächtlich machend«; und der damalige Regierende Bürgermeister Berlins, Michael Müller (SPD), schrieb auf Twitter, es sei »ebenso irritierend wie bedauerlich, dass @akk offenbar in Diskriminierungsfragen eine dem Amt und der Funktion angemessene Haltung fehlt. #Karneval«.[29]

Kritik und Verteidigung solcher Witze folgen stets demselben Schema: Zur Rechtfertigung wird auf die Sonderstellung der karnevalistischen Lachgemeinschaft verwiesen. Demnach ist Humorkritik, die zwischen guten und schlechten beziehungsweise zwischen geschmackvollen und geschmacklosen Witzen unterscheidet, im Karneval immer fehl am Platz, weil sie nur von außen, nur von einer nicht teilnehmenden Position aus, erhoben werden kann. Die Humorkritik wiederum kann sich darauf berufen, dass die Auftritte unter den Bedingungen der gegenwärtigen Medienkultur auch eine Öffentlichkeit jenseits des karnevalistischen Rahmens adressieren und sich deswegen an den Erwartungen an öffentliche politische Rede messen lassen müssen.

Zusätzliches Gewicht gewinnt die Humorkritik im vergleichbaren Fall der Bierzeltrede, die ähnlich wie die Büttenrede vom Recht der freien und scharfen Rüge Gebrauch macht, dabei aber nicht von einem karnevalistischen Rahmen geschützt ist. Dies ist beispielsweise der Fall beim Politischen Aschermittwoch, der gerade nicht mehr in den bayerischen Fasching fällt.

27 Florian Eßer, »Das hat Strack-Zimmermann im Wortlaut gesagt«, in: *t-online*, 9.2.2023; online unter: https://www.t-online.de/region/koeln/id_100125496/merz-ist-flug-zwerg-aus-dem-mittelstand-strack-zimmermanns-rede-im-wortlaut.html [27.3.2025].

28 O.A., »›Stockacher Narrengericht‹. CDU-Chefin löst mit Fastnachtsrede Empörung aus«, in: *Deutschlandfunk*, 3.3.2019; online unter: https://www.deutschlandfunk.de/stockacher-narrengericht-cdu-chefin-loest-mit-100.html [27.3.2025].

29 Zit. nach ebd.

Im Jahr 2025 stand der Politische Aschermittwoch der CSU ganz im Licht der zehn Tage zuvor abgehaltenen Bundestagswahl und des schlechten Abschneidens der Grünen. Bei der Veranstaltung polemisierte CSU-Generalsekretär Martin Huber mit Sätzen wie: »Mittlerweile haben die Grünen vor lauter Wokeness mehr Geschlechter als Parlamentssitze.«[30] Und Markus Söder spottete: »Ich wünsche Robert Habeck alles Gute, vielleicht eine Reise heim an die Küste. Ich bin sicher, Daniel Günther hat ihm schon ein schönes, warmes Plätzchen in seiner Koalition reserviert. Goodbye, gute Reise, auf Nimmerwiedersehen.«[31]

Die Sätze sorgten zwar für Heiterkeit in der Passauer Dreiländerhalle, politisch weitsichtig waren sie jedoch nicht. Denn die Veranstaltung fiel in die Zeit der Sondierungsgespräche zwischen CDU/CSU und SPD sowie der eilig vorbereiteten Verhandlungen über eine Grundgesetzänderung für das Schuldenpaket. Die Äußerungen mehrerer Grünen-Politiker:innen in den Folgetagen wiesen darauf hin, dass sie die Passauer Veranstaltung als ein politisches Foul werteten, das den Preis für ihre Zustimmung zum Investitionspaket noch einmal in die Höhe trieb.

Als der geschmähte Grünen-Politiker und vormalige Bundeswirtschaftsminister Robert Habeck bei einer Pressekonferenz in der Folgewoche nach Söders Äußerungen gefragt wurde, antwortete er: »Söder ist mir komplett latte, ist mir völlig egal. Also, ein Mensch, der sich selbst nicht ernst nimmt: Warum sollten wir ihn überhaupt noch ernst nehmen?«[32] Das führt noch einmal das ganze Problem der Politik unter den Bedingungen eines modernen Karnevalismus vor Augen: Die Grenzen zwischen komischer Entlastung und politischer Verantwortung verschwimmen, wenn – wie heute üblich – der Karneval zum Gegenstand politischer Selbstinszenierung und öffentlicher Berichterstattung wird. Dadurch verlässt der karnevalistische Spaß die Lachgemeinschaft und die Integrität des Amtes wird beschädigt. Solange die Gesellschaft primär hierarchisch aufgebaut und auf persönliche Interaktionen ausgerichtet war, konnte man sich zumindest noch vorstellen, dass der Karneval diese Ordnung für eine Weile umkehrt. Im Zeitalter einer (spät-)modernen sozialen Differenzierung, die permanent in den Medien verhandelt wird, lässt sich die Gesellschaftsstruktur hingegen nicht länger im einfachen karnevalistischen Dualismus von Ordnung und Inversion dieser Ordnung auflösen.

30 https://www.youtube.com/live/Z_ELh_om8vU?t=1347 [27. 3. 2025].
31 https://www.youtube.com/live/Z_ELh_om8vU?t=2820 [27. 3. 2025].
32 https://www.youtube.com/live/WwmJJPkGkxI?t=2504 [27. 3. 2025].

Ironie und Politik

Seit der beginnenden Moderne gibt es mit dem Konzept der romantischen Ironie noch ein ganz andersartiges komisches Verfahren, das sich in Auseinandersetzung mit der Komplexitätserfahrung in der modernen Gesellschaft entwickelt hat. Dieser schillernde und programmatisch missverständliche Begriff fand seinen theoretischen Höhepunkt im Werk Friedrich Schlegels.[33] Im berühmten »42. Lyceum-Fragment«[34] unterscheidet Schlegel die romantische Ironie von der rhetorischen Ironie, bei der einfach das Gegenteil des Gemeinten gesagt wird – etwa, um ein Beispiel Gottscheds zu zitieren, »wenn man einen unnützen Menschen eine Stütze der Republik« nennt.[35] Eine solche rhetorische Ironie kann Schlegel zufolge zwar insbesondere in der Polemik eine große Wirkung entfalten (ist also ohnehin schon immer ein Mittel politischer Kommunikation), sie erreicht aber nicht die Komplexität romantischer Ironie.

Mit dem Begriff der romantischen Ironie nimmt Schlegel zunächst Anleihen bei der sokratischen Philosophie. Er zielt darauf ab, dass die Haltung des »Ich weiß, dass ich nichts weiß« als ironisches Selbstverhältnis im Bewusstsein der Begrenztheit des eigenen Wissens den unabschließbaren Prozess einer gemeinsamen diskursiven Wahrheitssuche befördert. Die romantische Ironie reagiert dabei spezifisch auf die epistemische Krisenerfahrung der Moderne, in der alle Rückbezüge auf ein Absolutes fragwürdig geworden sind, jede Wissensposition unter einem Revisionsvorbehalt steht und daher im Diskurs ausgehandelt werden muss.

Schlegel sieht selbst, dass die endlose Reflexion der Ironie eigentlich besser zur Dichtung passt als in den öffentlichen Diskurs. Dennoch hebt er hervor, dass der ironische Witz schon deswegen politisch ist, da er potenziell immer in der Lage ist, bestehende Normen zu verletzen. Der Witz nimmt keine Rücksicht auf Autoritäten und kommt daher in seiner eigentlichen Form nur in freien Gesellschaften vor.

Zu den wichtigsten Merkmalen der romantischen Ironie zählt, dass sie stets ambivalent, stets unbestimmbar bleibt und sich im Gegensatz zur rhetorischen Ironie nicht einfach qua Negation vereindeutigen lässt. Dies bringt sie in Konflikt mit im engeren Sinne politischen Kommunikationen als Kommunikationen über kollektiv bindende Entscheidungen, die sich

33 Vgl. nur für einen jüngeren Beitrag der umfangreichen Ironieforschung Armen Avanessian, *Phänomenologie ironischen Geistes.* Ethik, Poetik und Politik der Moderne, München 2010, zu Ironie und Politik insbes. S. 249–272; vgl. außerdem Kirchmeier, *Parabasis*, S. 267–305.

34 Friedrich Schlegel, »Kritische Fragmente«, in: ders., *Kritische Friedrich-Schlegel-Ausgabe*, Abt. 1: *Kritische Neuausgabe*, Bd. 2: *Charakteristiken und Kritiken 1 (1796–1801)*, hrsg. und eingel. von Hans Eichner, Paderborn u. a. 1967, S. 147–163, hier S. 152.

35 Johann Christoph Gottsched, *Ausgewählte Werke*, Bd. 7: *Ausführliche Redekunst*, hrsg. von Phillip M. Mitchell, Teil 1: *Erster, allgemeiner Theil*, bearb. von Rosemary Scholl, Berlin / New York 1975, S. 320.

Sagen Sie jetzt nichts: Peer Steinbrück auf dem Cover des *SZ-Magazins* vom 13. September 2013.

qua Wertebezug legitimieren. Ironische Kommunikationen, die Letztbegründungen immer in der Schwebe halten und damit die unbedingte Geltung von Werten infrage stellen, sind unausweichlich eine Bedrohung politischer kommunikativer Rahmen. Wer ironisch spricht, vermeidet Zustimmung, weil er oder sie gezielt unklar lässt, welchem Inhalt genau zugestimmt werden soll und welche Position er oder sie eigentlich vertritt.

Im Unterschied zum Karnevalismus, der den politischen Rahmen für einen begrenzten Zeitraum invertiert, hält die romantische Ironie den Rahmen mehrdeutig und lässt damit die eigene Rolle unbestimmt. Wer ironisch spricht, fällt aus der Rolle, ohne eine klar bestimmbare neue Rolle anzunehmen. Genau das macht die Ironie für komplexe und potenziell überdeterminierte soziale Situationen so attraktiv: Während vormoderne Gesellschaften mit ihren starren Hierarchien eine soziale Entlastungsfunktion in der karnevalistischen Umkehr der Machtverhältnisse suchen konnten, trägt die Ironie in modernen Gesellschaften dazu bei, festgelegte Rollenidentitäten zu lockern.

Gerade in der Politik kann die Ironie als kommunikatives Mittel leicht scheitern. Ein einschlägiges Beispiel dafür ist Peer Steinbrücks Stinkefingerfoto aus dem Bundestagswahlkampf 2013. Der frühere Bundesfinanzminister und damalige SPD-Kanzlerkandidat Steinbrück hatte sich in diesem Wahlkampf für eine Strategie entschieden, die gezielt als Kontrastprogramm zu dem als lustlos wahrgenommenen Wahlkampf von 2009 angelegt war.[36]

36 Vgl. Andreas Dörner, »Der Humorwahlkampf 2013. Kampagnen zwischen Stinkefinger und ›King of Kotelett‹«, in: ders. / Ludgera Vogt (Hg.), *Wahlkampf mit Humor und Komik.* Selbst- und Fremdinszenierung politischer Akteure in Satiretalks des deutschen Fernsehens, Wiesbaden 2017, S. 81–94.

Wenige Tage vor dem Wahltermin gab er ein Fotointerview in der Reihe »Sagen Sie jetzt nichts« des *SZ-Magazins*. Auf die Frage »Pannen-Peer, Problem-Peer, Peerlusconi – um nette Spitznamen müssen Sie sich keine Sorgen machen, oder?« ließ sich Steinbrück mit ausgestrecktem Mittelfinger fotografieren.[37]

Steinbrücks obszöne Geste überlagerte den politischen Kommunikationsrahmen mit einem popkulturellen Zitat. Das Foto weckte Assoziationen zur Protestkultur der 1970er-Jahre und insbesondere zu Johnny Cashs ikonischem Foto bei seinem Auftritt in der Haftanstalt San Quentin, das sich ursprünglich gegen die Amtsperson des Gefängnisdirektors richtete und bald zu einem universellen Symbol des Protests gegen institutionalisierte Machtstrukturen avancierte. Im historischen Kontext der Gefängnisreformbewegung fungierte die Geste als Kritik, die für die entmachteten Insassen Partei ergriff, jedoch innerhalb des Mediums der Kunst blieb, wodurch sie politische Konsequenzen allenfalls indirekt nach sich zog.

Das Foto im *SZ-Magazin* veränderte den Kontext des popkulturellen Zitats in zweifacher Hinsicht. Zum einen war die Geste keine Kritik an der Macht, sondern eine Kritik an den Kritiker:innen der Macht. Sie invertierte also die für die satirische Kritik eigentlich konstitutive Machtdifferenz. Zum anderen verlor die Geste im Zuge ihrer medialen Verbreitung auf dem Titelblatt des Magazins den interpretativen Kontext, der sie zumindest noch als ironische Umkehr der satirischen Kritik in der Interviewfrage gekennzeichnet hatte. So konnte die Geste als isolierte Provokation gelesen werden, die nicht mehr auf eine spezifische Kritik verwies, sondern vielmehr selbst die Öffentlichkeit aus dem politischen Rahmen heraus konfrontierte.

Das Beispiel des Stinkefingerfotos ist dabei insofern besonders, als Peer Steinbrück das Risiko der ironischen Kommunikation bewusst auf sich nahm – sein Pressesprecher Rolf Kleine hatte ihm nach dem Fotoshooting sogar noch von einer Veröffentlichung abgeraten. Diese Wahlfreiheit ist nicht immer gegeben, etwa wenn Politiker:innen von Kameras überrascht werden. Wer beispielsweise auf einem Parteitag von einem Reporter der *heute-show* angesprochen wird, kann zwar kommentarlos weitergehen, riskiert damit aber, dass auch diese Szene in der Sendung eingespielt wird und das Image einer humorlosen Amtsperson vermittelt. Bei einem solchen nicht geskripteten komischen Überfall bleibt kaum eine andere Alternative als der ironische Witz, der die Festlegung auf einen politischen kommunikativen Rahmen vermeidet.

Man kann gegenwärtig beobachten, wie sich ironische Kommunikationen vor dem Hintergrund neuer medialer Verbreitungsformen im politischen Betrieb zunehmend etablieren und professionalisieren. Ein Beispiel

37 Alfred Steffen [Fotos], »Sagen Sie jetzt nichts, Peer Steinbrück«, in: *SZ-Magazin* 37, 13. 9. 2013; online unter: https://sz-magazin.sueddeutsche.de/sagen-sie-jetzt-nichts/sagen-sie-jetzt-nichts-peer-steinbrueck-79918 [27. 3. 2025].

dafür ist ein Foto von Ricarda Lang, das ein dpa-Fotograf am Tag der sächsischen und thüringischen Landtagswahl 2024 aufnahm. Der Schnappschuss zeigt die Politikerin am Rande einer Wahlparty der Grünen, wie sie aus einer Flasche Bier trinkt (übrigens alkoholfrei) und dabei auf ihr Smartphone schaut. Anders als Steinbrücks Foto wurde dieses Bild offenbar in einem Moment aufgenommen, in dem sich Lang unbeobachtet fühlte.

Zunächst schien es ein weiteres Bild in einer herabwürdigenden Serie unvorteilhafter Aufnahmen Langs zu sein, die in den Sozialen Medien regelmäßig von Hasskommentaren flankiert wurden. Diesmal aber ergriff Lang selbst die Initiative und verbreitete das Foto als Meme mit dem Text »Wenn ich ›Grillen muss erlaubt bleiben.‹-Plakate sehe.«[38] Damit reagierte sie auf ein CDU-Plakat aus dem thüringischen Wahlkampf, das insinuierte, es gäbe Pläne der Grünen für ein Grillverbot.

Mit ihrem Post transponierte Lang das Foto, das sie in einem halb öffentlichen Rahmen zeigt, zurück in den politischen Rahmen. Es gelang ihr, die bildliche Kommunikation von ihrer Privatperson zu lösen und als politische Kommunikation zu nutzen, ohne jedoch eine allzu sachliche, inhaltliche Diskussion über die Fremdzuschreibung der Grünen als »Verbotspartei« führen zu müssen. Das Meme erfüllte also zwei Funktionen: In einem Akt der ironischen Selbstermächtigung verwahrt es sich erstens gegen die Veröffentlichung eines unbeobachtet aufgenommenen Fotos, als politische Kommunikation widerspricht es zweitens dem von der politischen Konkurrenz konstruierten öffentlichen Image.

Ähnliche ironische Strategien lassen sich auch bei Karl Lauterbachs Auftritten in Satiresendungen beobachten. Ein Beispiel dafür ist die Folge der *heute-show* vom 29. Oktober 2021 kurz nach der Konstituierung des 20. Deutschen Bundestags. In einem Einspieler begleitete der Comedian Fabian Köster die junge, neu gewählte SPD-Abgeordnete Annika Klose durch das Reichstagsgebäude und bat erfahrene Politiker:innen um Tipps für den Nachwuchs. Von Karl Lauterbach erhielt Klose folgenden Ratschlag: »Hier schwimmt man mit dem Strom. Also in der Sache begründete Kritik: ganz sparsam, wenn überhaupt. Gerade in den ersten Jahren.« Und auf die Ideale angesprochen, die sich im Gegensatz zur »Olaf-Scholz-Linie« befänden, erwidert er: »Ich kenne niemanden – [an Annika Klose gerichtet:] und jetzt musst Du zuschauen, wie das geht – ich kenne niemanden, der mehr Ideale hat als Olaf Scholz. Olaf Scholz, das sind Ideale auf Beinen.«

Das ist nicht einfach rhetorische Ironie, nicht bloße Polemik, die qua Inversion Olaf Scholz als Politiker ohne Ideale bloßstellen würde. Die Überaffirmation problematisiert viel eher den Begriff des politischen Ideals als Wert an sich und ironisiert den politischen Sprechakt. Sogar der Ratschlag, auf Sachkritik möglichst zu verzichten, ist ein selbstironischer Kommentar

38 https://x.com/Ricarda_Lang/status/1830925258754285743 [27. 3. 2025].

über Lauterbachs eigene Stellung in der SPD. Die Aussage spielt darauf an, dass seine anstehende Ernennung zum Gesundheitsminister auch deswegen innerparteilich umstritten war, weil er zur Corona-Zeit mehrfach öffentlich Kritik an der Gesundheitspolitik der Großen Koalition geäußert hatte. Kösters abschließende Erwiderung: »Man merkt, Karl Lauterbach ist für den Humor in der *heute-show* verantwortlich«,[39] ist ein ziemlich treffendes Resümee.

Für den Politiker Karl Lauterbach erfüllte der ironische Auftritt eine klar erkennbare Funktion: Er stellte ein Gegengewicht zu seiner medizinischen Expertise dar, mit der er während der Corona-Pandemie vielfach in der Öffentlichkeit auftrat. So entstand ein öffentliches Image, das Lauterbach zwar nicht unbedingt nahbarer, aber doch zumindest komplexer erscheinen ließ als das Bild des mahnenden Arztes in der Politik. Der gelungene Einsatz von Ironie ermöglichte es ihm also, im Amt ernst genommen zu werden, ohne in der starren Rolle des Amtsträgers zu verharren.

Komische Amtsmenschen

Der Karnevalismus und die Ironie haben miteinander verwandte Wirkweisen, da beide Techniken den politischen Kommunikationsrahmen modifizieren. Der Karnevalismus organisiert einen zeitlichen Wechsel zwischen politischem und karnevalistischem Rahmen, während die Ironie die situative Zuordnung einer Kommunikation unterbestimmt lässt.

Die karnevalistische Inversion von Politiker:innen scheitert dabei letztlich immer daran, dass sich politische und karnevalistische Rolle unter den Bedingungen einer medialen Öffentlichkeit nicht konsequent voneinander trennen lassen. Im Moment seiner medialen Verbreitung verlässt der Spaß unweigerlich den karnevalistischen Rahmen und wird als politische Äußerung gelesen. Die Ironie hat demgegenüber den Vorteil, dass sie gar nicht erst versucht, scharf zwischen zwei kommunikativen Rahmen zu trennen. Das stellt sie zwar immer noch vor das Problem, potenziell den politischen Rahmen zu verletzen – wie Steinbrücks Foto –, aber es gibt ihr auch die Freiheit, flexibel auf Rahmenwechsel zu reagieren und sich damit der gegenwärtigen Medienkultur anzupassen.

Der vielgehörte Ratschlag, in der politischen Kommunikation auf Ironie möglichst zu verzichten, wird daher einer gegenwärtigen, sehr viel dynamischer gewordenen Medienrealität nicht mehr gerecht. Ein solcher Ratschlag rechnet immer noch mit einem im Geiste Max Webers scharf abgrenzbaren und für eine gewisse Zeitspanne kohärenten politischen Rahmen von Amts-

39 https://youtu.be/WEDvEpJ07EI?t=179 [27. 3. 2025]. Ich danke Julian Müller für den Hinweis auf diesen Auftritt.

personen, der so nicht mehr verlässlich gegeben ist. Politiker:innen müssen ständig mit unerwarteten situativen Rahmenbrüchen rechnen, die mit einer Fernsehkamera oder mit einem Smartphone aufgezeichnet und im Internet verbreitet werden.

Verglichen mit Max Webers Herrschaftstypologie scheint der Ernst der Amtspersonen dabei in gewissem Sinne die Seiten gewechselt zu haben: Konnte Weber noch den emotionslosen Amtsinhaber als Verkörperung rationaler, demokratischer Herrschaft begreifen und den Humor im Amt eher der charismatischen Herrschaft zurechnen, sind heute tendenziell die rational verfahrenden Demokrat:innen ironisch,[40] während die Autokrat:innen, die sich auf ihr Charisma verlassen, entweder mit autoritärem Ernst auftreten oder im Feld des Komischen auf Zynismus, Provokation und höhnisches Verlachen setzen. Das hat auch Konsequenzen für ein zeitgemäßes Amtsverständnis: Politiker:innen können unter den veränderten medialen Bedingungen nicht immer streng sachlich auftreten, sie müssen sich hier und da ironiefähig zeigen und in diesen Momenten ihre Rolle als Amtsträger:in ein Stück weit auflösen.

Der Preis einer ironischen politischen Kommunikation ist dabei nicht nur ihre programmatische Unverständlichkeit[41] oder eine mögliche Verletzung gesellschaftlicher Tabus, sie ist darüber hinaus gerade in Krisenzeiten besonders angreifbar. So wurde schon nach den Terroranschlägen vom 11. September 2001 das Ende des *Age of Irony* proklamiert.[42] Seither finden sich Ironiker:innen regelmäßig dem Vorwurf ausgesetzt, den Ernst der politischen Lage im Zeitalter der Polykrise zu verkennen.[43]

Wenn ironische Kommunikation jedoch trotz dieser Schwierigkeiten und Einwände gelingt, erscheinen Politiker:innen als humorvolle Amtsmenschen, die mehr sind als ihre politische Rolle. Damit reiht sich die Ironie ein in gegenwärtig zu beobachtende Darstellungstechniken von Amtspersonen, wie beispielsweise die Inszenierung des Privaten, den Verweis auf das biografische Erlebnis oder die Zurschaustellung persönlicher Vulnera-

40 Zur ironischen Verfasstheit demokratischer Macht- und Repräsentationsstrukturen vgl. Christoph Menke, »Von der Ironie der Politik zur Politik der Ironie. Eine Notiz zum Prozess liberaler Demokratie«, in: Thorsten Bonacker / André Brodocz / Thomas Noetzel (Hg.), *Die Ironie der Politik*. Über die Konstruktion politischer Wirklichkeiten, Frankfurt am Main / New York 2003, S. 19–33.

41 Der *locus classicus* dazu: Friedrich Schlegel, »Über die Unverständlichkeit«, in: ders., *Charakteristiken und Kritiken 1*, S. 363–372; dort übrigens schon mit dem politischen Argument, dass »das Heil der Familien und der Nationen« auf der Unverständlichkeit beruhe, S. 370.

42 Roger Rosenblatt, »The Age of Irony Comes to an End«, in: *Time Magazine*, 24. 9. 2001, S. 79; online unter: https://time.com/archive/6664896/the-age-of-irony-comes-to-an-end/ [27. 3. 2025].

43 Nach dem russischen Überfall auf die Ukraine im Jahr 2022 resümierten die Herausgeber eines Themenheftes mit dem Titel *Ironiefreie Zone*: »*Irony* ist wieder einmal *over*« – und schlugen damit selbst einen ironischen Ton an. Jens Hacke / Stephan Schlak, »Zum Thema«, in: *Zeitschrift für Ideengeschichte* 16 (2022), 4, S. 4.

bilität.[44] Im Vergleich zu diesen Techniken ist es in demokratietheoretischer Hinsicht eine Stärke der Ironie, dass sie nicht den Versuch unternimmt, den authentischen Menschen hinter der Amtsmaske hervortreten zu lassen. Sie hebt die Amtsfigur vielmehr aus dem professionellen Rahmen, ohne sie in ein Näheverhältnis zu bringen. Im besten Fall gelingt ihr auf diese paradoxe Weise ein gleichzeitiger Distanzabbau und -aufbau. Weil sie in diesen Fällen ein Spiel mit der Rolle ermöglicht, ohne das Amt zu schwächen, kann sie in der gegenwärtigen Medienkultur für demokratische Gesellschaften womöglich mehr leisten, als man ihr in der Vergangenheit zugetraut hat.

Christian Kirchmeier ist Professor für
Neuere deutsche Literaturwissenschaft an der Universität Bremen.
christian.kirchmeier@uni-bremen.de

44 Vgl. dazu Julian Müller / Astrid Séville, »Menschen im Amt. Verletzbarkeit in der politischen Kommunikation der Gegenwart«, in: *Zeitschrift für Soziologie* 54 (2025), 1, S. 47–62.

Tobias Lappy

Stellvertretung jenseits von Amt und Mandat

Zum Graubereich politischer Repräsentation

In England besuchen Reporter des *Guardian* im August 2013 die alleinerziehende Mutter Jack Monroe und filmen sie dabei, wie sie in ihrer Küche mit einfachen Zutaten vegetarische Burger zubereitet. Währenddessen erzählt Monroe von ihrer erfolglosen Jobsuche und von der Herausforderung, ohne Einkommen bezahlbares Essen für sich und ihren zweijährigen Sohn auf den Tisch zu stellen. Zu diesem Zeitpunkt hatte Monroe bereits eine unerwartete Medienkarriere hinter sich. Im Juli 2012 wurde ihr Blogeintrag »Hunger Hurts« über ihre Armutserfahrungen zu einem viralen Phänomen. Am 3. Juni 2013 wurde sie sogar ins britische Unterhaus eingeladen, um dort eine Rede über ihre prekäre Situation zu halten. Dabei forderte sie unter anderem eine Neuorganisation der Wohnungsbeihilfen und eine Anhebung des britischen Mindestlohns.

In Deutschland sitzt Alexander Jorde, ein Auszubildender in der Pflege, im September 2017 im Publikum der ARD-Wahlarena und konfrontiert die seinerzeit amtierende Bundeskanzlerin Angela Merkel mit den Auswirkungen des Pflegenotstands, die er als Pfleger tagtäglich erlebt. Nachdem sein Wortwechsel mit der Kanzlerin viral ging, war er in der Folgezeit in verschiedenen Fernsehformaten präsent. Im April 2018 wurde er als Einzelsachverständiger neben einer Professorin für Pflegewissenschaft und einem Pflegedirektor in den Gesundheitsausschuss des Deutschen Bundestags eingeladen. Dort äußerte er sich zu den Personaluntergrenzen im deutschen Gesundheitswesen.

Weder Monroe noch Jorde waren ursprünglich parteipolitisch engagiert, auch hatte keiner von beiden ein politisches Amt inne. Und doch finden sich beide schon kurze Zeit nach ihrer medialen Entdeckung in Situationen und Räumen wieder, in denen sie stellvertretend für andere agieren – Armutsbetroffene hier, Pflegende und Gepflegte da – und dabei auf ähnliche Weise auftreten wie politische Mandats- oder Amtsträger. Beide Fälle stehen exemplarisch für eine diffuse, uneindeutige Form politischer Repräsentation, in der die klassischen Unterscheidungen zwischen Darstellung und Vertretung, zwischen dem Sprechen *von* persönlichen Erfahrungen und dem Sprechen *für* andere, zunehmend verwischen.

Monroes und Jordes Fälle sind deswegen signifikant, weil sie gewissermaßen das Pendant zu den Selbstinszenierungen von politischen Amtsinhabern als nahbare Menschen bilden. Während Mandatsträger wie Robert Habeck versuchen, den Menschen hinter dem Amt sichtbar zu machen – etwa durch die Mitteilung persönlicher Gedanken und Gewissensbisse[1] –, stehen Monroe und Jorde für eine Form der Kommunikation, die als ebenso authentisch wie repräsentativ wahrgenommen wird. An diesen beiden Fällen möchte ich im Folgenden exemplarisch untersuchen, wie die Grenzen politischer Repräsentation sowohl durch neue Authentizitätserwartungen an Amts- und Mandatsträger als auch durch neue Möglichkeiten der Selbstdarstellung seitens der Repräsentierten diffus werden und verschwimmen. Ausgehend von einer kurzen Problematisierung von Repräsentation als Form der Darstellung und Vertretung wende ich mich in einem zweiten Schritt der Akklamation als einem spezifischen Modus der Delegation zu. Daran anschließend diskutiere ich zunächst die Bedeutung der glaubwürdigen Kommunikation persönlicher menschlicher Erfahrung als Türöffner für den Zugang ins politische Feld, um diese abschließend in ihren Konsequenzen für die politische Repräsentation kritisch zu reflektieren.

Repräsentation zwischen Darstellung und Vertretung

In der politischen Theorie wird gemeinhin zwischen Repräsentation als Darstellung und als Vertretung unterschieden. Darstellung meint dabei eine ästhetische Form der Repräsentation, bei der ein bestimmtes Bild von politischer oder gesellschaftlicher Realität erzeugt und vermittelt wird. Repräsentation als Vertretung bezieht sich hingegen auf die politische Organisation gesellschaftlicher Gruppen durch einen Akteur, der für diese Gruppe spricht und sie politisch handlungsfähig macht.

In der politischen Praxis treten beide Formen häufig gemeinsam auf. So inszenieren sich die Anwärter auf ein repräsentatives Amt im Wahlkampf mittels *representative claims* als ideale Vertreter eines Elektorats, indem sie sich und dem Publikum bestimmte Eigenschaften zuschreiben, auf deren Grundlage sie ihren Vertretungsanspruch rechtfertigen.[2] Hier zeigt sich die enge Verbindung zwischen Darstellung und Vertretung: Welches Bild einer gesellschaftlichen Realität gezeichnet wird, hat Einfluss auf die Erwartungen, die sich an die politischen Vertreter richten. Demzufolge wird politische Repräsentation von Akteuren beansprucht und eingefordert, die über

1 Christian Kirchmeier, »Das neue Schauspiel der Politik«, in: *Forschung und Lehre*, 16. 7. 2022; online unter https://www.forschung-und-lehre.de/zeitfragen/das-neue-schauspiel-der-politik-4864 [27. 4. 2025]; Julian Müller / Astrid Séville, »Paradoxe Kopplungen. Die Wertekommunikation von Bündnis 90/Die Grünen als Ansprache und Fürsprache einer neuen Mittelklasse«, in: *Leviathan*. Berliner Zeitschrift für Sozialwissenschaft 50 (2022), 1, S. 90–117.

2 Michael Saward, *The Representative Claim*, Oxford u. a. 2010.

Fähigkeiten und Mittel verfügen, sich selbst als möglichst attraktive politische Vertreter zu inszenieren. Besonders Menschen mit schwach organisierten Interessen und nur geringem ökonomischen, kulturellen, sozialen und symbolischen Kapital sind dieser Vorstellung zufolge auf Vertreter angewiesen, die für sie sprechen und sie damit politisch handlungsfähig machen.[3]

Entgegen diesem etablierten Verständnis von politischer Repräsentation stehen die Fälle von Jack Monroe und Alexander Jorde für eine andere Form politischer Vertretung, die sich außerhalb institutioneller Kontexte und somit ohne Amt vollzieht. Im Gegensatz zu Parteipolitikern standen der alleinerziehenden Mutter Jack Monroe und dem einfachen Auszubildenden Alexander Jorde zu Beginn ihrer politischen Karriere kaum Machtressourcen zur Verfügung, mit denen sie einen Anspruch auf politische Vertretung hätten durchsetzen können.

Dennoch gelingt es beiden, binnen kurzer Zeit in Räume und Positionen vorzustoßen, in denen sie politisch Einfluss nehmen können. Nachdem ihr Blogeintrag viral gegangen ist und sie buchstäblich über Nacht bekannt gemacht hat, wird Monroe zunächst ins britische Unterhaus eingeladen. Anschließend besucht sie im Rahmen der Kampagne *Enough Food IF* den G8-Gipfel in Nordirland, wird für den Oxfam-Bericht zur Lage der Tafeln interviewt, gibt Auskunft im Work and Pensions Committee zu besonders von Armut gefährdeten gesellschaftlichen Gruppen und entwickelt in Absprache mit statistischen Ämtern einen Preisindex, der die Teuerungsrate für besonders einkommensschwache Menschen besser abbilden soll. Außerdem gelingt es ihr, die britische Supermarktkette ASDA zu einer Wiedereinführung besonders günstiger Eigenmarken zu bewegen.[4]

Ähnlich ergeht es Alexander Jorde nach seinem viralen Auftritt in der ARD-Wahlarena. Er bekommt nicht nur Gelegenheit, sich als Sachverständiger im Gesundheitsausschuss des Bundestages zu äußern, sondern absolviert in der Folgezeit zahlreiche weitere öffentliche Auftritte. In Zeitungsbeiträgen, Talkshows und Gesprächsformaten mit Politikern benennt er Missstände im Pflegewesen und formuliert Reformvorschläge, die er schließlich

3 Pierre Bourdieu, »Delegation und politischer Fetischismus«, in: ders., *Politik. Schriften zur Politischen Ökonomie 2*, hrsg. von Franz Schultheis / Stephan Egger, übers. von Roswitha Schmid, Hella Beister, Eva Kessler, Jörg Ohnacker, Achim Russer und Bernd Schwibs, Berlin 2013, S. 23–42, hier S. 26–35.

4 Jack Monroe, »How Blogging about My £10 a Week Food Shop Helped Me Cope with Life«, in: *The Observer*, 20. 7. 2013; online unter: https://www.theguardian.com/lifeandstyle/2013/jul/20/10-pound-food-shop-blog [27. 4. 2025]; ASDA (Hg.), »Asda to Introduce Full Smart Price Value Range in All Food Stores and Online«, 7. 2. 2022; online unter: https://corporate.asda.com/newsroom/2022/02/07/asda-to-introduce-full-smart-price-value-range-in-all-food-stores-and-online [27. 4. 2025]; Jack Monroe, »We're Pricing the Poor out of Food in the UK. That's Why I'm Launching My Own Price Index«, in: *The Observer*, 22. 1. 2022; online unter: https://www.theguardian.com/society/2022/jan/22/were-pricing-the-poor-out-of-food-in-the-uk-thats-why-im-launching-my-own-price-index [27. 4. 2025].

in einem Buch noch präziser ausarbeitet.[5] Ohne selbst aktiv ein Mandat beansprucht zu haben, finden sich Monroe und Jorde also in Positionen wieder, in denen sie – ähnlich wie politische Vertreter – die Interessen bestimmter Bevölkerungsgruppen artikulieren und sich für deren Durchsetzung engagieren. Dabei stehen ihnen zwar nicht die institutionellen Instrumente und Kompetenzen zum Treffen kollektiv verbindlicher Entscheidungen zur Verfügung, als prominente politische Aktivisten mit einer großen Anzahl an Followern in den Sozialen Medien erzeugen ihre Interventionen dennoch öffentliche Resonanz. Im Vergleich zu einfachen Bürgerinnen und Bürgern verfügen sie über eine privilegierte Sprecherposition, die es ihnen ermöglicht, Einfluss auf wichtige gesellschaftliche Akteure auszuüben.

Auffällig ist, dass dabei die Grenzen zwischen Darstellung und Vertretung verschwimmen. Weder Monroe noch Jorde waren ursprünglich in der Lage, politisches Agenda-Setting zu betreiben. Ihre Möglichkeiten zur politischen Einflussnahme speisen sich aus der erfolgreichen öffentlichen Popularisierung der Darstellung ihrer persönlichen Erfahrungen. Das zeigt sich exemplarisch an Monroes bereits eingangs erwähntem viralen Blogeintrag mit dem Titel »Hunger Hurts«. Monroe schildert darin eindrücklich das Gefühl, arm zu sein, und artikuliert ihre Kritik am Unverständnis distanzierter und abgehobener politischer Amtsträger:

> Poverty isn't just having no heating, or not quite enough food, or unplugging your fridge and turning your hot water off. It's not a tourism trade, it's not cool, and it's not something that MPs on a salary of £ 65 k a year plus expenses can understand, let alone our PM who states that we're all in this together. Poverty is the sinking feeling when your small boy finishes his one weetabix and says »more mummy, bread and jam please mummy« as you're wondering whether to take the TV or the guitar to the pawn shop first, and how to tell him that there is no bread or jam.[6]

In dem Blogeintrag, der auch ein zentrales Element von Monroes anschließender Rede im Parlament bildet,[7] steht gerade die authentische Darstellung ihrer ganz persönlichen Erfahrungen im Mittelpunkt. Ähnlich einem Tagebuch versteht Monroe ihren Blog als eine Form der Selbsttherapie zur Be-

5 Alexander Jorde, *Kranke Pflege.* Gemeinsam aus dem Notstand, Stuttgart 2019.

6 Jack Monroe, »Hunger Hurts (July 2012)«, in: dies., *Cooking on a Bootstrap,* 30. 6. 2012; online unter: https://oursouthend.wordpress.com/2012/07/30/hunger-hurts/ [27. 4. 2025].

7 Jack Monroe, »›We Need to Stop Just Pulling People Out of the River‹ – Jack Monroe in the Houses of Parliament, 3 June 2013«, in: dies., *Cooking on a Bootstrap,* 4. 6. 2013; online unter: https://oursouthend.wordpress.com/2013/06/04/we-need-to-stop-just-pulling-people-out-of-the-river-jack-monroe-in-the-houses-of-parliament-3-june-2013/ [27. 4. 2025].

wältigung ihrer schwierigen persönlichen Situation.[8] In Form intimer Einblicke in ihren privaten Alltag präsentiert der Blog Monroes subjektive Weltsicht, ohne dass sie sich aktiv als politische Vertreterin positioniert.

Die Darstellung des eigenen Erlebens steht auch im Zentrum von Jordes wütender Frage an die damalige Bundeskanzlerin Angela Merkel in der ARD-Wahlarena 2017:

> Jetzt habe ich es ein Jahr ungefähr, ein bisschen mehr ist es schon jetzt, im Krankenhaus und Altenheimen erlebt, dass diese Würde tagtäglich in Deutschland tausendfach verletzt wird. Und ich finde, das ist ein Zustand, der ist nicht haltbar. Es gibt Menschen, die liegen stundenlang in ihren Ausscheidungen. [...] Im CDU-Wahlprogramm steht drin: Keiner muss sich Sorgen machen um seine Pflege in Deutschland. Das läuft so alles nach dem Motto. Aber das ist nicht so. Das ist absolut nicht so. Es gibt Schichten, da ist man mit 20 Patienten pro Pflegekraft. Und das kann nicht sein. Warum führen Sie nicht endlich eine Quote ein, wo man sagen kann, sag ich mal: Eine Pflegekraft betreut maximal so und so viele Patienten?[9]

Wie Monroe spricht auch Jorde in erster Linie von seinen persönlichen Erfahrungen. Die öffentliche Reaktion fokussiert sich im Anschluss auf seine Ausführungen zur Situation in Krankenhäusern und Pflegeeinrichtungen, in Interviewanfragen werden von Jorde immer wieder möglichst dramatische Erzählungen aus dem Pflegealltag eingefordert.[10] Aufgrund seiner durch eigene Anschauung beglaubigten Kenntnis des Pflegenotstands wird Jorde gleichzeitig ein Status zuteil, der ihn nicht nur *von* der Pflege, sondern *für* die Pflege sprechen lässt. Dabei betont Jorde ausdrücklich, seine neugewonnene Prominenz lediglich dafür nutzen zu wollen, mehr Aufmerksamkeit auf das Thema Pflege zu lenken, und nicht dazu, sich selbst als politischer Vertreter für das deutsche Pflegewesen zu profilieren.[11] In Monroes und Jordes Beiträgen geht es also in erster Linie um eine möglichst authentische, differenzierte und eindrückliche Darstellung von Status- und Berufserfahrungen. Das wirft eine grundsätzliche Frage auf: Kann man etwas darstellen, ohne es auch gleichzeitig zu vertreten?[12]

8 Tim Adams, »Jack Monroe. ›I'm a Lefty, Liberal, Lezzer Cook‹«, in: *The Observer*, 16. 2. 2014; online unter: https://www.theguardian.com/lifeandstyle/2014/feb/16/jack-monroe-cook-girl-called-jack-interview [27. 4. 2025].

9 Tagesschau (Hg.), »ARD-Wahlarena: Frage an Merkel zur Pflege«, in: *YouTube*, 12. 9. 2017; online unter: https://www.youtube.com/watch?v=WClqdJSgsok [27. 4. 2025].

10 Jorde, *Kranke Pflege*, S. 17–21.

11 Ebd., S. 20 f.

12 Für eine grundlegende Diskussion dieser Frage siehe Thomás Zicman de Barros, »›Not all Claims Are Representative Claims‹. Constructing ›The People‹ in Post-Representative Movements«, in: *Representation* 57 (2021), 4, S. 515–530; sowie Lasse Thomassen, »All Claims Are Representative Claims. Response to Thomás Zicman de Barros«, in: *Representation* 58 (2022), 2, S. 311–318.

Schließlich impliziert die bloße Mitteilung persönlicher Erfahrungen nicht zwingend einen Anspruch des (oder der) Sprechenden auf Repräsentativität, geschweige denn auf politische Vertretung für andere Betroffene. Weder Jack Monroe noch Alexander Jorde hatten ursprünglich die mediale Reichweite oder das politische Gewicht, um mit ihrer Meinung einen ernst zu nehmenden Anspruch auf politische Vertretung beanspruchen zu können. Das unterscheidet sie von Angehörigen der politischen oder intellektuellen Eliten, deren Erzählungen von persönlichen Erfahrungen stets Teil ihrer Inszenierung als repräsentative Personen des politischen beziehungsweise öffentlichen Lebens sind. Natürlich konstituiert die diskursive Macht, die Monroes und Jordes Realitätsdarstellungen innewohnt, eine Problem- und Weltwahrnehmung mit daraus folgenden Handlungsmöglichkeiten.[13] Monroes Popularität zeichnete ein Bild moderner Armut, in die man trotz persönlicher Leistungsbereitschaft geraten kann,[14] während Jorde in seinen verschiedenen Auftritten die alltäglichen Herausforderungen des Pflegeberufs darstellt, aus denen sich die Forderung nach bestimmten Reformen ergeben. Aber beiden wurde diese diskursive Macht und der mit ihr verbundene Einfluss erst durch die große mediale Resonanz auf ihre öffentlichen Äußerungen zuteil. Hier zeichnet sich ab, dass nicht nur die Grenzen zwischen Darstellung und Vertretung diffus werden, sondern auch der Prozess politischer Repräsentation selbst.

Vertretung durch Akklamation – die Inversion politischer Repräsentation?

Politische Repräsentation im herkömmlichen Sinne setzt voraus, dass einer Person die Macht übertragen wird, im Namen anderer zu sprechen und zu handeln. Ein solcher Akt der Delegation ist in der repräsentativen Demokratie stets an die Einhaltung bestimmter Verfahren und Regeln gebunden, die zusammen mit der Legalität der Machtübertragung auch die Legitimität von deren Ausübung sicherstellen sollen. Gleichwohl wohnt der politischen Vertretung unweigerlich auch immer ein Moment der Selbstermächtigung inne: Ohne jemanden, der bereit ist, stellvertretend für andere zu sprechen und zu handeln und sich damit in gewisser Weise über die Gruppe derjenigen zu erheben, die er vertritt, kann diese Gruppe nicht als politisches Sub-

13 Sean W. D. Gray / Mark E. Warren, »What Kind of Power Can Citizens Exercise beyond the State? Globalizing Democracy through Representative Claim-making«, in: *International Theory* 16 (2024), 3, S. 382–409, hier S. 388; online unter: https://doi.g/10.1017/S175297192400006X [27. 4. 2025].

14 Katrin Bennhold, »From Hunger to Fame, with a Shoestring Menu«, in: *New York Times*, 14. 1. 2014; online unter: https://www.nytimes.com/2014/01/15/world/europe/jack-monroe-has-become-britains-austerity-celebrity.html [27. 4. 2025].

jekt existieren. Damit zeigt sich ein inhärentes Machtungleichgewicht im Prozess der Repräsentation: Die Repräsentierten können lediglich auf das Bild reagieren, das ein Repräsentant von ihnen und sich selbst zeichnet. Die Delegation kann also nur dort stattfinden, wo es auch jemanden gibt, der bereit ist, sie auszuüben. Deshalb spielen dort, wo die Delegation politischer Macht – wie in der repräsentativen Demokratie – auf Wahl und damit auf freiwilliger Zustimmung beruht, nicht selten gesellschaftlicher Status oder bereits vorhandener politischer Einfluss eine wichtige Rolle: So sind es für gewöhnlich Berufspolitiker und Amtsträger, die sich geschickt zu inszenieren wissen, oder Personen des öffentlichen Lebens, die ihre Bekanntheit politisch wirkmächtig instrumentalisieren und sich damit als unabdingliche politische Vertreter für eine bestimmte Gruppe präsentieren.[15]

Der Aufstieg der digitalen Medien hat das eingespielte Machtungleichgewicht zwischen den Repräsentanten und ihrem Publikum in den zurückliegenden Jahren auf zweifache Weise verschoben: Erstens dadurch, dass Menschen, die früher auf Vertreter angewiesen waren, um ein größeres Publikum zu erreichen, jetzt selbst als politische Subjekte auftreten und Kanäle mit potenziell großer Reichweite für die Artikulation ihrer Interessen nutzen können. Monroes Blog zeigt geradezu exemplarisch, wie die digitalen Medien die Sprecher- beziehungsweise Autorenposition demokratisieren.[16] Zweitens reagiert das auf diese Weise adressierte Publikum nicht mehr nur rezeptiv, sondern ist mittels entsprechender Funktionen wie Liken und Teilen selbst in der Lage, die Öffentlichkeit und Sichtbarkeit von Beiträgen zu vergrößern und damit für entsprechende Resonanz zu sorgen. Die digitalen Medien ermöglichen es den Zuschauern mittels der »means of publicity«[17] also, selbst Einfluss auf die Erscheinungsform und den Erfolg von Akteuren zu nehmen und bislang kaum bekannte Personen binnen kurzer Zeit bekannt zu machen und in den Fokus der (politischen) Öffentlichkeit zu rücken.

Hier zeigt sich ein plebiszitäres Element politischer Repräsentation. War die (lautstarke) öffentliche Reaktion historisch betrachtet vor allem ein Verfahren, das charismatische politische Verantwortungsträger zur öffentlichen Inszenierung und zur Zustimmung ihrer Machtausübung nutzten,[18] so zeigen die Fälle von Monroe und Jorde, dass in der Gegenwart auch bis dahin

15 Bourdieu, »Delegation und politischer Fetischismus«, S. 30–33; Saward, *The Representative Claim*.

16 Jürgen Habermas, »Überlegungen und Hypothesen zu einem erneuten Strukturwandel der politischen Öffentlichkeit«, in: Martin Seeliger / Sebastian Sevignani (Hg.), *Ein neuer Strukturwandel der Öffentlichkeit?* (= Sonderband 37 des *Leviathan*), Baden-Baden 2021, S. 470–500, hier S. 487.

17 Jeffrey E. Green, *The Eyes of the People*. Democracy in an Age of Spectatorship, Oxford 2010, S. 129.

18 Nadia Urbinati, *Democracy Disfigured*. Opinion, Truth, and the People, Cambridge, MA 2014, S. 171–193.

Politiker:innen sehen sich mit vielen, mitunter auch widersprüchlichen Erwartungen konfrontiert. Das Publikum wünscht einerseits Sachlichkeit und Nüchternheit, verlangt aber andererseits Unbefangenheit und Nähe. Wer dem Volk zuprostet, lässt die Bereitschaft zur geselligen Vergemeinschaftung erkennen, die Unterschiede und Hierarchien wenigstens für den Augenblick einebnet. Das wird geschätzt. Ein Glas Milch drückt Anerkennung für die heimische Landwirtschaft aus. Auf freudige Nachrichten wird angestoßen – wie auf Geburtstags- oder Betriebsfeiern auch. Der Redner, der im Festzelt mit dem Bier in der Hand spricht, gibt zu verstehen, dass er einer ist wie alle. Doch Vorsicht! Der volle Terminkalender und das Leben unter öffentlicher Dauerbeobachtung lassen keinen Raum für Abstürze oder Ausfalltage. Zurückhaltung ist das Gebot der Stunde: Leidenschaft beim Anstoßen, aber Augenmaß beim Trinken. Geschichten von der Trinkfestigkeit eines Bismarck, Strauß oder Brandt erzählt man in einem Land, in dem immer seltener gezecht wird, am besten beim Mineralwasser.

Zum Wohl!

weitgehend unbekannte Personen per digitaler Akklamation in eine Position politischer Vertretung gelangen können, auch wenn sie eine solche gar nicht angestrebt haben. Drückte Akklamation in der Geschichte der (repräsentativen) Demokratie mehr oder weniger spontane und enthusiastische Zustimmung zu politischen Amtsträgern aus,[19] bringt die zeitgenössische Variante des Internet-Hypes Menschen durch massenhaft geäußerte Sympathiebekundungen im Netz in eine Position, die ihren Äußerungen ein zuvor nicht vorhandenes politisches Gewicht verleiht.

In diesem Falle ist es nicht der Repräsentant, der sich über das Publikum stellt und sich seine herausgehobene Position von diesem bestätigen lässt, sondern es ist das Publikum, das durch sein spontanes und unkoordiniertes Handeln einer Person eine repräsentative Funktion anträgt. Die öffentliche Akklamation bewirkt eine Statusänderung, die sich daran ablesen lässt, dass sowohl Monroe als auch Jorde fortan mit der öffentlichen Erwartung konfrontiert werden, sich zu den Belangen einkommensschwacher Menschen respektive dem Gesundheitswesen zu äußern. Die Akklamation bewirkt somit eine Verschiebung von Repräsentation als bloßer Darstellung einer persönlich erlebten Realität hin zum Sprechen und Handeln für eine von dieser Realität betroffene Gruppe, also zur Vertretung. Dass die digitale Akklamation nicht folgenlos bleibt, sondern neue Tatsachen schafft, lässt sich daran ablesen, dass Monroe und Jorde aufgrund ihres veränderten Status Zugang zu vorher verschlossenen Räumen des Aushandelns kollektiv verbindlicher Entscheidungen erlangen und infolge ihrer plötzlich erlangten Popularität Handlungen vollziehen können, die ihnen sonst unmöglich gewesen wären.[20] Die Macht solcher Akklamationen zeigt sich besonders stark im Falle Monroes: Im Gegensatz zu Jorde, der in einem dezidiert politischen, öffentlich ausgestrahlten Format auftrat, war die Publikumsreaktion unmittelbar notwendig, um ihrem bis dahin kaum bekannten Blog öffentliche Sichtbarkeit zu garantieren.

Der Prozess dieser Art von Delegation via digitaler Akklamation ist durch verschiedene Stufen mediiert: Dem Hype und der öffentlichen Popularität folgt eine gezielte Ansprache und Weiterverbreitung durch die klassischen Medien, die Monroe und Jorde als Gesichter moderner Armut respektive des Pflegenotstands inszenieren und ihre Repräsentativität durch Einladungen in Talkshows oder im Rahmen von Interviews und Reportagen steigern. Zusätzlich verstärken Einladungen politischer Institutionen an Monroe und

19 Olivier Ihl, »Un autre représentation. Sur les pratiques d'acclamation dans la France de la Seconde à la Troisième République«, in: *Revue française de science politique* 65 (2015), 3, S. 1–24.

20 John R. Searle, *Die Konstruktion der gesellschaftlichen Wirklichkeit.* Zur Ontologie sozialer Tatsachen [1995], übers. von Martin Suhr, Berlin 2011, S. 109.

Jorde deren Außenwirkung als legitime politische Vertreter.[21] Getragen von der breiten Zustimmung und vom Ausmaß der öffentlichen Reaktion erscheinen beide als Akteure, die nicht mehr nur für sich, sondern für eine Allgemeinheit sprechen und damit Repräsentativität für sich beanspruchen können.

Daraus entsteht eine uneindeutige Sprecherrolle: Einerseits sprechen Monroe und Jorde jeweils für sich selbst und beglaubigen ihre Darstellungen gerade durch den subjektiven Charakter ihrer Erfahrungen als authentisch; andererseits erlangen sie durch die öffentliche Zustimmung eine privilegierte Position, die ihren Äußerungen potenziell einen allgemeinen, repräsentativen Charakter verleiht. Deutlich wird dieser Effekt *ex negativo* anhand von Jordes Skepsis gegenüber der öffentlichen Erwartungshaltung an ihn als Vertreter der Pflegebranche.[22] In diesem Sinne beschreibt die einseitige öffentliche Akklamation einen Prozess, in dem Repräsentation weniger eine Frage der aktiven Beanspruchung durch (politische) Akteure ist als vielmehr eine Folge der öffentlichen Zuschreibung und Erwartung seitens des Publikums.[23] Die digitale Akklamation erlaubt es den derart herausgehobenen Personen sodann, gestützt auf ihr persönliches Erleben Forderungen und Ansprüche zu artikulieren, die gar nicht zwingend politisch begründet werden müssen, solange sie glaubhaft über die eigene Biografie abgesichert sind.

Damit deutet sich eine Inversion politischer Repräsentation an, wird doch ihr elitäres Element durch die hier beschriebene Praxis der Akklamation gewissermaßen auf den Kopf gestellt. Den Status der Fürsprache beanspruchen weder Monroe noch Jorde für sich – es ist das Publikum, das ihnen einseitig diesen Status verleiht und sie damit zu potenziellen Repräsentanten macht. Es sind nicht Angehörige der politischen Elite, die dem Publikum mit der eigenen Person ein Identifikationsangebot machen, sondern es ist das Faktum der unvorhergesehenen kollektiven Zustimmung, das bis dahin unbekannten Akteuren, die zuvor nur glaubwürdig für sich selbst sprechen konnten, plötzlich die Position eines politischen Vertreters zuweist. Diese Form der spontanen, nicht gesteuerten Delegation ist kein Ergebnis öffentlicher Einforderung, sondern das Resultat einer aus freien Stücken erfolgten Zustimmung des Publikums. Oder noch einmal anders

21 Für eine detaillierte Diskussion der Herstellung von Repräsentativität in den Sozialen Medien siehe Tobias Lappy, »Accidental Representation. The Reconfiguration of Representation through Social Media«, in: *Representation* 61 (2025), 1, S. 1–18.

22 Niclas Seydack, »›Nirgends lernt man so viel über Menschen wie in der Pflege‹«, in: *Süddeutsche Zeitung*, 2. 9. 2018; online unter: https://www.sueddeutsche.de/gesundheit/pfleger-alexander-jorde-nirgends-lernt-man-so-viel-ueber-menschen-wie-in-der-pflege-1.4113902?reduced=true [27. 4. 2025].

23 Für eine systematisierende Analyse von Publikumsreaktionen auf informelle Repräsentativität siehe Wendy Salkin, »The Conscription of Informal Political Representatives«, in: *The Journal of Political Philosophy* 29 (2021), 4, S. 429–455.

gewendet: Der Erfolg verdankt sich nicht dem strategischen Kalkül eines charismatischen Führers, der durch seine Rede nach Zustimmung strebt, sondern der Schwarmintelligenz eines verstreuten Publikums, das die Rede und den Sprecher erst zustimmenswert macht.

Glaubwürdige Menschen

Monroe und Jorde zeichnen sich als öffentliche Figuren durch das glaubwürdige Erzählen ihrer persönlichen Alltagserfahrungen aus. Als Menschen aus einfachen Verhältnissen adressieren beide auf ihre jeweils eigene Art die Glaubwürdigkeitslücke gegenwärtiger Politik, die nicht zuletzt aus der Überrepräsentation akademisch gebildeter und sozioökonomisch privilegierter Personen im parlamentarischen Betrieb resultiert,[24] die selbst ganz andere Realitätserfahrungen machen.

An Beispielen für diese Glaubwürdigkeitslücke, die zunehmend als Legitimitätsproblem erscheint, mangelt es nicht. Immer wieder machen Politiker mit Äußerungen von sich reden, die kaum anders denn als Ausdruck von Abgehobenheit und Realitätsferne gedeutet werden können. So erklärte Frankreichs Präsident Emmanuel Macron, ein arbeitsloser Gärtner müsse in Paris nur einmal über die Straße gehen, um einen neuen Job zu finden.[25] Der ehemalige Bundesgesundheitsminister und amtierende Vorsitzende der CDU-Bundestagsfraktion Jens Spahn sorgte sich um die allgemeinen Lebenshaltungskosten, weil das Schnitzel nun schon 40 Euro koste.[26] Deutschlands unlängst gekürter Bundeskanzler Friedrich Merz verortete sich vor Jahren in der gehobenen Mittelschicht – trotz seines Millionenvermögens und seiner Privatflugzeuge.[27] Und der ehemalige Bundesfinanzminister und FDP-Vorsitzende Christian Lindner berichtete vor dem Hintergrund der Bauernproteste 2024 von der Anstrengung, die es ihn koste, in der Freizeit seinen Pferdestall auszumisten, um damit Verständnis für die Herausforde-

24 Siehe dazu etwa Lea Elsässer / Armin Schäfer, »Political Inequality in Rich Democracies«, in: *Annual Review of Political Science* 26 (2023), S. 469–487.

25 Euronews (Hg.), »Je traverse la rue et je vous en trouve«. Macron se mue en conseiller Pôle emploi«, in: *YouTube*, 17. 9. 2018; online unter: https://www.youtube.com/watch?v=FHMy6DhOXrI [27. 4. 2025]; siehe dazu Simon Auffret, »›Je traverse la rue, je vous en trouve‹. En une petite phrase, Macron expose sa vision du travail«, in: *Le Monde*, 17. 9. 2018; online unter: https://www.lemonde.fr/politique/article/2018/09/17/je-traverse-la-rue-je-vous-en-trouve-en-une-petite-phrase-emmanuel-macron-expose-sa-vision-du-travail_5356365_823448.html [27. 4. 2025].

26 ZDF heute-show (Hg.), »Ein Schnitzel kostet wie viel?!«, in: *YouTube*, 10. 10. 2023; online unter: https://youtube.com/shorts/bCKq15ja_2I?si=rr4WR0oJy-imm3U [27. 4. 2025].

27 Tobias Haberkorn, »Der Mentalitätsmittelschichtler«, in: *Zeit Online*, 18. 8. 2018; online unter: https://www.zeit.de/kultur/2018-11/friedrich-merz-mittelschicht-mentalitaet-einkommen-klasse [27. 4. 2025].

rungen der Landwirtschaft zu zeigen.[28] Nicht ohne Grund werden solche Äußerungen als Belege für die mangelnde Vertrautheit politischer Repräsentanten mit der Lebensrealität der von ihnen Repräsentierten gedeutet. Wie aber sollen Amtsträger glaubhaft über die gegenwärtigen gesellschaftlichen Probleme sprechen, wenn ihre Wahrnehmung eine derart große Diskrepanz zum alltäglichen Erleben der großen Mehrheit der Bürgerinnen und Bürger aufweist?

Demgegenüber stellen die in der unmittelbaren biografischen Erfahrung verankerten Alltagsdarstellungen von Monroe und Jorde in den Augen vieler Menschen authentische und glaubwürdige Beschreibungen alltäglicher Probleme dar, in denen sie ihre eigenen Sorgen und Nöte wiedererkennen. Die von ihnen thematisierten Schwierigkeiten, günstiges Essen auf den Tisch zu stellen, einen Job zu finden oder mit den Defiziten des deutschen Gesundheits- und Pflegewesens konfrontiert zu sein, sind Erfahrungen, die viele Menschen aus dem eigenen Leben oder aus Erzählungen von Bekannten kennen. Liest man exemplarisch die Kommentare unter Monroes viralem Blogeintrag »Hunger Hurts«, fällt vor allem die breite Zustimmung auf, die ihre Schilderung der Herausforderungen eines von Armut geprägten Alltags erfährt – eines Alltags, dessen belastende Realität weder in der Politik noch in den Medien angemessen berücksichtigt werde. Vor dem Hintergrund dieser Reaktionen und durch sie ermutigt, versteht sich Monroe als eine Art Lautverstärker für alle, die die Erfahrung von Verzweiflung, Hunger und Verlust teilen.[29] Gestützt auf ihre persönliche Erfahrung und gewissermaßen beglaubigt durch ihren eigenen prekären sozioökonomischen Status kritisiert Monroe die als abgehoben wahrgenommene fehlende Realitätsverankerung gegenwärtiger politischer Amtsträger.

Auch die Probleme des Pflegenotstands benötigen nach dieser Logik keine tiefgreifende Vermittlung, sondern sind jedem zugänglich, der selbst Angehörige oder Bekannte auf Pflegestationen besucht. Deutlich wird diese stillschweigende Voraussetzung eines geteilten Alltagsverständnisses im Sinne eines *common sense* an Jordes Konfrontation mit Angela Merkel. Als sie auf seine Darstellung der persönlich erlebten Defizite und Missstände im Pflegewesen hin ihre Absicht bekundet, in den nächsten zwei Jahren die Betreuungslage durch den Einsatz von mehr Pflegekräften verbessern zu wollen, attestiert Jorde ihr kurzerhand Realitätsferne: In zwei Jahren so viel mehr Pflegekräfte einzustellen, sei schlicht unmöglich. Aus seiner beruf-

28 Zeit Online (Hg.), »Christian Lindner spricht beim Bauernprotest in Berlin«, in: *YouTube*, 15. 1. 2024; online unter: https://www.youtube.com/watch?v=TAgMUHeHs34 [27. 4. 2025].

29 Jack Monroe, »›We Should Recognise One another as Human Beings‹. Anti-Poverty Campaigner Jack Monroe on the Realities of Going Hungry«, in: *British Vogue*, 23. 1. 2021; online unter: https://www.vogue.co.uk/arts-and-lifestyle/article/jack-monroe [27. 4. 2025].

lichen Betroffenheit heraus kritisiert Jorde zudem Merkels unzureichende Vorschläge zur Finanzierung von Pflegereformen, deren Dringlichkeit sie unter Verweis auf bereits erfolgte Gesetzesneuerungen abzuwiegeln sucht.[30] Unabhängig von der sachlichen Richtigkeit der Gründe wirkt seine Kritik dabei nicht zuletzt aufgrund des starken Kontrasts, den seine allgemeinverständlich und ernsthaft vorgetragenen, durch das eigene, unmittelbare Erleben beglaubigten Einwände zu Merkels distanzierter, politisch-bürokratischer Sprache aufweisen.

Verstärkt wird dieser Eindruck der Unvermitteltheit und Authentizität von Sendungen wie derjenigen von Klaas Heufer-Umlauf und Joko Winterscheidt, die während der Corona-Pandemie 2021 den Alltag von Pflegekräften sieben Stunden lang ungeschnitten im Fernsehen zeigen. Dort sieht man Alexander Jorde im Splitscreen mit Szenen aus dem Pflegealltag, die von einer Pflegerin mittels Bodycam aufgenommen wurden. Jorde spricht dabei von der schmerzhaften Erfahrung, Patienten plötzlich intubieren zu müssen, und er klagt, aufgrund der Fahrlässigkeit von Teilen der Bevölkerung während seiner Arbeit selbst gesundheitlichen Risiken ausgesetzt zu sein.[31]

Die Unmittelbarkeit, mit der Monroe und Jorde aus ihrem jeweiligen Alltag berichten, erzeugt den Eindruck einer echten, unverzerrten Realität, die wiederum die Realitätserfahrungen ihrer Zuschauer bestätigt und damit Echtheit sowie Unverfälschtheit verspricht.[32] Der Inszenierung politischer Amts- und Mandatsträger und ihren häufig einstudiert und distanziert wirkenden Darstellungen stellen beide mit ihren biografisch verankerten Erzählungen eine Form der Wahrhaftigkeit entgegen, die gerade durch ihr radikal subjektives Moment anderen die Möglichkeit zur Identifikation ermöglicht: Über das private biografische Zeugnis »von rein menschlichen Dingen« transformieren sie ihre persönliche Realitätsdarstellung in Tatsachenwahrheiten.[33] Dadurch adressieren beide Gemeinschaften, die über die »Nähe konkreter Situationen und Gleichartigkeit von Erfahrungen«[34] verbunden sind.

Anders als bei Max Weber, der bekanntlich Charisma als eine durch die »außeralltäglichen«[35] Fähigkeiten eines Führers verbürgte Quelle legitimer Herrschaft begreift, ist es bei Monroe und Jorde gerade die glaubwürdig

30 Jorde, *Kranke Pflege*, S. 14–17.

31 Pro Sieben (Hg.), »›Joko & Klaas Live‹ zum Thema Pflegenotstand. Die kompletten 7 Stunden als ganze Folge online schauen«, in: *Pro Sieben*, 9. 4. 2021; online unter: https://www.prosieben.de/serien/joko-klaas-gegen-prosieben/news/joko-klaas-live-zum-thema-pflegenotstand-die-kompletten7-stunden-als-ganze-folge-online-schauen-59764 [27. 4. 2025].

32 Anna Kornbluh, *Immediacy*. Or, the Style of Too Late Capitalism, London 2023, S. 57–62.

33 Hannah Arendt, *Wahrheit und Lüge in der Politik*. Zwei Essays, München 1972, S. 57.

34 Pierre Rosanvallon, *Die Prüfungen des Lebens*, übers. von Ursel Schäfer, Hamburg 2022, S. 97 f.

35 Max Weber, *Politik als Beruf* [1919], Schutterwald 1994, S. 18; Richard Sennett, *Verfall und Ende des öffentlichen Lebens*. Die Tyrannei der Intimität, übers. von Reinhard Kaiser, Frankfurt am Main 1983, S. 260–264.

kommunizierte Alltäglichkeit ihrer Erfahrungen, die ihnen ein hohes Maß an Zustimmung und infolge dessen auch einen Zugang zum politischen Feld eröffnet. Das zeigt sich besonders deutlich bei Monroe, die 2013 zu den Nominierten des *Guardian* für die Wahl zur Person des Jahres gehört und in diesem Kontext mit Berühmtheiten wie Elon Musk, Edward Snowden und dem damaligen Papst Franziskus konkurriert.[36] Ausschlaggebend für den medialen Erfolg und den Aufstieg zu Personen des öffentlichen Lebens sind also gerade nicht die Momente des Besonderen oder des Radikalen, sondern die Glaubwürdigkeit ihrer persönlichen Zeugnisse, mit denen sich digitale Öffentlichkeiten identifizieren können. Damit verbunden ist eine Form der Affirmation, die nicht aus ideologischer Übereinstimmung, sondern aus einem Gefühl des Gesehen- und Gehörtwerdens resultiert.[37] Monroes Blogeinträge, ihre Erzählungen und ihre Kochbücher mit günstigen Rezepten sowie Jordes Schilderungen weitverbreiteter, aber seitens der Politik selten offen adressierter Probleme in der Pflege validieren die persönliche Weltsicht und das individuelle Erleben vieler Menschen, die sich darin wiedererkennen können. Angesichts der breiten Resonanz, die beide erfahren, spricht einiges für die Annahme, dass Monroe und Jorde möglicherweise nicht nur als Vertreter status- und berufsspezifischer Erfahrungsgemeinschaften gelesen werden. Es scheint, als ob in ihren Erzählungen eine Art Anerkennung für die Härten persönlicher Biografien angelegt ist, mit denen sich auch Menschen außerhalb prekärer Verhältnisse oder des Pflegewesens identifizieren können.

Auf je unterschiedliche Weise geben sowohl Monroe als auch Jorde objektiven, aber häufig nicht beachteten Befunden wie Armutsstatistiken oder Beschäftigungsstatistiken in der Pflege ein Gesicht. Weil sie unmittelbar aus ihren persönlichen Erfahrungen sprechen, treten sie glaubhaft als echte Menschen auf und nicht als Amtsträger, die den Anforderungen unterschiedlicher öffentlicher Rollen genügen müssen und dabei administrativen, institutionellen oder parteiinternen Zwängen ausgesetzt sind, die ihre Möglichkeiten zur authentischen Selbstdarstellung begrenzen. Gegenüber denen, die auch von der Politik leben, können Monroe und Jorde glaubhaft versichern, im Rahmen ihres Engagements tatsächlich nur *für* die Politik zu leben, verdanken sie ihren Zugang zum Feld des Politischen doch nicht einer Partei oder Organisation, sondern ihrer via digitaler Akklamation generierten Prominenz. Monroe und Jorde sind zwar in ihren Möglichkeiten der Einflussnahme limitiert, damit umgehen sie aber auch den Verdacht, dass hier keine Individuen, sondern Institutionen durch die Personen spre-

36 O. A., »Person of the Year 2013 – Who Would Get Your Vote?«, in: *The Guardian*, 3. 12. 2013; online unter: https://www.theguardian.com/world/2013/dec/03/person-of-year-2013-who-gets-your-vote [27. 4. 2025].
37 Kornbluh, *Immediacy*, S. 57–62.

chen.[38] Was Monroe und Jorde auszeichnet, ist die Glaubwürdigkeit und unmittelbare Nachvollziehbarkeit ihrer Erfahrungen. Dies führt seitens ihrer Unterstützer und Follower zur Zuschreibung politischer Kompetenzen, als deren Ausweis ihre Realitätsdarstellungen gelten.

Influencer, Experten oder politische Advokaten?

Monroes und Jordes Changieren zwischen bloßer Darstellung und politischer Vertretung macht es schwierig, eine eindeutige Formbeschreibung ihres öffentlichen Auftretens und der von ihnen ausgeübten Art der Repräsentation zu formulieren. Beide lassen sich keiner präzise abgrenzbaren Sprecherrolle zuordnen.

Auf den ersten Blick agieren sie ähnlich wie politische Influencer, die sich durch kontinuierliche digitale Plattformarbeit eine Anhängerschaft aufbauen, die ihre politischen Ansichten teilt und ihnen dadurch zusätzliches Gewicht verleiht.[39] Doch auch wenn beide versuchen, politischen Einfluss auszuüben, ist ihre öffentliche Popularität nicht das Ergebnis der sorgfältigen Kuration der eigenen medialen Plattform. Monroes Blog war, wie sie selbst anmerkt, eher eine tagebuchähnliche Form der Selbsttherapie als der Versuch, das eigene Leben zu vermarkten. Und auch für Jorde gilt, dass seine Prominenz nicht geplant war,[40] hatte er doch in seinem Fernsehauftritt keine aktive Kontrolle über seine Außenwirkung.

Monroes und Jordes hybride Position zwischen Darstellung und Vertretung resultiert auch aus dem Umstand, dass die Medien sie wie Experten behandeln und ihren Äußerungen damit zusätzliches politisches Gewicht verleihen. Ihre Expertise ist aber eine andere als die von Wissenschaftlern, die über spezielles Fach- und Methodenwissen verfügen, das es ihnen erlaubt, Objektivität für ihre Urteile zu beanspruchen. Der klassische Experte muss keine biografisch beglaubigten Erlebnisse mit seinem Fachgebiet verbinden, um darüber sprechen zu können. Gewissermaßen komplementär zum Experten wird in verschiedenen Formaten das Wissen einfacher Bürgerinnen und Bürger nachgefragt, um mehr demokratische Beteiligung an spezifischen Politikbereichen zu ermöglichen und vorhandene Repräsentationsdefizite auszugleichen.[41]

38 Samuel Hayat, »Unrepresentative Claims. Speaking for Oneself in a Social Movement«, in: *American Political Science Review* 116 (2022), 3, S. 1038–1050, hier S. 1042 f.; online unter: https://doi.org/10.1017/S0003055421001210 [27. 4. 2025].

39 Martin J. Riedl / Josephine Lukito / Samuel C. Woolley, »Political Influencers on Social Media. An Introduction«, in: *Social Media and Society* 9 (2023), 2, S. 1–9; online unter: https://journals.sagepub.com/doi/full/10.1177/20563051231177938 [27. 4. 2025].

40 Adams, »Jack Monroe«; Jorde, *Kranke Pflege*, S. 20.

41 Edana Beauvais / Mark E. Warren, »What Can Deliberative Mini-Publics Contribute to Democratic Systems?«, in: *European Journal of Political Research* 58 (2019), 3, S. 893–914, hier S. 901.

Der epistemische Mehrwert von Laienwissen wird unter anderem in einem besonders spezialisierten Erfahrungswissen verortet, etwa im Verständnis besonderer Formen von Diskriminierung oder seltener Krankheiten.[42] Die alleinerziehende Mutter aus prekären Verhältnissen und der Auszubildende, der die Probleme des Gesundheitssektors aus eigener Anschauung kennt, sind in diesem Sinne keine statistischen Sonderfälle.

Wiewohl Monroe und Jorde keine Experten sind, werden sie dennoch als solche adressiert – und das nicht ohne Grund. Denn Expertise entsteht nicht nur aus der Formalisierung von Wissen oder einer besonders spezialisierten Form von Alltagswissen, sondern bildet sich auch dort, wo sie eingefordert wird und wo Akteure als Experten angesprochen werden.[43] Ebendies ist sowohl bei Monroe als auch bei Jorde der Fall. 2017 attestierte etwa der damalige SPD-Kanzlerkandidat Martin Schulz dem in Ausbildung befindlichen Pfleger in einem Wahlkampfvideo eine besondere Kompetenz bei der Darstellung des Pflegenotstands, die ihn von vielen anderen, wie beispielsweise einem Politiker, unterscheide.[44] Als Einzelsachverständiger sitzt Jorde neben Pflegeexperten und Vertretern verschiedener Sozialverbände, die für sich formalisiertes Wissen aufgrund eigener Forschungsarbeiten und beglaubigt durch akademische Titel beanspruchen können. Dagegen wird von Jorde aufgrund seiner Verankerung in der realen Arbeitswelt eine andere Form von Expertise eingefordert, die nicht in der Kenntnis von Berichten oder Statistiken besteht. Außerdem wird er nach seiner persönlichen Sichtweise auf die Pflege sowie zu den Erfahrungen seiner Kollegen gefragt.[45] Die Zuschreibung von Expertise aufgrund seiner Kenntnis persönlicher Nöte und alltäglicher Defizite zeigt sich nicht zuletzt in der Rezeption seines Buches. So wird er unter anderem für seine »vor allem praktische und weniger theoretische Expertise« gelobt, mit der er es schaffe, »die Probleme der Pflege anschaulich und unprätentiös auf den Punkt zu bringen«.[46]

42 Eva Krick, »Citizen Experts in Participatory Governance. Democratic and Epistemic Assets of Service User Involvement, Local Knowledge and Citizen Science«, in: *Current Sociology* 70 (2022), 7, S. 994–1012, hier S. 1004 f.; Steven Epstein, »The Meaning and Significance of Lay Expertise«, in: Gil Eyal / Thomas Medvetz (Hg.), *The Oxford Handbook of Expertise and Democratic Politics*, Oxford / New York 2023, S. 76–102.

43 Reiner Grundmann, »The Problem of Expertise in Knowledge Societies«, in: *Minerva* 55 (2017), S. 25–48, hier S. 27; online unter: https://link.springer.com/article/10.1007/s11024-016-9308-7 [27. 4. 2025].

44 Martin Schulz, »Alexander Jorde ist ein junger Pfleger in Ausbildung […]«, in: *Facebook*, 23. 9. 2017; online unter: https://www.facebook.com/reel/10155290209438462 [27. 4. 2025].

45 Ausschuss für Gesundheit (Hg.), »Wortprotokoll der 8. Sitzung«, 18. 4. 2018, S. 8–12; online unter: https://www.bundestag.de/resource/blob/560740/5fe6293e0c287e20ac94f07f7e8c8900/008_18-04-2018_Protokoll_-Internet.pdf [27. 4. 2025].

46 Hanna Stern, »Land unter in der Pflege«, in: *Spektrum*, 30. 3. 2019; online unter: https://www.spektrum.de/rezension/buchkritik-zu-kranke-pflege/1635752 [27. 4. 2025].

Während die Zuschreibung von Expertise bei Jorde aus seiner glaubhaften Darstellung beruflicher Herausforderungen resultiert, ergibt sich Monroes Expertise nicht zuletzt aus der erfolgreichen Bewältigung ihrer in mehrerer Hinsicht prekären Situation. So hat sie als Autorin mehrerer Kochbücher mit budgetfreundlichen Gerichten, die ihr auch zu Auftritten mit prominenten Fernsehköchen wie Jamie Oliver verhalfen, inzwischen zwar ihre frühere finanzielle Not überwunden. Doch verbindet sich mit dem Erfolg für Monroe nach eigenem Bekunden die Verpflichtung, ihr besonderes Wissen über die Umstände und das Erleben von Armut auch weiterhin zu teilen: »I just can't write cheap recipes without also, you know, writing about the reasons why the people in the fifth or sixth richest economy in the world are looking for 20 oder 30p dinners in the first place. Like one goes hand in hand with the other for me.«[47] Auf politischer Ebene zeigt sich dieser Aspekt bei ihr unter anderem in der Zusammenarbeit mit statistischen Ämtern oder als Zeugin für die Lebenshaltungskosten in Großbritannien im Work and Pensions Committee, dem sie einen Überblick über besonders von Armut gefährdete Gruppen und die Überlastung von Tafeln in Großbritannien gibt.

Expertise entsteht bei Monroe und Jorde also nicht über formale Abschlüsse oder besonders spezialisiertes, lokalisiertes Wissen, sondern durch die als authentisch wahrgenommene Darstellung der eigenen sozioökonomischen beziehungsweise beruflichen Position. Die ihnen zugeschriebene Authentizität ist dabei keine inhärente Charaktereigenschaft, sondern entsteht aus der performativen Kongruenz zwischen dem öffentlich präsentierten Selbst und dem seitens der Öffentlichkeit für echt erachteten Selbst. Entscheidend für diese Wahrnehmung sind die Unmittelbarkeit und Spontaneität von Monroes und Jordes Kommentaren und Handlungen, die zudem für viele Menschen einen hohen Wiedererkennungswert besitzen. Relevant für den Erfolg ist zudem, dass sich ihre Fähigkeit zur eloquenten Übersetzung ihrer Alltagserfahrungen nicht nur auf die ursprünglich gewählten Formate des Blogeintrags beziehungsweise der Fernsehdiskussion beschränkt.[48] So authentifiziert sich Monroe in einer Diskussion mit Abgeordneten als alleinerziehende Mutter aus Southend, während Jorde vor allem als Betroffener von den Defiziten des Pflegewesens adressiert wird und seine Fähigkeit zum authentischen Erzählen aus der beruflichen Betroffenheit als besondere Stärke für die Mobilisierung um das Thema Pflege

47 Owen Jones, »Jack Monroe on Why the Poor Aren't to Blame, the Horror of Food Poverty – and Fighting for Change«, in: *YouTube* 12. 2. 2021, Min. 11.10–11.28; online unter: https://www.youtube.com/watch?v=WEQD5F98kBo [27. 4. 2025].

48 Für diese verschiedenen Aspekte von Authentizität siehe Simon M. Luebke, »Political Authenticity. Conceptualization of a Popular Term«, in: *The International Journal of Press/Politics* 26 (2021), 3, S. 635–653.

sieht.[49] Im Kern nehmen beide für sich eine Position des Common Sense in Anspruch, das heißt, sie reklamieren für sich eine allgemeingültige Position, die eigentlich keiner Vermittlung bedürfe.[50] So betont Jorde, nicht aufgrund besonders tiefgründiger Expertise über den Pflegenotstand zu sprechen, sondern Probleme zu adressieren, die jedem klar sein müssten, »der mit offenen Augen und Ohren durch die Welt geht«.[51] Sie rahmen ihre Kritik mithin nicht als Spezialwissen, sondern als Urteile, die für alle nachvollziehbar seien, die selbst ähnliche Erfahrungen gemacht oder über die Medien Kenntnis von diesen gesellschaftlichen Herausforderungen hätten.

Monroes und Jordes Berufung auf den Common Sense hat aber nichts mit ähnlichen Argumentationsmustern im Bereich der Citizen Science zu tun. Denn auch wenn Jorde beteuert, lieber über »die Sache«[52] als über sich zu sprechen, wird ihm Expertise doch gerade aufgrund seiner *persönlichen* Erlebnisse in einem *professionellen* Beruf zugeschrieben. Die Berufung auf den Alltagsverstand ist in diesem Zusammenhang nur von untergeordneter Bedeutung. Im Unterschied zu Jorde sieht sich Monroe noch mit einem weiteren Problem konfrontiert. Während die Professionalisierung ihrer prekären Situation und ihr beruflicher Erfolg als Autorin von Kochbüchern und Kolumnistin einerseits eine Form der Selbstermächtigung darstellt, bedeutet ihr sozialer Aufstieg andererseits eine Herausforderung für die gleichermaßen reklamierte wie zugeschriebene Authentizität ihrer Armutserfahrungen. So sieht sich Monroe seither dem Vorwurf ausgesetzt, lediglich eine Feel-Good-Erzählung gesellschaftlicher Armut zu verbreiten.[53]

Indem Monroe und Jorde die Interessen einkommensschwacher beziehungsweise pflegender und gepflegter Menschen öffentlich artikulieren, ähnelt ihr Tun auf den ersten Blick der repräsentativen Rolle des Advokaten. Darunter versteht die politische Theorie Vertreter, die sich stellvertretend für die Belange einer Gruppe engagieren, weil sie die persönlichen Erfahrungen und Leiden der von ihnen Repräsentierten nachvollziehen können.[54]

49 Tim Adams, »Jack Monroe«; Kathrin Müller-Lancé, »›Das war stressig, aber es geht noch wesentlich schlimmer‹«, in: *Süddeutsche Zeitung*, 2. 4. 2021; online unter: https://www.sueddeutsche.de/medien/joko-klaas-nichtselbstverstaendlich-pflege-pro-sieben-1.5253658?reduced=true [27. 4. 2025].

50 Clifford Geertz, »Common Sense as a Cultural System«, in: *The Antioch Review* 33 (1975), 1, S. 5–26.

51 Jorde, *Kranke Pflege*, S. 14.

52 Ebd., S. 18.

53 Brendan O'Neill, »Why the Middle-Class Left Loves Jack Monroe«, in: *Spiked*, 18. 5. 2022; online unter: https://www.spiked-online.com/2022/05/18/why-the-middle-class-left-loves-jack-monroe/#google_vignette [27. 4. 2025]; Simon Hattenstone, »›I've Heard It All: She's a Fraud, a Liar, a Thief‹. Jack Monroe on Alcohol, Addiction and Answering Her Critics«, in: *The Guardian*, 7. 1. 2023; online unter: https://www.theguardian.com/society/2023/jan/07/jack-monroe-interview [27. 4. 2025].

54 Nadia Urbinati, »Representation as Advocacy. A Study of Democratic Deliberation«, in: *Political Theory* 28 (2000), 6, S. 758–786, hier S. 773–777.

Allerdings ist in der Rolle des Advokaten nicht nur die persönliche Verbindung zu den Repräsentierten angelegt, sondern auch die besondere Fähigkeit, deren Interessen in Abwägung mit dem Gesamtinteresse einer demokratischen Gemeinschaft durchzusetzen. Mit Blick auf diesen Aspekt zeigt sich, dass auch die Rolle des Advokaten nur bedingt geeignet ist, um das Spezifische der von Monroe und Jorde praktizierten Art der Repräsentation einzufangen. Obwohl sich der Advokat durch ein empathisches Verhältnis zu den von ihm Repräsentierten auszeichnet, zielt sein Handeln auf die Durchsetzung bestimmter Ideale und Ansprüche, die sich aus den Identitäten der Repräsentierten ergeben, nicht auf die spiegelbildgleiche Repräsentation dieser Identitäten.[55] Aus einer solchen normativen Perspektive auf politische Repräsentation betrachtet, reicht die persönliche Verbundenheit allein also nicht aus, um politische Ansprüche effektiv vermitteln zu können. Zusätzlich bedarf es einer Form der Selbstdistanzierung durch eine öffentliche Rolle, die es ermöglicht, mit verschiedenen politischen Perspektiven zu experimentieren und die Welt grundsätzlich als veränderbar zu begreifen.[56] Die Übernahme einer solchen öffentlichen Rolle setzt aber sowohl das Absehen von der eigenen Person als auch eine Verrechtlichung der Repräsentationsbeziehung voraus: »Die individuelle Person, das Ich, geht auf in einer transzendenten fiktiven oder Rechtsperson (›Ich gebe mich als Person meinem Vaterland hin‹). Der Aufstieg zur Priesterwürde setzt Konversion voraus – metanoia: Das gemeine Individuum muss sterben, auf dass die Rechtsperson werde. Stirb und werde Institution (Aufgabe der Institutionsriten).«[57] Eine derartige Transformation des einfachen Menschen und seiner persönlichen Erfahrung in eine fiktive Rechtsperson liegt bei den hier diskutierten Fällen jedoch nicht vor. Monroes und Jordes Handlungsspielräume ergeben sich ja gerade aus dem subjektiven Erlebnis und dem persönlichen Erzählen, nicht aus einer objektivierenden Selbstdistanzierung und der Ausübung einer hinsichtlich ihrer Kompetenzen und Befugnisse klar umrissenen öffentlichen Rolle. Dadurch, dass beide kein offizielles Mandat ausüben, sondern nur insoweit auch für andere sprechen, wie diese sich mit Monroes beziehungsweise Jordes Aussagen identifizieren und ihnen auf freiwilliger Basis via Akklamation zustimmen, sind Monroe und Jorde ihren Unterstützern gegenüber nicht rechenschaftspflichtig; allenfalls besteht eine Art moralischer Verpflichtung gegenüber denjenigen, deren Belange sie sich zu eigen machen.

55 Ebd., S. 775–778.

56 Sennett, *Verfall und Ende des öffentlichen Lebens*, S. 338–340 und S. 350 f.

57 Bourdieu, »Delegation und politischer Fetischismus«, S. 31.

Politische Repräsentation im Umbruch?

Die hier exemplarisch skizzierten Fälle deuten an, dass politische Repräsentation gegenwärtig uneindeutiger wird. Monroe und Jorde changieren in ihren öffentlichen Auftritten zwischen verschiedenen Rollen, ohne eine davon ganz auszufüllen: der Rolle des politischen Influencers, der mit einer großen Anzahl Follower im Rücken und einer entsprechenden Reichweite einer politischen Meinung Gewicht verschaffen kann; der Rolle des mit Erfahrungswissen ausgestatteten Experten; und der Rolle des Advokaten, der stellvertretend die Interessen und politischen Forderungen einer Gruppe oder Bewegung vertritt, deren Werten und Zielen er sich verbunden fühlt. Die Auftritte und Darstellungen von Monroe und Jorde weisen Elemente aller genannten Rollen auf, was insofern nicht weiter verwundert, als ihnen seitens des Publikums und der Medien sowohl persönliche Eigenschaften wie Authentizität, Unmittelbarkeit und Nahbarkeit als auch politische und inhaltliche Kompetenzen zugeschrieben werden.

Was den letztgenannten Aspekt angeht, stoßen beide somit in Räume und Rollen vor, die man eher bei klassischen politischen Mandats- und Amtsträgern verorten würde. Das uneindeutige, changierende Rollenverhalten von Monroe und Jorde vollzieht sich vor dem Hintergrund weitreichender Veränderungen hinsichtlich der Zusammensetzung und des Handelns politischer Eliten, die sich zunehmend durch ihre Hybridität und Flexibilität jenseits von fest verankerten gesellschaftlichen Hierarchien auszeichnen. Durch das Changieren zwischen dem Privaten und dem Öffentlichen, dem Informellen und dem Formellen wird diese Uneindeutigkeit selbst zur Ressource, weil damit die Zurechenbarkeit und öffentliche Überwachung von politischer Einflussnahme schwerer wird.[58] Im Zweifel können sich Akteure wie Monroe und Jorde nämlich immer darauf zurückziehen, ausschließlich aus ihrer persönlichen Weltwahrnehmung heraus zu sprechen und ohne den Anspruch, allgemeingültige Vorschläge zu formulieren.

In beiden Fällen zeigt sich in der Loslösung politischer Repräsentation von Amt und Mandat ein neuartiges Phänomen, das mit neuen Erwartungshaltungen an politische Akteure und ihre Kommunikation verbunden ist. Die Fälle von Monroe und Jorde zeigen, dass subjektiven Schilderungen des eigenen Erlebens und der eigenen Erfahrungen tendenziell mehr Glaubhaftigkeit zugeschrieben wird als dem distanzierten Rollenverhalten etablierter politischer Amtsträger. Zugespitzt ließe sich sagen, dass Teile des Publikums, zumal in den Sozialen Medien, Menschen mit biografisch beglaubigter Erfahrung ohne Amt mehr Vertrauen entgegenbringen als persönlich unnahbaren Amts- und Mandatsträgern ohne entsprechenden Erfahrungs-

58 Janine R. Wedel, »From Power Elites to Influence Elites. Resetting Elite Studies for the 21st Century«, in: *Theory, Culture and Society* 34 (2017), 5–6, S. 153–178.

hintergrund. Einerseits wirkt diese Deprofessionalisierung politischer Repräsentation demokratisierend: Sie ermöglicht neuen Akteuren aus der Bevölkerung, für andere zu sprechen, und umgeht die etablierten Formen der Selektion politischer Eliten. Andererseits gehen damit aber auch eine fehlende Zurechenbarkeit politischen Sprechens und Handelns sowie eine tendenzielle Delegitimierung bestehender Strukturen und Verfahren politischer Mitbestimmung einher. Akteure wie Monroe und Jorde erfahren nicht in gleichem Maße die öffentliche Aufmerksamkeit wie Politiker, deren öffentliches Handeln kontinuierlich und kritisch begleitet wird.

Auffällig ist zudem die Bereitschaft etablierter Amtsträger und Repräsentanten zur Auseinandersetzung mit Monroe und Jorde, die es ihnen ermöglicht viel beklagte Repräsentationsdefizite symbolisch zu kompensieren. Durch gezielte performative Responsivität gegenüber solchen ›Stimmen aus dem Volk‹ können die politischen Eliten suggerieren, für Impulse aus der einfachen Bevölkerung empfänglich zu sein und ein offenes Ohr für die Bedürfnisse aller, auch der weniger privilegierten Bürgerinnen und Bürger, zu haben.[59]

Was auf den ersten Blick wie eine Demokratisierung politischer Repräsentation durch einfache Bürgerinnen und Bürger aussieht, birgt in sich allerdings auch das Risiko einer politischen Vereinnahmung. Zwar werden Monroe und Jorde im öffentlichen Diskurs weitgehend ähnlich wie Vertreter behandelt, ihr tatsächlicher Einfluss auf politische Entscheidungen bleibt aber unklar. Durch die Inklusion von Akteuren wie Monroe und Jorde kann politische Ungleichheit performativ adressiert werden, ohne dass sich an der tatsächlichen Verteilung politischer Gestaltungsmacht etwas ändern müsste.

Grundsätzlich zeigen die hier skizzierten Fälle aber an, dass es bei der Transformation politischer Repräsentation nicht mehr nur um den Austausch politischer Eliten geht, sondern dass die Repräsentierten durch eine Ausweitung partizipativer und kommunikativer Möglichkeiten selbst neue Modi und Akteure der politischen Repräsentation hervorbringen und die Mittel und Wege der politischen Meinungsbildung und Partizipation in der repräsentativen Demokratie erweitern und somit auch verändern können. Für die Repräsentationsforschung bedeutet dies, dass sie verschiedene (Teil-)Öffentlichkeiten stärker in den Blick nehmen sollte. Die Vervielfältigung repräsentativer Ansprüche und Zuschreibungen von Repräsentativität auf verschiedenen Ebenen und Kanälen bis hin zu Privatpersonen deutet darauf hin, dass die bestehenden Verfahren und Institutionen der liberalen Demokratie zumindest von Teilen der Bevölkerung nicht mehr als ausreichend erachtet werden. Die Bereitschaft, Erzählungen und Darstellungen

59 Lea Elsässer / Armin Schäfer, »(N)one of Us? The Case for Descriptive Representation of the Contemporary Working Class«, in: *West European Politics* 45 (2022), 6, S. 1361–1384.

persönlicher Erlebnisse und Erfahrungen via digitaler Akklamation einen repräsentativen Charakter zu verleihen, und die daran geknüpfte Erwartung an die derart aus der Masse der Nutzer herausgehobenen Personen, fortan nicht nur sich selbst, sondern auch andere politisch zu vertreten, wirft neue Fragen an die politische Repräsentation auf. Neben der grundsätzlichen Problematisierung des Sprechens für andere aufgrund unterschiedlich verteilter Sprecherpositionen und -privilegien wird es schwerer, nur noch ausschließlich für sich selbst zu sprechen, ist doch der persönliche öffentliche Ausspruch im Kontext gegenwärtiger Repräsentationsdefizite immer auch mit dem Risiko verbunden, plötzlich in den Rang der politischen Vertretung erhoben zu werden.

Tobias Lappy ist Doktorand an der Leuphana Universität Lüneburg und Mitarbeiter im Projekt »Re/Präsentation. Neue Formen der politischen Ansprache und Fürsprache in der kommenden Gesellschaft« der Gerda Henkel Stiftung.
tobias.lappy@stud.leuphana.de

Leibesübungen

Politiker:innen sind ständig unterwegs, aber selten in Bewegung. Mit anderen Amtsmenschen teilen sie das Schicksal, einen erheblichen Teil ihrer Arbeitszeit im Sitzen zu verrichten. Erschwerend kommen – sowohl im wörtlichen als auch im übertragenen Sinne – die Folgen einer häufig unausgewogenen Ernährung und eines von Termin- und Leistungsdruck bestimmten Arbeitsalltags hinzu. Das bevorzugte Mittel der Wahl, um Kraft zu tanken und die Bürden des Amtes zu stemmen, ist für viele der Gewählten, die sich darin kaum von ihren Wähler:innen unterscheiden, der Sport. Er hält fit und ermöglicht Bilder der eigenen Fitness. Zudem gestattet er den Volksvertreter:innen Verhaltensweisen, die von ihnen bei der Ausübung ihres Amtes nicht gerne gesehen werden: Sie können große Sprünge machen, unliebsame Konkurrenten aus dem Weg räumen oder andere für das eigene Fortkommen einspannen. Abgesehen davon gilt es freilich auch beim Sport, nicht ins Straucheln zu geraten und den Kopf über Wasser zu halten.

»Ein Amt muss es auch aushalten, missverstanden zu werden«

Ein Gespräch mit Christoph Möllers

Herr Möllers, wir würden Sie gerne zum Amtsbegriff aus rechtswissenschaftlicher Perspektive befragen und sind in der Vorbereitung über ein Zitat gestolpert, das uns an Ihre Dissertation Staat als Argument *erinnert hat. Es stammt von Otto Depenheuer, aus dem* Handbuch des Staatsrechts der Bundesrepublik Deutschland, *und lautet: »Kein Staat ohne Amt.« Das Amt sei Voraussetzung sowohl des Staates als auch der Verfassung. Wie würden Sie das einschätzen?*

Diese starken etatistischen Kurzsätze sind ehrlich gesagt nicht mein Genre. Aber ich würde noch weitergehen und sagen, wir kennen ausdifferenzierte Herrschaftsorganisationen, die wir nicht als Staat bezeichnen würden, die aber eine Amtsverfassung haben. Wenn wir etwa bei Theodor Mommsen in den *Abriss des römischen Staatsrechts*[1] schauen, dann lesen wir da nichts über Verfassung, wenig über den Staatsbegriff, haben aber Ämter ohne Ende und auch allgemeine Überlegungen zum Amtsbegriff. Der Amtsbegriff kommt vor, in der Form, wie Mommsen ihn über den Begriff der Kompetenz beschreibt, durchaus als eine Art Rückprojektion des deutschen 19. Jahrhunderts, aber sicherlich nicht nur. Man würde sagen, die Römische Republik ist nicht notwendig gut beschrieben, wenn man sie als Staat beschreibt, das ist eine alte, weiterhin umstrittene Frage, aber die Römische Republik hatte zweifelsohne eine sehr ausdifferenzierte Ämterorganisation. Insofern ist der Amtsbegriff fundamental.

In der Rechts- und Politikwissenschaft mäandert man ein wenig um den Amtsbegriff herum. Wilhelm Hennis behauptet in seinem Habilitationsvortrag von 1961,[2] dass nicht der Begriff der Volkssouveränität, auch nicht der Begriff des Willens, sondern der Begriff des Amtes zentral für die repräsentative Demokratie sei, um dann aber im nächsten Schritt das feudalistische, ständestaatliche,

1 Theodor Mommsen, *Abriss des römischen Staatsrechts*. Systematisches Handbuch der Deutschen Rechtswissenschaft. Erste Abteilung, dritter Teil, hrsg. von Karl Binding, Berlin 1893.

2 Wilhelm Hennis, »Amtsgedanke und Demokratiebegriff«, in: Konrad Hesse / Siegfried Reicke / Ulrich Scheuner (Hg.), *Staatsverfassung und Kirchenordnung*. Festgabe für Rudolf Smend zum 80. Geburtstag am 15. Januar 1962, Tübingen 1962, S. 51–70.

also eigentlich vordemokratische Erbe freizulegen. Ist das Amt womöglich ein undemokratisches Erbe, das wir aber brauchen, um die Demokratie zu denken?

Wir müssen darauf achten, auf welchem Abstraktionsgrad die Kategorien operieren und welche historischen Entwicklungen sich damit abdecken lassen. Jede Herrschaftsorganisation kennt Ämter, und selbstverständlich ist nicht jede Herrschaftsorganisation ein Staat und schon gar nicht ein demokratischer. Deswegen lässt sich aber nicht sagen, dass jeder Amtsbegriff notwendig vordemokratisch ist. Er wird eben mit der Demokratisierung zu einem anderen. Hennis legt hier eher die Kontinuitäten frei, andere betonen die Diskontinuitäten. Das entspricht den alten Diskussionen darüber, ob wir Parlamente in der Kontinuität ständischer Versammlungen beschreiben sollen und ob wir schon vor den Revolutionen sinnvoll von Verfassung reden können. Diese Diskussionen bilden sich auch im Amtsbegriff ab. Hennis' Betonung der langen historischen Linien dient namentlich der Verteidigung des Mehrheitswahlrechts, das ihm zufolge allein ein demokratisches Verständnis der Abgeordneten als mit dem Vertrauen der Wählerschaft ausgestattete Amtsträger ermöglicht und zwar auch für die Bundesrepublik. So viel scheint mir der Begriff des demokratischen Amtes aber nicht herzugeben. Es geht beim Amtsbegriff erst einmal darum, zu fragen, wie sich eine Herrschaftsorganisation verfestigt und wie sie sich gegenüber den sie tragenden Individuen verselbstständigt – jenseits der Frage von Legitimation. Da ist das Amt ein elementares Phänomen. Auf der Suche nach einer transpersonalen institutionellen Kontinuität landet man zunächst beim Amt, erst später bei Mechanismen wie der juristischen Person oder anderen Eigenschaften, die wir dem Staat heute zubilligen würden.

Wäre also der Begriff, den wir mit dem Amt verbinden müssen, zunächst einmal der der Herrschaftsorganisation?

Wenn Sie einfach nur handeln, sind Sie eine Privatperson. Wenn Sie aber im Auftrag einer öffentlichen Institution handeln, die auch unabhängig von Ihnen besteht, passiert zweierlei: Ihre Handlung wird mit der Autorität der Institution versehen, zugleich wird die Institution in Ihrer Handlung wirkmächtig. Beide gewinnen etwas hinzu. Dabei kann sich die amtliche Autorität auch gegenüber den Einzelheiten der Amtshandlung verselbstständigen. Vielleicht hat der Amtsträger einen Verfahrensfehler begangen oder wurde nicht korrekt ernannt. Trotzdem kann seine Handlung wirken und Bindungen erzeugen.

Deswegen verwundert es auch nicht, dass uns der Amtsbegriff in verschiedenen Formen der Herrschaftsorganisation begegnet. Wir können an die Römische

Republik, für die etwa Cicero einen starken Amtsbegriff formuliert hat, an den Ständestaat oder an moderne, parlamentarisch organisierte Demokratien denken. Wir verfügen über den Amtsbegriff als Kontinuitätsvokabel und können nun überlegen, was sich darin zeigt. Sie haben richtig gesagt, dass ein Amt mit der Idee zu tun hat, dass jemand treuhänderisch etwas tut. Ein Amtsträger handelt stets im Auftrag, also nicht mehr nur als er selbst. Das führt uns zu der Frage, inwiefern Politik und Recht in diesem Begriff aufeinandertreffen. Inwiefern löst der Amtsbegriff Probleme des Rechts und der Politik – und inwiefern schafft er auch Probleme?

Man muss zunächst noch einen Schritt zurückgehen. Denn der Amtsbegriff ist ja eine Kategorie, die aus Institutionen kommt, die keinen Politikbegriff haben. Das ist ein bemerkenswerter Umstand, scheint mir. Die beiden großen Institutionen, die den modernen Amtsbegriff im Westen vorbereitet haben, sind die Römische Republik und das kanonische Recht. Es gab in Rom keine Unterscheidung zwischen Politik und Recht, weil es keinen Politikbegriff gab. Die katholische Kirche hatte natürlich auch keinen Politikbegriff. Trotzdem bestand Bedarf nach einer organisatorischen Verstetigung. Bestimmte Inhalte mussten verwirklicht werden, wobei deren Verwirklichung unabhängig gemacht werden musste von demjenigen, der dies konkret tat. Das war ein großes Thema im Frühchristentum. Es hing gar nicht davon ab, ob jemand selbst auf der Höhe des Glaubens war oder doch ein Sünder; wenn er qua Amt die Autorität hatte, andere zu taufen – dann galt die Taufe. Augustinus war klar, dass sich die Kirche nicht organisieren lässt, wenn an ihre Amtsträger zu hohe Anforderungen gestellt werden.
In der Römischen Republik haben wir auch Fälle, bei denen sich die Frage der Stabilität der Handlung verselbstständigt gegenüber der Frage, wer da handelt und wie derjenige überhaupt ins Amt gekommen ist. Heute würde man sagen, dass es dabei um Politik und Recht geht. Das Verhältnis zwischen Rechtsstaat und Demokratie macht sich in der Amtsverfassung deutlich, die aber viel älter ist.

Sie haben jetzt auf eine lange Traditionsgeschichte hingewiesen. Josef Isensee hat einmal den Vorschlag gemacht, das Carl Schmitt'sche Theorem, wonach politische Begriffe eigentlich säkularisierte theologische Begriffe seien, noch zu erweitern: Der Amtsbegriff ist säkular, wird theologisiert, dann wieder säkularisiert, sodass er zwischen dem Politischen und dem Theologischen changiert.[3] *Wir würden gerne noch einmal nachhaken und fragen, inwiefern sich im Amtsbegriff auch ein Spannungsverhältnis zwischen Politik und Recht zeigt. Es ließe sich sagen, dass der Amtsbegriff versucht, das Handeln eines Akteurs vielleicht*

3 Josef Isensee, *Gemeinwohl und öffentliches Amt*. Vordemokratische Fundamente des Verfassungsstaates, Wiesbaden 2014.

nicht zwingend juridisch, aber doch institutionell zu binden. Das hieße, dass ein Akteur in sich selbst das Problem der Verfassung austragen muss.

Alles, was Sie sagen, ist richtig. Es betrifft eben nur eine sehr späte Phase, wir müssen noch einmal zurück. Ich habe gesagt, die Römische Republik hatte keinen Politikbegriff, das kanonische Recht hatte auch keinen. Dann kommen wir irgendwann in die Frühneuzeit, und da gab es nicht nur Ämter, sondern es entstand auch ein eigener Begriff der Politik. Doch musste sich das Amt nun gegenüber seiner privatrechtlichen Deutung ausdifferenzieren, die praktisch noch lange eine Rolle spielte – also gegenüber der Vorstellung, dass der Amtsträger Eigentümer des Amtes sei. Ein Amt konnte man ja verkaufen oder konnte ein privates kleines Trinkgeld dafür nehmen, dass man eine Amtshandlung vornahm. Im Englischen gab es noch lange *tips*. Erst allmählich wurde aus dem privaten Trinkgeld eine amtliche Gebühr. Man konnte das Amt auch vererben. Es bedurfte also einer Häutung des Amtsbegriffs, der sehr lange Zeit wie ein Eigentumstitel behandelt wurde, so wie die Herrschaftsorganisation lange Zeit privatrechtlich überformt war, etwa mit Blick auf die Unterscheidbarkeit von Hof und Staat und die Organisation der Staatsfinanzen. Klar gelöst werden konnte das Problem aber erst mit dem Ende des Feudalismus und der Trennung zwischen öffentlich-rechtlichem Amt und privater Verfügungsbefugnis des Eigentümers.

An diesem Punkt stellte sich dann die nächste Frage, nämlich die, wer diese Ämterverfassung überhaupt gestalten darf: derjenige, der auch die Amtsträger ernennt, oder eine andere Stelle. Damit sind wir im frühen 19. Jahrhundert oder eben im modernen Verfassungsstaat und der Konkurrenz zwischen der häufig weiterhin monarchischen Exekutive und dem Gesetzgeber. Das Amt wird zum Problem der Gewaltenteilung.

Daher, um endlich auf Ihre Frage zurückzukommen, stimmt es tatsächlich, dass sich Recht und Politik nun endlich ausdrücklich im Amtsbegriff kreuzen. Nur sollte man den Verfassungsbegriff eben nicht einfach als rechtliche Bindung von Politik verstehen, sondern auch als Ermächtigung von Politik. Das Amt bindet den Einzelnen, der hineingekommen ist, nicht nur, es gibt ihm eben auch die hoheitlichen Gestaltungsbefugnisse. Erst der deutsche Liberalismus, das hat Christian Neumeier in einer bedeutenden Arbeit gezeigt, versteht das dann begrenzend und deutet politische Ämter nur noch als Wahrnehmung von Kompetenzen.[4] Aber natürlich bleibt die Frage, ob das, was da verliehen wird, so ganz rechtlich gerahmt sein kann – das wäre die rechtsstaatliche Lösung – oder ob man anerkennt, dass sich ein politisches Amt nicht einfach nur auf einen Kompetenzkreis beschrän-

4 Christian Neumeier, *Kompetenzen*. Zur Entstehung des deutschen öffentlichen Rechts, Tübingen 2022.

ken kann – das wäre eher ein demokratisches, weitergehend ein charismatisches Verständnis des Amtsbegriffs.

In seiner Herrschaftssoziologie vergleicht Max Weber genau diese beiden Lösungen. Das Amt kommt bei ihm gerade dort ins Spiel, wo es um die Frage geht, wie charismatische Herrschaft auf Dauer gestellt und vor ihrer Veralltäglichung geschützt werden kann. Es ist ja interessant, dass das Amt von relativ diffusen Begriffen wie Amtswürde, Amtscharisma, Amtsethos umgeben ist. Vielleicht könnten Sie etwas zu diesen Mechanismen des Schutzes vor Veralltäglichung und auch der charismatischen Aufladung des Amtes sagen.

Das ist ein Phänomen, das quer zu Demokratisierung und Verrechtsstaatlichung liegt. Die Charismatisierung politischer Ämter ist Demokratien nicht fremd. Aber natürlich gibt es auch Ordnungen, die dessen nicht bedürfen. Man könnte sagen, das ist der Unterschied zwischen dem französischen Staatspräsidenten mitsamt der entsprechenden symbolischen Ausstattung seines Amtes und der dänischen Ministerpräsidentin, die mit dem Fahrrad ins Büro radelt. Das hat nicht nur mit Monarchiefolgenabwicklung zu tun, sondern offensichtlich auch damit, dass das demokratische Amt sein eigenes Charisma konstruiert und der Variantenreichtum entsprechend groß ist. Man muss dann doch immer noch mal im konkreten Fall hinsehen, was eigentlich genau das Problem ist, das durch die Charismatisierung des Amtes gelöst wird.

Spielen in dem Zusammenhang womöglich auch konfessionell geprägte Amtskulturen eine Rolle?

Das glaube ich nicht unbedingt. Das charismatische Amt per se ist in der Demokratie das Amt des Präsidenten. Die Präsidialverfassung ist stärker auf Charisma angelegt als das parlamentarische Regierungssystem, die Präsidialverfassung ist aber nicht konfessionell determiniert. Wir haben die US-amerikanische und die französische, und die haben beide natürlich einen Fuß in der monarchischen Tür gehabt. Für Frankreich ist das eher einfach zu erkennen, aber man sieht auch in Nordamerika, dass das englische Königtum immer beides war, Kontrastfolie und Vorbild. Wichtig ist dann der Zwischenschritt im Cäsarismus oder Napoleonismus des 19. Jahrhunderts: Das Präsidentenamt ist das charismatische demokratische Amt schlechthin, es ist das Amt, das in der Nachfolge der Monarchie steht, gleichzeitig aber ein immens modernes Amt, weil es einen Versuch darstellt, mit der modernen Massendemokratie umzugehen. Der erste demokratisch eingesetzte Despot ist Napoleon III., und der erfindet sehr viel neu, was dann auch von richtig demokratischen Ämtern übernommen wird. Kurz gesagt, Charismaschichten kommen aus der Monarchie ins demokratische

Amt, aber gleichzeitig erfindet das demokratische Amt neue charismatische Schichten.

Wir haben es jetzt schon mit verschiedenen Metaphern zu tun. Sie sprechen von Häutungen, von Schichten …

… ja, sorry!

Nein, das ist interessant. Denn daran merkt man, dass diese Kontinuitäten nicht davor gefeit sind, immer wieder neu aufgeladen zu werden, und wir daher nicht nur die historisch-kulturellen Voraussetzungen des Amtes im Blick behalten müssen, sondern auch die institutionellen. Das Amt ist nicht nur Voraussetzung für bestimmte Formen der Handlungsorganisation, die Institutionen stellen ihrerseits verschiedene Ressourcen für Charisma bereit. In Deutschland kennen wir auch das Phänomen eines Charismas der Charismalosigkeit.

Genau, das Pathos der Sachlichkeit!

Wir haben in der Vorbereitung des Gesprächs nach wiederkehrenden Motiven in Ihrem Denken gesucht. Eines ist sicherlich Ihr Interesse dafür, wie Normierung und Freiheitsgrade austariert werden. Ist es nicht genau das, was auch das Amt auszeichnet? Sie haben eben betont, dass das Amt unweigerlich mit Restriktion zu tun hat. Der Amtsträger beschränkt sich selbst zum Wohle des Gemeinwesens. Gleichzeitig ermöglicht das Amt aber auch ein anderes Handeln und Sprechen. Diese Kopplung von Restriktion und Ermöglichung durch das Amt berührt eine Theoriestelle, um die Ihre Arbeiten immer wieder kreisen, und doch kommt das Amt als Begriff bei Ihnen kaum vor. Sind Sie womöglich amtsblind?

Jetzt, da Sie es sagen, fällt mir die Leerstelle auf. Erst mal würde ich sagen, dass der Amtsträger nicht sich selbst beschränkt. Es ist konstitutiv für den Amtsbegriff, dass der Amtsträger nicht über dieses verfügen kann. Er führt einen Auftrag aus, und der kommt von einer anderen Stelle. Das ist wichtig. Im zweiten Angang geht es, das sehe ich wie Sie, in der Tat um eine Austarierung zwischen demokratischer Ermöglichung und Rechtsbindung. Dazu gibt es, wenn ich darüber nachdenke, eine Stelle in dem Buch *Freiheitsgrade*,[5] die darauf aufmerksam macht, dass Ämter die richtige Größe für die ihnen entsprechende Ordnung haben müssen. Ämter müssen einerseits auf eine Ordnung zugeschnitten sein, auf der anderen Seite passt der Zuschnitt nicht immer auf den Amtsträger oder der Amtsträger beginnt, den Zuschnitt sich oder den politischen Umständen anzupassen. Ämter

5 Christoph Möllers, *Freiheitsgrade*. Elemente einer liberalen politischen Mechanik, Berlin 2020.

können aufgeblasen werden und sind dann womöglich zu groß für künftige Amtsträger. Mein Lieblingsbeispiel in diesem Zusammenhang ist Johannes Paul II. Er hat aus dem Papstamt ein charismatisches Amt gemacht, das so gar nicht vorgesehen war. Der Papst war eigentlich eine Art ekklesiologische Grundnorm, eine Nullstelle, die die Hierarchie abgeschlossen hat. Aber er war nicht selbst charismatisch. Und dann füllt Johannes Paul II. das Papstamt mit einer medialen Präsenz, die die Nachfolger so nicht mehr ausfüllen können. Ein anderes Beispiel: Charles de Gaulle lässt das Amt des französischen Staatspräsidenten auf sein Charisma zuschneiden, das François Mitterrand noch ausfüllen kann, das aber für François Hollande und selbst für Emmanuel Macron zur Herausforderung wird. Natürlich auch, weil das moderne demokratische Amt immer medial variiert, wird das Amt heute im Grunde zu einer Art Template, was zur Folge hat, dass es womöglich nicht mehr richtig passt. Auf einmal ist es zu klein oder zu groß, wie ein Anzug, der beim einen zu eng sitzt, am anderen runterschlabbert, und dem beim nächsten ein Knopf fehlt. Hier scheint mir das Elegante am parlamentarischen Regierungssystem darin zu liegen, dass es ein wenig Präsidialisierung erlaubt, aber nicht erzwingt, und auch weniger leidet, wenn das Charisma wieder zurückgefahren wird. Um im Bild zu bleiben: Wenn der Anzug zu klein ist, hat man immer noch das Parlament hinter sich.

Die erwähnte deutsche Vorstellung vom Amt als Kompetenzwahrnehmung kann solche Phänomene nicht thematisieren. Die Vorstellung, dass wir einen formal ausdefinierten Sachbereich haben, den allein das Amt bespielen kann, also eine Art Jurisdiktion, passt nur auf Beamte, auf die nachgeordnete Exekutive. In Deutschland wird sie aber gerne als Normalfall der Politik genommen. Wenn sich Angela Merkel laut Bundesverfassungsgericht in ihrem Amt als Bundeskanzlerin nicht kritisch zur AfD äußern darf, dann macht das Gericht aus einer demokratischen Politikerin eine Beamtin und ersetzt ein demokratisches Amt durch ein rechtsstaatliches Amtsverständnis.

Wir würden gerne noch einmal zum ersten Teil Ihrer Antwort und auf die Frage der Austarierung zwischen den Ressourcen der Person und den Ressourcen des Amtes, also zwischen Restriktion und Freiheitsspielräumen, zurückkommen.

Natürlich muss jedes Amt Freiheitsspielräume für den Amtsträger gestatten, sonst wäre es keines. Das Problem besteht dann darin, dass wir beim Amt zunächst an Bindung denken, weil derjenige, der das Amt ausübt, nicht derjenige ist, um dessen Freiheit es geht, sondern ein Instrument der Freiheit desjenigen, in dessen Auftrag er handelt. Amt ist ein Instrument der Repräsentation. Und erst einmal sind die Repräsentierten diejenigen, die sich in ihrer Freiheitsausübung des Amtes bedienen. Die Grundkonstruktion ist jedenfalls eine binäre. Da ist der Amtsträger und jemand hinter ihm. Und dann stellt sich die alte Frage im Zusammenhang mit Repräsentation: Wie konstruiere ich den Repräsentanten, den Amtsträger? Ist er nur ein Bote, der einen Auftrag erfüllt? Oder ist es jemand, der selbst gestalten kann? Das ist ein demokratietheoretisches Problem, das aber schon älter ist, weil es als repräsentationstheoretische Frage nicht nur die Demokratie betrifft. Entscheidend ist dann, ob zwischen der Freiheit des Amtsträgers und der Freiheit des Repräsentierten ein Nullsummenspiel gilt, die eine also notwendig auf Kosten der anderen geht. Das ist die reduktionistische Vorstellung der ökonomischen Principal-Agent-Theorie. Hennis' Vorstellung des freien Mandats denkt dagegen, dass das Volk von den Spielräumen der Abgeordneten profitiert, das freie Mandat also auch mehr Selbstbestimmung der Repräsentierten ermöglicht.

Nur als kleine Randnotiz: Bei Hennis ist die Pointe des Amtes ja gerade, dass sich der Amtsträger eben nicht mehr die ganze Zeit plebiszitär rückversichern muss und also genau diesen Freiheitsraum durch das Amt eröffnet bekommt.

Was Hennis schreibt, klingt sehr nach Edmund Burke. Parteien spielen eine eigenartige Rolle. Es ist ein beeindruckender, aber auch ein irre altmodischer Text, selbst für die Zeit, in der er veröffentlicht wurde. Wir reden über das Jahr 1962, Festschrift für Rudolf Smend. Das war eigentlich schon damals retro.

Das stimmt. Für die Politikwissenschaft ist das aber schon ein wichtiger Text, weil Hennis darin darauf hinweist, dass die Idee des Amtes nicht ernst genug genommen wird. Wenn er betont, dass es sich um einen der zentralen Begriffe der repräsentativen Demokratie handelt, dann weiß man, mit welcher Stoßrichtung das formuliert ist. So würden wohl manche Kollegen einwenden, dass der Amtsbegriff häufig eher obrigkeitsstaatlich, etatistisch gedacht wird, aber das auch eine Verkürzung ist.

Absolut. Die Stärke an dem Aufsatz von Hennis liegt darin, dass er mit großer Selbstverständlichkeit den Amtsbegriff auf Parlamentarier anwendet. Wir denken in Deutschland beim Amt ja vor allem an die Exekutive, also an den Be-Amt-en. Aber wenn man es demokratisch zu Ende denkt, müsste man sagen, trägt nicht nur der Parlamentarier ein Amt, sondern auch die Bürger tun es. Das ist in Deutschland als Vorstellung zurückgetreten gegenüber der Verbeamtung des Amtsbegriffs. Man hat mitunter den Eindruck, am liebsten wären alle Abteilungsleiter im Ministerium, vom Bundespräsidenten bis zum Bundestagsabgeordneten.

Wir haben es also mit einer Verbeamtung des Politischen in Deutschland zu tun?

Darüber müsste man auf jeden Fall noch mal nachdenken, weil es ja Traditionen gibt, in denen die Idee, dass alle potenziell demokratisch-republikanische Amtsträger sind, durchaus lebendig ist. Das naheliegende Beispiel ist hier die Schweiz. Dort haben wir es mit einem Milizsystem zu tun, in dem der Übertritt in das Amt relativ fließend ist, potenziell alle Bürger werden irgendwann mal Amtsträger. Wir haben eine Durchlässigkeit zwischen Bürgerschaft und Amtsträgern, die es begrifflich nahelegt, die Bürgerschaft als Amt zu verstehen. Und das auch noch ohne jegliche Charismatisierung. Es gibt ja nichts Uncharismatischeres als den Schweizer Bundesrat, eine großkoalitionäre Kollegialregierung. Dieser Zuschnitt löst Probleme mittlerer Reichweite, ist sicherlich auch nicht immer funktional, kann dabei aber auf Charisma verzichten, weil potenziell alle teilnehmen und alle Positionen einnehmen können. Das zu deutlich Herausgehobene des Amtes würde hier eher als ein Bruch mit dem demokratischen Selbstverständnis verstanden werden.

Jetzt haben wir bereits über die Verfassung, den Staat und den einzelnen Amtsträger gesprochen. Braucht es nicht auch ein Publikum oder eine Gesellschaft, die Ämter lesen und die Mechanismen politischer Repräsentation nachvollziehen kann? Gertrude Lübbe-Wolff spricht in diesem Zusammenhang von »gesellschaftlichem Institutionenverstand«.

Ja, wobei Ihre Frage und auch die Formulierung von Frau Lübbe-Wolff vielleicht eher auf eine etatistische als auf die eben angesprochene schweizerische Variante hinweist. Entweder gibt es ein Publikum oder wir sind eben alle selbst dabei. Dann sind wir kein Publikum mehr, sondern Teilnehmer. Und dann bedarf es streng genommen auch keines gesellschaftlichen Institutionenverstands, sondern es gibt eine horizontal verstandene Bürgerschaft, in der die Unterscheidung zwischen Staat und Gesellschaft nicht mehr plausibel ist. Das scheint mir auch ein Rückraum des Hennis'schen Denkens, die antike Vorstellung, dass wir alle aus der allgemeinen, gleichen politischen Teilhabe an die Ämter kommen. Zudem würde ich trotz aller Anfechtungen der Politik im Moment den Hinweis auf den Bedarf nach einer solchen Lesefähigkeit nicht geschichtsphilosophisch oder gar kulturkritisch verstehen. Was passiert denn, wenn die Leute Ämter nicht mehr lesen können? Am Amt des US-amerikanischen Präsidenten kann man zeigen, dass Ämter permanent uminterpretiert werden. Ein Amt muss es auch aushalten, missverstanden zu werden und verschiedene Deutungsmöglichkeiten zuzulassen, weil es sonst zu sehr an den konkreten Umständen der gesellschaftlichen Befindlichkeit klebt oder an den Befähigungen desjenigen, der es gerade ausfüllen soll, aber vielleicht gar nicht kann. Ich bin immer fasziniert davon, dass es im US-amerikanischen Präsidentenamt ja auch historische Ausfälle gab – Warren G. Harding folgt dem amtsunfähigen Woodrow Wilson, ist dann zwei Jahre im Amt, wird von Korruptionsgerüchten verfolgt und verstirbt dann an einer Nahrungsmittelvergiftung –, ohne dass daraus eine Krise des Amtes folgt. Es gab Charismatische, es gab Hyperaktive, es gab Leute, die einfach nur auf dem Golfplatz standen, und das Amt hat all das ausgehalten. Was ich damit sagen will: Es ist vielleicht die eigentliche Leistung des Amtes, sich von den gesellschaftlichen Erwartungen entkoppeln zu können.

Wir haben die Frage nach dem Publikum auch deshalb gestellt, weil Peter Imbusch und Joris Steg in ihrem Beitrag zu diesem Heft beschreiben, dass Amtsträger – und ihnen geht es nicht um den Präsidenten der USA, sondern um Polizistinnen und Verwaltungsbeamte – davon berichten, wie schwer es in der alltäglichen Arbeit ist, mit einem Gegenüber zu tun zu haben, dass zwischen der realen Person und der Rolle als Amtsträger bisweilen nicht mehr unterscheiden kann. Das meinten wir mit der Formulierung, »Ämter lesen« zu können.

Daraus könnte man tatsächlich eine große These formulieren. Dann würde man feststellen, dass auf der Ebene der Administration den Polizisten Leute begegnen, die diese nicht mehr von Privatleuten unterscheiden können. Gleichzeitig sitzt im Weißen Haus jemand, der sich eigentlich wie ein Privatmensch verhält. Es gibt eine neue Form patrimonialer Herrschaft, *Family & Friends*, und auf der anderen Seite lässt sich eine zunehmende Leugnung der Staatsgewalt als herausgehobener Autorität beobachten. Ich würde mir das aber gerne noch zehn weitere Jahre anschauen, bevor ich daraus eine ganz große These machen würde. Es ist ja auch interessant zu sehen, dass solche Entwicklungen spezifische Bedingungen haben, die nicht überall eintreten. Nehmen wir das Beispiel Russland, wo wir eine Oligarchisierung, also eine Form von Patrimonialisierung, feststellen können, aber doch anders als in den USA. Dass Monopolisten unmittelbar an der Staatsgewalt teilnehmen können, ist durch Wladimir Putin eher zurückgedrängt worden. So jemanden wie Elon Musk kann es im Kreml nicht geben. Ein Typ, der im T-Shirt als Privatunternehmer mal eben ein paar Staatsdiener entlässt, wäre in Russland wohl ein Problem, auch für den Präsidenten. Das heißt, es gibt autoritäre Ordnungen, die eher auf Durchlässigkeit setzen, und andere, die die symbolische Unterscheidbarkeit der Staatsgewalt sehr hoch halten. Es gibt all die Beispiele, die Sie anführen; ich bin mir allerdings nicht so ganz sicher, ob sich diese Phänomene so leicht verallgemeinern lassen und ob sie im Einzelfall auch immer dasselbe bedeuten.

Wir konnten jetzt feststellen, dass die Idee des Amtes zu zerfasern droht. Uns sind Graubereiche des Amtes aufgefallen, man denke etwa an das Beauftragtenwesen. Es gibt aber auch auf der Ebene der politischen Ansprache kommunikative Uneindeutigkeiten. Der Titel dieser Ausgabe ist Amtsmenschen. *Nur zur Erläuterung dieses Titels: Wir interessieren uns für Formen politischer, öffentlicher Kommunikation, bei denen nicht mehr so klar ist, wer eigentlich zu uns spricht, Amtsträger oder reale Menschen. Robert Habeck und die Grünen haben daraus zuletzt einen ganzen Bundestagswahlkampf gemacht.*

Diese Beobachtung finde ich sehr interessant. Sie leuchtet mir unmittelbar ein. Man muss solche Entwicklungen immer vor dem Hintergrund sehen, dass die extreme Formalisierung und Juridifizierung, also die Zuspitzung der Unterscheidung von Amt und Amtsträger, eine äußerst anspruchsvolle und keineswegs selbstverständliche Leistung ist; und dass es in der Unterscheidung von Amt und Amtsträger immer auch Grauzonen gab und gibt. Ich hatte ja schon gesagt, dass vor 1800 Ämter noch vererbt und verkauft werden konnten. Es könnte aber sein, dass eine Krise unseres politischen Systems darin zum Ausdruck kommt, dass es vermehrt diese hybriden Ansprachen gibt. Dazu fallen einem ganz viele Beispiele ein, natürlich die Selbstdarstellung von Robert Habeck als Politiker und Mensch. Es zeigt sich aber auch in der Frage, inwieweit man das eigene Amt überhaupt kommuniziert. Wir haben Minister, die öffentlich Forderungen stellen, was politisch passieren muss. Da stellt sich dann die Frage, an wen eine solche Forderung adressiert sein kann. Da müsste der Herr Minister doch eigentlich sich selbst ansprechen. In den USA vermeiden es Abgeordnete auf Wahlplakaten mitunter, daran zu erinnern, dass sie schon gewählt sind. Sie kandidieren aus dem Amt, tun aber gleichzeitig so, als wären sie ungewählte Privatpersonen. Das ist eine interessante Figur, weil der oppositionelle Gestus, der seit den Revolutionen eine gewisse Attraktivität hat, jetzt zu einem dominanten geworden ist. Man fühlt sich in der Opposition sicherer, als wenn man aus der Regierung heraus spricht.

Und das Beauftragtenwesen, das Sie ansprechen, ist tatsächlich ein manifestes Krisenphänomen, weil damit der Gestus verbunden ist, dass wir uns als Politik um euch kümmern, aber leider nicht genau wissen wie. Man signalisiert also Beschäftigung, erzeugt aber keinerlei Bindung, weder Selbstbindung noch Fremdbindung. Hier sehen wir in Deutschland gerade zwei Bewegungen: auf der einen Seite eine Hybridisierung und Deformalisierung auch in der öffentlichen Kommunikation, also die Loslösung von einer bestimmten Form von Amtsauftrag; auf der anderen Seite sehen wir aber auch starke Formen von Bindung. Alle klagen, wenn irgendjemand was sagt. Merkel durfte als Kanzlerin die AfD nicht mehr kritisieren, es gibt mittlerweile ein ganzes Rechtsgebiet, das öffentliche Äußerungen des Staates einschränkt. Zugleich wuchert das hybride Beauftragtenwesen.

Daran zeigt sich, dass die Erwartungen des Publikums an die Amtsträger in ihrer Art der Kommunikation in zwei diametral entgegengesetzte Richtungen gehen: Einerseits will man totale Bindung, Amtsträger sollen bitte schön neutral sein und sich möglichst aus allem raushalten; andererseits will man aber, dass zu allem permanent kommuniziert wird. Das passt nicht zusammen.

Damit berühren wir einen wichtigen Punkt, nämlich die medialen Bedingungen gegenwärtiger politischer Kommunikation, aber auch die medialen Bedingungen des Amtes. Könnte es sein, dass die strikte Trennung von Amt und Person unter Bedingungen des Schriftmonopols womöglich plausibler war als in der Gegenwart, in der zunehmend auch andere Medien ins Spiel kommen? Man denke an persönliche Videobotschaften über eigene Medienkanäle oder an das bisweilen sehr nahbare Sprechen in Podcasts. Unsere Vermutung wäre, dass diese medialen Bedingungen durchaus etwas mit dem Amtsverständnis und mit der Ausfüllung von Ämtern machen. Oder ist das zu …

… das ist schon interessant, allerdings bin ich immer skeptisch gegenüber solch medientheoretischen Deutungen – ich halte Medien in der politischen Theorie tatsächlich für überschätzt –, weil ich anders als die Medientheoretiker doch behaupten würde, dass Medien halt Medien sind. Sie können unterschiedliche Arten von Kommunikation zulassen. Und deswegen würde ich nicht so weit gehen, zu sagen, dass das notwendigerweise etwas mit der Schriftkultur zu tun hat. Man denke an Augustus-Statuen. Die wurden überall aufgestellt, und damit sah man, dass der Princeps präsent ist. Das wurde jedenfalls nicht nur durch Text vermittelt. Amtsrepräsentation lief immer auch anders als im Medium Schrift. Seit Langem schon gibt es Homestories in Zeitschriften, oder denken wir an die *Fireside Chats* von Franklin D. Roosevelt. Als der dann starb, erzählte Eleanor Rosevelt, dass jemand gesagt habe, »I was used to listening to the President every week, and I am missing him«.

Das ist natürlich auch eine Auflösung von Amt und Person. Daher würde ich weniger über das Medium argumentieren, sondern eher über die Erwartungsstruktur, und zwar sowohl von außen als auch von innen. Vielleicht dringt man eben mit einem personenbefreiten Amtsverständnis heute nicht mehr durch. Doch lässt sich ein Nebeneinander von Politikstilen beobachten. Das sind dann nicht nur systemische Veränderungen, sondern auch parteispezifische Eigenheiten. Es ist ein eher grünes Motiv, seine eigene Befindlichkeit mitzuliefern: »Die Entscheidung war so schwierig, wir haben es uns nicht einfach gemacht, wir haben so gelitten.« Das wird in der CDU nicht so oft erzählt. Dennoch gebe ich Ihnen recht. Es gibt einen generellen Trend, der vielleicht nicht nur mit den Medien zu tun hat, sondern auch mit der politischen Ausdifferenzierung, die es manchen Amtsträgern nahelegt, zu menscheln.

Dass diese Art der Kommunikation eine partei- und milieuspezifische Färbung hat, ist nicht zu leugnen. Allerdings kann man schon feststellen – wir haben uns zuletzt viel mit Politikern in Podcasts beschäftigt –, dass das Personal sämtlicher Parteien derzeit mit der Erwartung eines nahbaren, intimen Sprechens konfrontiert ist. Amtsträger sollen heute gerade auch die Zumutungen einer Trennung von Amt und Person mitreflektieren und öffentlich thematisieren.

Das passt ins Bild der Gegenwart, in der die Legitimationskrise der öffentlichen Gewalt aufgefangen werden muss, indem ein Amtsträger sich als jemand erklärt, der nicht herrscht, sondern im Grunde von der Herrschaft mitbeherrscht wird und damit ein Problem hat. Es stellt sich natürlich die Frage, ob das eine kluge Form der Selbstdarstellung ist. Es kann dazu führen, dass die Leute Verständnis haben – es kann aber auch dazu führen, dass man kein Verständnis hat, weil man von Leuten, die so sind wie man selbst, nicht regiert werden will. Ich erinnere mich an eine Diskussion in einer Bundestagsfraktion über die Würde des Hauses, des Deutschen Bundestags. Da ging es dann um Saaldiener, Krawattenzwang, den Gebrauch von Schimpfwörtern und solche Dinge. Ich habe damals sinngemäß argumentiert, dass der Bundestag eben das bessere Ich des Souveräns sei, als demokratische Repräsentante demnach der Ort, an dem man höhere Standards hat, an dem man anders redet als anderswo. Daraufhin gab es Empörung bei den Abgeordneten: »Nein, nein, wir wollen nicht besser sein als die Leute.« Es gab hier gerade keinen Repräsentationsbegriff, kein Amtskonzept, man wollte schlicht abbilden, wohl aus Angst, abgehoben zu wirken. Ämter sind freilich dazu da, in einem bestimmtem Sinne abzuheben. Eine solche Furcht vor dem Amt ist etwas ganz anderes als das Schweizer Verständnis von Repräsentation: Einmal wird das Amt verallgemeinert, einmal wird die Amtslosigkeit verallgemeinert – aber die Verallgemeinerung für sich ist keine Lösung, sondern es geht um die Frage, was für eine Art von Allgemeinheit politisch funktioniert.

Lassen Sie uns noch einmal zum Spannungsverhältnis von Politik und Recht zurückkehren. Sie hatten das Urteil zu Angela Merkels Einlassungen zur AfD während ihrer Südafrika-Reise angesprochen. Zu diesem Urteil gibt es durchaus unterschiedliche Deutungen, was das hier verhandelte Problem mit der Idee von Neutralität und Überparteilichkeit im Amt zu tun hat oder doch mit der Idee, dass Regierungsmitglieder den Parteienwettbewerb nicht verzerren dürfen. Wie würden Sie die Rechtsprechung dazu einschätzen? Welche Rolle spielt etwa das Bundesverfassungsgericht in der Interpretation politischer Ämter?

Grundsätzlich haben wir in Deutschland eben eine starke rechtsstaatliche Tradition, in der wir, wie gesagt, Ämter auf Kompetenzausübung reduzieren. Schon dieses Wort kann man gar nicht in eine andere Sprache übersetzen. Es ist stark an jemandem orientiert, der einen voll ausdefinierten Aufgabenbereich hat. Demokratische Gestaltung hat aber eigentlich keinen Aufgabenbereich, der ausdefiniert ist, sondern meint, dass man Neues machen soll, etwas, was es noch nicht gibt und das auch nicht notwendig Rechtsform haben muss. Deswegen ist es wichtig, sich klarzumachen, dass Regierungen und Verwaltungen unterschiedlich funktionieren. Das ist immer schwer zu erklären, weil man natürlich auch die Regierung nicht einfach von ihrer Rechtsbindung lösen will, doch muss es ein Kontinuum zunehmender Rechtsbindung durch die Hierarchie geben: Unten in der Hierarchie stehen Ämter, die in sehr hohem Maß rechtlich gebunden sind. Oben wird gestaltet. Die Aufgabe der Regierung ist ja, Gesetzgebung vorzuschlagen. Deswegen ist ihre Neutralität im Parteienwettbewerb schwer vorstellbar. Wenn die Bundesregierung ein Gesetz vorschlägt und die Opposition ist dagegen, ist das kein politisch neutraler Akt. Es ist aber das, was sie machen muss. Insofern ist diese Rechtsprechung sehr erstaunlich. Ich glaube, das gibt es in der Form in keinem anderen Land der Welt.

Diese Rechtsprechung gehört zu einer größeren Linie des Zweiten Senats, den öffentlichen Dienst verfassungsrechtlich aufzuwerten. Das Beamtenrecht oder das öffentliche Dienstrecht ist eines der stärksten Aktionsfelder in der jüngeren Epoche des Gerichts gewesen. Dabei ist eine Vorstellung von Unparteilichkeit einflussreich, die aus dem Beamtentum kommt. Das ist keineswegs nur schlecht, wie wir jetzt an den USA erkennen können. Ein wichtiges Element so eines kontinentaleuropäischen rechtsstaatlichen Amtsverständnisses ist, dass größere Teile des Apparats Lebenszeitstellen haben. Es ist konstitutiv für die Art, wie wir hier einen Staat denken, dass das Personal nicht einfach entlassen und auch nicht durch schlechtere Bedingungen in informelle politische Abhängigkeit gebracht werden kann. Das Grundgesetz bezieht sich auf die »hergebrachten Grundsätze des Berufsbeamtentums«, eine vordemokratische Größe, die Spielraum lässt, die das Gericht sehr aktiv gedeutet hat, auch weil sie heute eine andere Funktion erfüllt als in vordemokratischen Zeiten. Was von autoritären Potentaten als *Deep State* bezeichnet wird, kann man auch als einen durch *Tenure* unabhängig gemachten öffentlichen Dienst oder Beamtenstab verstehen, der seine Rechtsbindung ernst nimmt. Aber es bedarf trotzdem einer Differenzierung zwischen dem politischen und dem rechtlich gebundenen Teil der Exekutive. Es gibt da kein *One-size-fits-all.*

Mit Blick auf einen Text von Andreas Voßkuhle zu »Personal« wäre es interessant zu überlegen, ob er eigentlich eine bestimmte Logik, die aus dem Beamtenrechtlichen kommt, ins Politische überträgt.[6] *Das wurde von einigen heftig kritisiert und als eine Entpolitisierung der Politik beschrieben.*

Das ist richtig, aber nur halb. Die Welt sieht jetzt schon wieder ganz anders aus. Bei Karlsruhe versus Merkel ist man vielleicht eher auf der Seite Merkels. Aber sieht man jetzt Elon Musk und die mit ihm verbundenen Massenentlassungen im Staatsdienst der Vereinigten Staaten, ist man vielleicht wieder auf der Seite von Karlsruhe. Man muss sich darauf einstellen, dass die Gefährdungslagen andere sind. Und das Gericht hat schon mitbedacht, dass die Solidifizierung des Beamtentums ein Faktor ist, der uns vor der Unbill des Politischen schützt. Das ist natürlich eher ein rechtsstaatliches als ein demokratisches Konzept.

Man müsste letztlich ja eine viel feinere Typologie des Amtes ausarbeiten. Wir haben es nicht nur mit Häutungen und Schichtungen zu tun, wir müssen auch genauer zwischen Ämtern unterscheiden, etwa dem des Politikers und dem des Richters. Wie würden Sie denn diese beiden Ämter auseinanderhalten?

Der Witz ist, dass das Richteramt eine maximale Rechtsbindung anstrebt und das politische Amt eine minimale. Auch das politische Amt entstammt einem rechtlich formalisierten Auftrag, aber der Auftrag ist nicht einfach Befolgung der Ordnung, sondern deren Gestaltung. Wir denken mittlerweile sehr stark in Kategorien der Verfassungsbindung, aber eigentlich ist das etwas relativ Neues. Erst mal ist alles im Gesetz geregelt, und das Gesetz kann geändert werden. Das ist der republikanische Normalfall. Die Politikerin ist die Agentin des politischen Wandels, der Veränderung. Das Gericht reproduziert die reine Rechtsbindung. Das ist das Interessante, dass ein Gericht nur Recht reproduziert; es gibt keine anderen Maßstäbe für ein Gericht als das Recht.

Gleichzeitig ist klar, dass die Gerichtsbarkeit ihr eigenes institutionelles Charisma als Orakel des Rechts haben kann. Maximale Zuwendung zu den Parteien, maximale Unabhängigkeit gegenüber anderen Stellen – also im Grunde das reine Aufgehen in der Entscheidung der Rechtsfrage in einer konkreten Konstellation – ist eine ganz andere, zwar nicht gestaltende, aber attraktive Form eines Amtes, das anders funktioniert. Das institutionelle Charisma des Gerichts wird freilich durch Personenkult einzelner Richterpersönlichkeiten wie in den USA zerstört.

6 Andreas Voßkuhle, »Personal«, in: ders. / Martin Eifert / Christoph Möllers (Hg.), *Grundlagen des Verwaltungsrechts*, Bd. III: *Personal, Finanzen, Kontrolle, Sanktionen, Staatliche Einstandspflichten*, begründet von Wolfgang Hoffmann-Riem, Eberhard Schmidt-Aßmann und Andreas Voßkuhle, München 2013, S. 3–82.

Eine letzte Frage: Welches Amt bekleiden Sie eigentlich?

Ich bin Professor an einer öffentlichen Universität. Das ist natürlich auch ein Amt, das sollte man nicht vergessen. Jacques Derrida hat in seinem schönen Buch über die Universität über den Titel Professor und über das öffentliche Bekenntnis nachgedacht, das dieser Titel einfordert.[7] Die Inhaber dieses Amtes schulden der Öffentlichkeit etwas, sie schulden ihren Studierenden etwas, sie schulden der Universität etwas, einer Korporation mit eigenen Rechten, die vom Staat eingesetzt zugleich dem Staat widerstehen können soll. Der Beamtenstatus der Lehrenden in Deutschland produziert auch eine eigene Ambivalenz, er schützt vor allem die Professoren, aber er ist auch ein wichtiger Grund für die Stärke der Wissenschaftsfreiheit. Man sollte es mit dem Bekenntnishaften, das in diesem Titel steckt, nicht übertreiben. Aber zu sagen, man forscht nur für sich, ist ausgeschlossen. Man ist kein Privatgelehrter.

Christoph Möllers lehrt Öffentliches Recht und Rechtsphilosophie an der Humboldt-Universität zu Berlin.
christoph.moellers@hu-berlin.de

Das Gespräch mit Christoph Möllers führten Astrid Séville und Julian Müller.

7 Jacques Derrida, *Die unbedingte Universität*, übers. von Stefan Lorenzer, Frankfurt am Main 2001.

Leon Wansleben

Ortstermin: Stadthaus Köln, Willy-Brandt-Platz 2–3

Mit dem zunehmenden Anstieg sozialer und öffentlicher Armut bilden sich in unseren Städten vermehrt Orte der Verwahrlosung, wie sie die Architekturkritikerin Jane Jacobs in ihrer mittlerweile klassischen Studie *The Death and Life of Great American Cities* (1961) bereits vor vielen Jahren eindringlich beschrieb. In Köln begegnen einem solche Orte allenthalben. Doch gibt es auch urbane Räume, die ein Gefühl der Verlorenheit und Kälte vermitteln, obwohl sie augenscheinlich mit viel Kapital gebaut und zudem mit strategischer Bedeutung bedacht wurden. Man denke etwa an den Potsdamer Platz in Berlin. Auch der Willy-Brandt-Platz und die umliegenden Straßen im rechtsrheinischen Köln-Deutz gehören zu dieser zweiten Kategorie. Der Ort wirkt unwirtlich, was nicht nur daran liegt, dass hier eine Autobahn die Stadt erreicht. Wie so oft in Köln umzingeln große mehrspurige Verkehrsstraßen das Areal und durchschneiden die Häuserblöcke (Abb. 1). Auch führen wichtige Zugtrassen durch Köln-Deutz, etwa vom Frankfurter Flughafen oder vom Düsseldorfer Hauptbahnhof. Verstärkt werden diese ungünstigen Effekte eines Infrastrukturknotenpunkts durch ein Quartiersumfeld, das vom Rhythmus des Kommens und Gehens geprägt ist. Periodisch, bei Großereignissen in der nahe gelegenen Lanxess-Arena, Deutschlands größter Veranstaltungshalle, strömen Tausende Menschen zu dem Platz. Die umliegenden Fastfood-Restaurants und Sportbars sind dann gut gefüllt. Jenseits der Stoßzeiten wirken die Etablissements hingegen trostlos. Kölner:innen, die hier an der Bahnstation auftauchen, tun dies für gewöhnlich, um auf eine Verbindung in Richtung Innenstadt oder in eines der rechtsrheinischen Quartiere zu warten.

An diesem Ort steht das technische Rathaus der Stadt Köln. In dem um die Lanxess-Arena gebauten Stadthaus mit roter Fassade haben seit 1999 verschiedene Dezernate ihren Sitz, darunter die Bauaufsicht, das Sozialdezernat und die zuständigen Abteilungen für Klima und Umwelt. Die Ausmaße des Verwaltungskomplexes sind gigantisch: Die Bürofläche, die einem Gutteil der über 20.000 Mitarbeiter:innen der Stadt Köln Platz bietet, beläuft sich auf rund 100.000 Quadratmeter. Untergebracht ist das technische Rathaus in zwei Gebäudekomplexen, die um die Veranstaltungshalle herum gruppiert sind. Die meisten Dezernate befinden sich in den durch mehrere Innenhöfe getrennten Blöcken des 170 Meter langen Hauptgebäudes. Ein mehr als 10 Meter breiter, von roten Pfeilern gerahmter und leicht aufsteigender Gang im Erdgeschoss durchzieht das gesamte Gebäude (Abb. 2). Er gewährt Zugang zu den Aufzügen, welche die Besucher:innen in die über etliche Etagen verteilten Büros der einzelnen Dezernate bringen, und führt am hinteren Ende des Gebäudes hinaus zu der Veranstaltungshalle, auf deren anderer Seite sich der zweite Gebäudekomplex befindet. Einige der Dezernate stellen in den Nischen des breiten Ganges ihre Tätigkeiten und Projekte vor: Man sieht Stadtplanungsmodelle, Werbekampagnen für Klimaschutz (»Ein bisschen null ist nicht genug«) und Wandtafeln zu neuen Radwegeprojekten. Dass die bürokratische Geschäftigkeit sich hier im Stadthaus um den Mittelpunkt einer Arena gruppiert, in der Konzerte und Sportveranstaltungen

© Wikimedia Commons / Raimond Spekking

Kein Ort zum Verweilen: Die große Kreuzung von Opladener Straße und Justinianstraße am nordwestlichen Ende des Stadthauses.

stattfinden, passt gut zum imageträchtigen, öffentlich verordneten Kollektivhedonismus der selbst ernannten Rheinmetropole.

1995 beschloss der Kölner Stadtrat, das 14-stöckige Bürohaus durch private Investoren errichten zu lassen. Vorausgegangen war der Entscheidung ein städtebaulicher Wettbewerb, bei dem Peter Böhm, ein Spross der berühmten Kölner Architektendynastie, den Zuschlag bekommen hatte. Ikonische Elemente wie der gigantische, als Dachaufhängung fungierende Bügel über der Veranstaltungshalle, die Ausrichtung der Büros hin zu offenen Höfen oder die Erschließung der Dezernate über den bereits erwähnten, längs durch das Gebäude verlaufenden Gang gehen auf seine Ideen zurück (Abb. 3). Sie lassen noch heute erkennen, dass Böhm für einen schwierigen Ort konstruktiv durchdachte, gestalterisch ebenso klare wie alltagstaugliche Lösungen gesucht und gefunden hat. Die Qualität der Architektur fällt umso mehr ins Auge, wenn man das Stadthaus im Kontext der umliegenden einfallslosen Bürobauten betrachtet.

Während das Stadthaus baulich noch heute überzeugt, war seine Entstehung in anderer Hinsicht von Beginn an mit einem Makel behaftet: Unter fahrlässiger, wenn nicht korrupter Hilfe der Stadtverwaltung machten die privaten Bauherren des Komplexes ein höchst profitables Geschäft ohne faktisches Risiko. Der in dem zur Finanzierung des Vorhabens gegründeten Fonds versammelte Kölner Geldadel konnte das Grundstück seinerzeit nicht nur unter dem Verkehrswert kaufen, sondern die Immobilie nach ihrer Fertigstellung für die Dauer von dreißig Jahren und zu ausgesprochen lukrativen Konditionen an die Stadt vermieten. Nach dem bald erreichten Ende der Frist wird die Stadt rund 557 Millionen Euro an die Investoren gezahlt haben. Die Stadt verpasste es zugunsten ihrer Vermieter sogar, die im Ratsbeschluss vorgesehene Kaufoption nach Ablauf der Mietbindung in den Vertrag zu schreiben. Lothar Ruschmeier (SPD), der damalige Oberstadtdirektor, dem unter anderem die Verantwortung für die Verhandlungen mit den Investoren oblag, wechselte nach seiner Amtszeit in die Geschäftsführung der Oppenheim-Esch-Holding, einer der beteiligten Investorengruppen. Die Aufklärung der Hintergründe des Deals zugunsten der Investoren und zulasten der öffentlichen Hand wird erschwert durch das Fehlen wichtiger Dokumente und Akten in den Archiven der Stadt.

Kafkas Schloss

Für die Kölner:innen, die hier an der Bahnstation warten oder aus der Ferne den ikonischen Bügel der Veranstaltungshalle erblicken, ist das technische Rathaus vor allem der Ort, an dem der lokale Staat residiert, der ihr tägliches Leben in der Stadt wie auch deren Erscheinungsweise prägt. Dieser lokale Staat genießt bei denen, die seine Dienste in Anspruch nehmen, zurzeit keine gute Reputation. Über die lokalen Medien sowie gelegentlich über Amtszuschriften sind vorwiegend negative Nachrichten über die Aktivitäten im Stadthaus in Umlauf. Die Kölner Verwaltung scheitert, so liest man, an der Instandsetzung von Brücken ebenso wie an der Sanierung der Kölner Oper und der Kölner Bühnen, deren voraussichtliche Kosten sich mittlerweile im Milliardenbereich bewegen; sie scheitert an der Zuteilung von Schulplätzen an Kinder, an der Versorgung mit ausreichend Kitas, an einer zeitigen Erteilung von Baugenehmigungen, an kleinen Quartiersprojekten zur Reduktion des Autoverkehrs oder an der Durchsetzung effektiver Maßnahmen zum Mieterschutz. Die Liste ließe sich fortsetzen.

Das Bild, das sich für die Bürger:innen ergibt, ist dasjenige eines bürokratischen Behemoths, der sich an seinen nur noch intern nachvollziehbaren formellen und informellen Regeln orientiert. Der Grundton der Berichterstattung, aber auch von Erfahrungsberichten aus dem Bekanntenkreis ist geprägt von Frustration und Enttäuschung. Und bei einigen scheinen noch ganz andere Ressentiments und Aggressionen zu brodeln. Angriffe auf Bedienstete und Repräsentant:innen der Stadt nehmen zu. Kurz vor Beginn ihrer ersten Amtszeit als Kölner Oberbürgermeisterin im Oktober 2015 wurde Henriette Reker bei einem politisch motivierten Attentat während eines Wahlkampfauftritts schwer verletzt. Und als im Dezember 2019 ein Mitarbeiter der Kämmerei bei einem Hausbesuch einen Bürger an dessen Zahlungsverpflichtungen erinnern wollte, erstach dieser ihn mit einem Messer. Vereinzelte Taten, aber auch besorgniserregende Symptome.

Es ist so ähnlich wie in Franz Kafkas Roman *Das Schloss*. Die Bürger:innen reden über die Stadt Köln und die hinter der roten Fassade am Willy-Brandt-Platz tätigen Beamt:innen in einem eingefahrenen Diskurs. Doch je länger dieser Diskurs andauert, desto obskurer wird, was denn im Inneren des Stadthauses wirklich passiert und worin die Ursachen für die mit diesem Gebäude assoziierte Malaise liegen. Herrscht administrative Borniertheit, die dadurch entsteht, dass die Beamt:innen über Regeln gebieten, ohne die Konsequenzen ihrer Anwendung verantworten zu müssen? Zieht die Verwaltung Arbeitnehmer:innen mit hohem Sicherheitsbedürfnis und geringer Leistungsbereitschaft an, die Akten einfach wieder unten in den Stapel schieben, wenn Problemlösungsversuche nach Schema F nicht funktionieren und Eigeninitiative gefragt wäre? Ist es ein Mangel an dem vielzitierten »bürokratischen

Ethos« im Stile Max Webers, der Problemlösungen im Wege steht? Oder ist es vielmehr gerade die besonders militante Ausprägung dieses Ethos, die sich als kontraproduktiv erweist? Und was ist dran an der Behauptung, dass nur Mitglieder der traditionsreichen Kölner Karnevalsvereine in der Lage seien, die Trägheit des Apparats zu überwinden und diesen zur Realisierung ihrer Interessen zu bewegen?

Ohne Zweifel griffe es zu kurz und wäre zudem ungerecht, wollte man die Kölner Verwaltung nur auf ihre Fehler und Organisationsdefizite reduzieren. Für eine angemessene Beurteilung bräuchte es ein differenziertes Bild, das auch *pockets of efficiency* abbilden und Leistungsunterschiede zwischen den Dezernaten, Ämtern und Abteilungen in dem riesigen Stadthaus erklären könnte. Immerhin behauptete die eine Dekade lang regierende Kölner Oberbürgermeisterin Henriette Reker wenige Monate vor dem Ende ihrer zweiten Amtszeit im September 2025, sie hinterlasse die Verwaltung »agiler und schneller« als zuvor. Dass man als Außenstehender, auf das Stadthaus blickend, diese Fortschritte nicht wahrnehmen kann, liegt womöglich daran, dass die hier wie auch anderswo zutage tretenden Probleme des lokalen Staates dessen Kräfte in zunehmendem Maße übersteigen. Mit wachsender Aufgabenkomplexität bei mehr oder weniger fixen Ressourcenzuteilungen, mit steigenden Erwartungen der Bürger:innen bei sinkender Zumutungsbereitschaft und mit schwindender Kompromissbereitschaft der Parteien bei verschärftem politischen Wettbewerb im fragmentierten Stadtparlament hat der öffentliche Sektor nur noch geringe Gestaltungsspielräume.

Frappierend aus soziologischer Sicht ist dabei das weitverbreitete akademische Desinteresse: Wenn das Versagen des lokalen Staates solche gravierenden Auswirkungen auf den Alltag der hiesigen Bürger:innen hat, warum gibt es dann fast gar keine Aufklärungsbemühungen? Warum stimmen die hier lebenden sozialwissenschaftlichen Kolleg:innen lieber in das allgemeine Klagelied mit ein, als der kafkaesken Realität des lokalen Staates mit kritischem Bewusstsein und Veränderungswillen zu begegnen?

Soziologie, Staat und Bürokratie

Die hingenommene Opazität der Kölner Verwaltung und äquivalenter Gebilde erstaunt umso mehr angesichts der seit einigen Jahren in den Sozialwissenschaften verschiedentlich propagierten These von einer Rückkehr des Staates. Die Erschöpfungserscheinungen des Neoliberalismus, der wachsende Druck öffentlicher Probleme und die Herausforderung durch gigantische Transformationsaufgaben, aber auch die Wiederbelebung merkantilistischer Ideen hätten zu einer Wiederentdeckung von Planung, Industriepolitik und Gesellschaftssteuerung geführt. Es kursieren Texte über *new state capitalism* oder einen *big green state*, und gelegentlich machen auch demokratische Planungsutopien die Runde. Marianna Mazzucatos *The Entrepreneurial State* (2013) über die zentrale Rolle des öffentlichen Sektors bei bahnbrechenden Innovationen wurde ein Bestseller und landete selbst im Bücherregal von Robert Habecks Büro seines Großministeriums für Wirtschaft und Klimaschutz (BMWK). Die Logik der neuen Etatisten scheint bestechend: In Krisen- und Umbruchsituationen, in denen weder das Preissystem noch eine Innovationsdynamik mit engen Profitinteressen funktionieren und auch die von dominanten Interessen und elektoralen Zwängen geprägte Status-quo-Politik der Parteien an ihre Grenzen gerät, brauche es einen Akteur, der das große Ganze in den Blick nimmt, hinreichende Durchsetzungsmacht besitzt und die gesellschaftlichen wie ökologischen Bedingungen seiner eigenen Existenz selbst verändern kann, eben den Staat.

Über einen normativ anspruchsvollen politischen Forderungskatalog gegenüber dem Staat ist der aktuelle Diskurs allerdings bislang kaum hinausgekommen. Und er wirkt merkwürdig entkoppelt von der Lage, wie sie sich hier am Willy-Brandt-Platz und andernorts darstellt. Angesichts ihrer täglichen Erfahrungen erschiene es vielen Kölner:innen vermutlich absurd, wenn man ihnen vorschlüge, dass Fragen von Investitionssteuerung und Konsumrationierung zentral im Stadthaus entschieden werden sollten. Eine Institution, die es gegenwärtig noch nicht einmal hinbekommt, die angehenden Grundschüler:innen eines Jahrgangs auf passende Schulen zu verteilen, soll bald für alle steuern und kontrollieren, wie sie arbeiten, heizen und sich fortbewegen? *You must be kiddin*. In dem sehr kurzen Frühling des *big green state* in Deutschland haben es Robert Habeck und sein Ministerium leider verpasst, den Beweis zu erbringen, dass sie es besser können. Seine Subventionsbemühungen haben kein grünes Wirtschaftswunder gebracht. Nach dem Regierungswechsel schwingt das Pendel zudem gerade eher wieder in die andere Richtung, hin zu bloßer Problemverwaltung und zur Alimentierung von Bestandsinteressen.

Wie könnte denn ein etwas robusteres, weniger von Wünschbarkeit als von Machbarkeit getragenes Verständnis staatlicher Handlungsmöglichkeiten und -schwierigkeiten aussehen? Zum Beispiel hier in Köln, wo die Stadt prinzipiell über einen riesigen Mitarbeiter:innenpool, diverse Eingriffsmöglichkeiten und über wichtige Infrastrukturunternehmen verfügt, etwa in den Bereichen Energie, Logistik und Wohnen? Jenseits des Revivals der Ideen vom planenden und steuernden Staat haben die Sozialwissenschaften gegenwärtig erstaunlich wenig zur Beantwortung dieser Frage zu bieten. Bürokratie und ihre Gelingensbedingungen sind, abgesehen von wenigen Ausnahmen, eher nicht die Themen, an denen sich die Größen unserer Fächer abarbeiten. Als kürzlich die »Initiative für einen handlungsfähigen Staat« rund um den ehemaligen Bundesverfassungsrichter Andreas Voßkuhle einen Bericht mit Reformvorschlägen vorlegte, fehlte es darin an relevanten soziologischen Analysen und Einsichten.

Das war einmal anders. Von den späten 1960er- bis zu den frühen 1980er-Jahren beteiligten sich die Koryphäen aus Politikwissenschaft und Soziologie an praxisnahen, empirisch gesättigten Diskussionen über Struktur- und Verwaltungsreformen, die Grenzen von Steuerung und Planung sowie deren politik- und sozialtheoretische Implikationen. Niklas Luhmann etwa fütterte seine organisationssoziologischen Arbeiten nicht nur mit seinen eigenen beruflichen Erfahrungen als Verwaltungsbeamter. Als habilitierter Soziologe engagierte er sich seit den späten 1960er-Jahren auch in verschiedenen Kommissionen und verfasste zahlreiche Gutachten, Stellungnahmen und Konzeptpapiere, etwa zu Fragen der Organisations- und Dienststellenreform. In beratender Funktion stand er zudem in Kontakt mit Ministerien und Parteizentralen. Ernst Lukas hat in einem schönen Aufsatz gezeigt,[1] dass Luhmann in dieser Phase die Methode des funktionalen Abstrahierens austestete, seinen lakonischen Stil kultivierte (»Tränen im Amtszimmer«) und seine Position des konservativen Intellektuellen fand, der gegen von linker Seite vorgebrachte Demokratisierungswünsche, Steuerungseuphorie und Moralappelle argumentierte und bisweilen auch polemisierte. Die Gründer:innen ›meines‹ Instituts, des Max-Planck-Instituts für Gesellschaftsforschung, machten zeitgleich Karriere als einflussreiche wissenschaftliche Berater:innen der seinerzeit im Aufstieg befindlichen Sozialdemokratie und als Erneuerungskräfte der Sozialwissenschaften. Es ergaben sich Synergieeffekte, denn das sozialwissenschaftliche Interesse an Empirie konnten Fritz W. Scharpf und Renate Mayntz – nicht nur, aber auch – durch ihre

1 Ernst Lukas, »Die Praxis der Theorie. Niklas Luhmann als Politikberater«, in: *Leviathan* 50 (2022), 1, S. 29–67; online unter: https://www.nomos-elibrary.de/de/10.5771/0340-0425-2022-1-29.pdf [2. 5. 2025].

Architektur einer aufstrebenden Stadt: Der Säulengang zum westlichen Eingang des Stadthauses.

exzellenten Verbindungen in den politischen Apparat bedienen. Zu methodisch kontrolliert erhobenen Daten kam so ein kaum einholbarer Erfahrungsschatz aus den Zentren und manchmal auch den Peripherien der Macht. Die nicht zuletzt infolge dieser Erfahrungen artikulierte Frage, welche Organisationsstrukturen, Koordinationsformen und Rollenverständnisse es in der Verwaltung für eine aktive Politik bräuchte, ließ die beiden über Jahre nicht mehr los.

Spätestens seit Mitte der 1980er-Jahre gibt es jedoch in der deutschen Soziologie und den Politikwissenschaften keine zentralen, theoretisch ernst zu nehmenden Strömungen mehr, die sich mit der politischen Steuerung von Transformationsprozessen beschäftigen. Bezeichnenderweise verabschiedete sich nicht nur Niklas Luhmann von den damaligen Fragen in Richtung höherer Abstraktionsgefilde, auch das von Mayntz und Scharpf gegründete Max-Planck-Institut für Gesellschaftsforschung wechselte bald den Forschungsfokus: In der Politischen Ökonomie ging es fürderhin um Anpassungsdruck an Strukturwandel und Globalisierung. Ein Zwischenergebnis dieser Neuperspektivierung war der maßgeblich von Anthony Giddens mitgestaltete Reformkurs von New Labour. Später drehten sich Sichtweise und Forschungsrichtung erneut, hin zu den grundlegenden Widersprüchen zwischen Demokratie und Kapitalismus, mit der beunruhigenden Konklusion, dass sich die Demokratie nur mit Mitteln der Disruption wieder selbst ermächtigen könne. Auch die Neue Wirtschaftssoziologie hielt Einzug ins Institut. Ihre rasante Expansion wurde getragen von der Grundannahme, dass Märkte zwar sozial eingebettet, aber als Steuerungsformen der Gesellschaft unangefochten seien.

Und da stehen wir nun. Zwar gibt es international und auch hierzulande ein ausdifferenziertes Feld der Transformationsforschung. Und auch die Policy-Forschung in den Politikwissenschaften ist seit den Pionierarbeiten von Scharpf und anderen geradezu explodiert. Wenn wir aber am Stadthaus emporblicken und uns fragen, wie es im Inneren wohl zugeht und welche Implikationen die dort herrschenden Logiken für die Steuerung wichtiger Veränderungsprozesse haben, dann bringen uns die derzeitigen soziologischen Theorieangebote nicht wirklich weiter. Eher lassen sie uns andere Wege einschlagen, die zu vermeintlich spannenderen Forschungsfeldern an anziehenderen Orten führen.

Verliererstraße

Für die Soziologie sind die wechselnden Konjunkturen und Hierarchien von attraktiven und weniger attraktiven Forschungsthemen selbst erklärungsbedürftig, auch wenn gerade junge Wissenschaftler:innen eher angehalten sind, entsprechende Einsichten für ihre Karrierezwecke zu nutzen, als sie kritisch zu reflektieren. Was den Status der Stadt Köln als Objekt sozialwissenschaftlicher Forschung anbelangt, kann ich ihre zunehmende Bedeutungslosigkeit vor dem Hintergrund meiner eigenen Biografie ganz gut nachvollziehen. Ich bin ja selbst Kölner. Aufgewachsen in Deutz, erlebte ich in meiner Kindheit auf dem damals noch unbebauten und gelegentlich für Volksfeste genutzten Willy-Brandt-Platz meine ersten Achterbahn- und Boxautofahrten. Zwischen 1992 und 2001 lief ich täglich an dem Platz vorbei zu meiner Schule, dem Thusnelda-Gymnasium – und muss deshalb wohl miterlebt haben, wie dort das Stadthaus und die dahinter befindliche Veranstaltungshalle entstanden. Anscheinend war ich seinerzeit aber mit anderem beschäftigt, jedenfalls kommen mir heute keine Bilder aus der Phase dieser städtebaulichen Wandlung mehr in den Sinn. Nur die alle architektonischen Veränderungen überdauernde Tristesse des Ortes stiftet eine Verbindung zwischen meiner damaligen und meiner heutigen Wahrnehmung. Wenn ich mit der Stadtbahnlinie 4 der Kölner Verkehrsbetriebe die große Verkehrsachse, den Gotenring, entlangrausche, sehe ich den ewigen Imbiss Athena, die seit 1957 bestehende Eisdiele Coltamai und den in Beton gegossenen repressiven Geist des hier ansässigen Kleinbürgertums.

Insbesondere während der 2000er-Jahre, als ich meine Heimatstadt gerade verlassen hatte, ergaben sich Veränderungen, die Köln ins Abseits rückten. Der Umzug der Hauptstadt vom angrenzenden Bonn nach Berlin wurde spürbar: Kölns Boom als Medienstadt – man erinnere sich an VIVA – schwächte sich ab, die ambitionierte Kunstszene verließ die Stadt in Richtung Düsseldorf oder Berlin, die innerstädtische Industrie schrumpfte. An vielen der verwaisten Standorte, wie etwa den ehemaligen Deutz-Werken, misslang die geplante Schaffung attraktiver neuer Arbeits- und Wohnquartiere. Die Stadt selbst sah sich in einer über die gesamte Dekade anhaltenden Haushaltskrise, die neben Privatisierungen und sinkenden Investitionen auch für miese Stimmung in der Lokalpolitik sorgte. Wie es so offenbarend in einem Zeitungsartikel aus dem Jahr 2002 heißt: »Straßenschäden werden nur noch behoben, wenn sie eine konkrete Gefahr darstellen und die Stadt wegen drohender Unfallgefahr ihrer

Auf die grüne Wiese gebaut: Das Stadthaus und die von den Kölnern liebevoll als Henkelmännchen bezeichnete Lanxess-Arena mit der markanten Dachaufhängung, hier von Südwesten aus gesehen.

Verkehrssicherheitspflicht nachkommen muss.«[2]

Christ- und Sozialdemokraten hatten sich bis dato in einer Art stadteigener Konkordanzdemokratie eingerichtet. Solange die Parteien in ihren Milieus noch tief verwurzelt waren, Zugewinne verteilten und als Plattformen für cliquenförmige Koordination, sprich: den »kölschen Klüngel«, fungierten, hatte diese Konkordanz Bestand. In dem ungeachtet seiner skandalisierenden Anlage äußerst aufschlussreichen Buch *Cliquen, Klüngel und Karrieren* (1992) liefern der Kölner Soziologe Erwin K. Scheuch und seine Frau Ute Scheuch neben einer treffenden Beschreibung dieser politischen Ordnung zugleich deren perfekte städtebauliche Allegorie. Im Kölner Stadtteil Sülz waren zwischen 1971 und 1981 zwei neue Hochhäuser entstanden: das 45 Stockwerke zählende und 134 Meter hohe UNI-Center und das mit 105 Metern Höhe etwas niedrigere, schräg gegenüber auf der Luxemburger Straße gelegene Justizzentrum. Den Zuschlag für das eine Gebäude hatte ein der SPD nahestehender Architekt erhalten, den für das andere ein der CDU nahestehender Berufskollege. Ähnlich lief es viele Jahre bei Stellenbesetzungen in der Stadtverwaltung, die bis zur Ebene der Amtsleitungen hinunter paritätisch mit CDU- und SPD-Leuten besetzt wurden.

Mit dem Beginn des neuen Millenniums war die jahrzehntelange Kölner Konkordanzdemokratie Geschichte. Erst stürzte die SPD bei den Kommunalwahlen 1999 ab, weil sie gleichzeitig Korruptionsskandale und Sparmaßnahmen verantworten musste, 2004 er-

2 O. A., »Der Kämmerer bremst den Reparatur-Eifer«, in: *Kölner Stadtanzeiger*, 8. 8. 2002.

wischte es dann die CDU, die sich mit Privatisierungsplänen unbeliebt gemacht hatte. Die Mehrheitsverhältnisse im Rat wurden komplizierter, Absprachen schwieriger. Bei Stellenbesetzungen von Führungspositionen in der Verwaltung kamen immer öfter vorher kaum relevante parteilose Kandidat:innen zum Zuge. Im Kontext von Sparzwängen und einer zunehmend fragmentierten Legitimationsbasis verlor auch der Klüngel den letzten Anschein von Unschuld. Die Spielräume für informelle Absprachen wurden prekär und die von Presse und Öffentlichkeit lange Zeit geübte Toleranz gegenüber diesem spezifisch kölschen Koordinationsmechanismus kam an ihr Ende. Bezeichnend für die neuen politischen Verhältnisse in der Stadt war etwa die versuchte Besetzung des neu zu schaffenden Postens eines Geschäftsführers der Stadtwerke Ende der 2010er-Jahre. Die seinerzeit zwischen den Spitzen der Ratsfraktionen und der Bürgermeisterin ausgehandelte Absprache drang nach außen, das hohe in Aussicht gestellte Gehalt wurde skandalisiert und der für den Posten vorgesehene Sozialdemokrat, nach Bekunden vieler ein äußerst talentierter Politiker, musste sich beschädigt zurückziehen.

Man darf sich nicht täuschen: Es gibt noch viel zu gewinnen in dieser Stadt. Es wird immer die Platzhirsche geben, die mit den richtigen örtlichen Netzwerken und dem nötigen Know-how wichtige Kämpfe um lokale Ressourcen für sich entscheiden. Jede Familie, die hierher zieht, weiß: Wohnungen in den beliebten »Veedels« mit günstigen Mieten oder Zugang zu attraktiven Kitas und Schulen bekommen vor allem Platzhirsche. Auch viele politische Karrieren beginnen nach wie vor lokal. Katharina Dröge etwa, die amtierende Vorsitzende der Bundestagsfraktion von Bündnis 90 / Die Grünen, begann ihren Aufstieg als Kreisvorsitzende in einem parteipolitisch immer stärker grün eingefärbten Köln. Zudem ist es nicht selten die Stadt selbst, die Ressourcenverteilungen verantwortet, Liberalisierung hat nur in begrenztem Maße stattgefunden. Die Verwaltung beschäftigt rund 22.000 Menschen, etwa gleich viele wie der größte private Arbeitgeber der Stadt, der Lebensmittelkonzern Rewe. Die lokalen Infrastrukturbetriebe sind größtenteils in kommunaler Hand geblieben. Die zu 80 Prozent städtische RheinEnergie machte 2023 316 Millionen Euro Gewinn. Erhebliche Ressourcen werden demnach direkt oder indirekt kontrolliert von der öffentlichen Hand – und entsprechend gewichtig sind die Entscheidungen, die im Kölner Rat und eben hier im technischen Rathaus getroffen werden.

Was mich betrifft, so wurde ich kein Platzhirsch. Ein Engagement in der Kölner Lokalpolitik oder andere ortsspezifische Karrierewege passten nicht zum Habitus einer stark kosmopolitisch orientierten, bürgerlich-progressiven Jugend, der ich mich damals zugehörig fühlte. Mein älterer Bruder ging nach dem Abitur nach Indien, mein jüngerer nach Chile, meine heutige Partnerin arbeitete nach ihrem Schulabschluss als Hilfslehrerin in Burkina Faso. Und ich, na ja, strebte nach einem kleineuropäischen Kosmopolitismus mit Stationen in Amsterdam, Paris, London. Unsereins fand Jobs bei NGOs cool, bei der Kölner Stadtverwaltung den Tod. Unsere Wette: Die Zukunft werde in der internationalen Arena codiert, in Köln nur die Trostlosigkeit verwaltet. Deshalb war die Stadtverwaltung in unseren Augen für diejenigen reserviert, die bereit waren, ihre Ambitionen an lokale Begrenzungen anzupassen – Begrenzungen, derer wir seinerzeit überdrüssig waren und denen wir entkommen wollten.

So betrachtete ich mich bei meinen Heimatbesuchen der Stadt entwachsen. Akademisch arbeitete ich an Themen, die zu örtlich gebundenen Relevanzen den größtmöglichen Abstand hielten. Wenn wir in der Familie manchmal über lokale Missstände redeten, dann war immer klar: Man solle sich von »diesem Sumpf« nach Möglichkeit fernhalten.

Rückkehr nach Köln

Durch den Wechsel auf eine Stelle als Forschungsgruppenleiter am Max-Planck-Institut für Gesellschaftsforschung kehrte ich jedoch 2019 zurück. Das war für mich eine glückliche Fügung, die ich wissenschaftlich nutzen wollte. Meine Hoffnung war, dass mir die lange Abwesenheit und der andernorts geschulte soziologische Blick helfen würden, lokale Probleme durch eine internationale Brille anders zu perspektivieren und in ein neues Licht zu rücken. Zugleich ging es mir nach langen Wanderjahren als mehr oder weniger geschätzter Gast in diversen Kontexten darum, mich intellektuell wie persönlich zu verorten: Gesellschaftsforschung aus der Perspektive eines *somewhere*, nicht eines *anywhere*. Also besuchte ich Ratssitzungen, engagierte mich in der lokalen Klimabewegung und arbeitete auch an kleineren Forschungsprojekten zu lokalen Themen, etwa den sich wandelnden Beziehungen zwischen kommunalen Unternehmen und der Stadt.

So ist die Kölner Stadtverwaltung allmählich zu meinem *wicked object* geworden. *Wicked* deshalb, weil das Forschungsobjekt sich in vielfältiger und nicht selten unverhoffter Weise auch in meiner Lebenswelt zu Wort meldet; und weil die Forschung sich daran messen lassen muss, ob sie neue Denkweisen über Probleme und Problemlösungen offeriert, die sich nicht nur im Seminarraum, sondern auch in Amtsstuben und am Küchentisch bewähren.

So gehe ich nun öfter im Deutzer Stadthaus ein und aus. Ich untersuche die kommunale Wärmeplanung, die in den Zuständigkeitsbereich der dort ansässigen städtischen Koordinationsstelle für Klimaschutz fällt. In einem der Blöcke des Stadthauses, hoch oben mit Blick über den Rhein und die Stadt, sitzen gut ausgebildete junge Leute mit technischen Kenntnissen und erstellen Karten über Heizquellen, Wärmedichten und Sanierungszustände in der Stadt. Kommunale Wärmeplanung ist eine in Deutschland bisher unbekannte Form der lokalen indikativen Planung, kein verwaltungsmäßiger Gesetzesvollzug in konventionellem Stil. Die hier beschäftigten Mitarbeiter:innen streiten mit dem lokalen Versorger darüber, wie man Versorgungsgebiete ausweist, und tarieren aus, wie sie mit den Interessen und Erwartungen der Immobilieneigentümer:innen umgehen, die nach Gesetzeslage ihre Wärmeversorgung bald zu dekarbonisieren haben. Der Erwartungsabgleich ist ein schwieriger Akt, denn einerseits werden hier ja nur Karten erstellt, die in grober Auflösung mögliche Lösungen aufzeigen, ohne bei den konkreten Umsetzungen zu assistieren oder auch Mittel für die Dekarbonisierung bereitzustellen. Andererseits schürte die Politik mit der Verabschiedung des Gesetzes für Kommunale Wärmeplanung 2023 die Erwartung, dass genau mit diesem Baustein all jenen geholfen würde, die sich mit dem berühmt-berüchtigten Heizungsgesetz überfordert fühlten – ein Gefühl, zu dessen massenhafter Verbreitung nicht zuletzt *Bild* und andere Medien beitrugen. Die Politik hat damit der offenen Frage nach dem Gelingen oder Misslingen der Wärmewende eine neue Adresse gegeben: Stadthaus Köln, Willy-Brandt-Platz 2–3.

Leon Wansleben ist Leiter der Forschungsgruppe »Umstrittene Ökologien« am Max-Planck-Institut für Gesellschaftsforschung in Köln.
lw@mpifg.de

Abbildungsverzeichnis zur Bildstrecke

S. 66

Bundeskanzlerin Angela Merkel (CDU) bei einer Wahlkampfveranstaltung der CDU Thüringen am 15. September 2009 in Erfurt. Im Hintergrund (v. l. n. r.) beobachten Justizministerin Marion Walsmann, Landtagspräsidentin Dagmar Schipanski (teilweise verdeckt) und Sozialministerin Christine Lieberknecht (alle CDU) das Geschehen. © picture alliance / ZB | Michael Reichel

Frankreichs Präsident Emmanuel Macron, Bundeskanzler Olaf Scholz (SPD), Brigitte Macron und Britta Ernst (v. l. n. r.) beim gemeinsamen Fischbrötchenverzehr am 10. Oktober 2023 im Hamburger Stadtteil Blankenese. © picture alliance / dpa | Kay Nietfeld

S. 67

Bundespräsident Frank-Walter Steinmeier (SPD) und der Berliner Gastronom Arif Keles am 24. April 2024 bei einem Empfang des Bundespräsidenten im Garten der historischen Sommerresidenz des deutschen Botschafters in Istanbul. © picture alliance / dpa | Bernd von Jutrczenka

Bayerns Ministerpräsident Markus Söder (CSU) zelebriert das Essen eines Burgers auf seinem Instagram-Kanal am 23. März 2025. © @markus.soeder/Instagram

Die neu gekürte Grünkohl-Majestät, Bundesfamilienministerin Franziska Giffey (SPD), und der bisherige Amtsinhaber Robert Habeck, Bundesvorsitzender von Bündnis 90/Die Grünen, beim »Defftig Ollnborger Gröönkohl-Äten« am 2. März 2020 in der Landesvertretung Niedersachsens in Berlin. © picture alliance / dpa | Christoph Soeder

S. 86

Bundeskanzler Olaf Scholz (SPD) und Frankreichs Präsident Emmanuel Macron (l.) am 6. Juni 2023 in Potsdam. © picture alliance / dpa / dpa Pool | Michael Kappeler

Bundeskanzler Gerhard Schröder (SPD) und der russische Präsident Wladimir Putin am 10. April 2005 auf dem Flughafen Hannover-Langenhagen. © picture alliance / dpa / dpaweb | Carsten Rehder

Der CDU-Bundesvorsitzende, Bundeskanzler Helmut Kohl, und seine Stellvertreterin, Bundesumweltministerin Angela Merkel, während des CDU-Parteitags am 28. November 1994 in Bonn. © picture alliance / dpa | Tim Brakemeier

S. 87

US-Präsident Barack Obama und Bundeskanzlerin Angela Merkel (CDU) am 3. November 2009 im Oval Office des Weißen Hauses in Washington, D.C. © picture alliance / dpa / epa | Olivier Douliery / Pool

Ursula von der Leyen (CDU), die Präsidentin der Europäischen Kommission, und Italiens Premierministerin Giorgia Meloni (r.) am 18. Mai 2025 im Chigi-Palast in Rom. © picture alliance / ASSOCIATED PRESS | Roberto Monaldo

Annalena Baerbock und Robert Habeck, die Bundesvorsitzenden von Bündnis 90 / Die Grünen, auf der 43. Bundesdelegiertenkonferenz der Partei am 9. November 2018 in Leipzig © picture alliance / dpa | Hendrik Schmidt

S. 124

Der bayerische Landwirtschaftsminister Hans Eisenmann (CSU), Bundeskanzler Helmut Kohl (CDU) und der bayerische Ministerpräsident Franz Josef Strauß (CSU, v. l. n. r.) an einem Milchstand während des CSU-Parteitags am 19. Oktober 1984 in München. © picture alliance / SZ Photo | deltapress

Der designierte Bundeskanzler Gerhard Schröder (SPD) und der designierte Bundesaußenminister Joschka Fischer (Bündnis 90/Die Grünen) stoßen am 20. Oktober 1998 in der Landesvertretung Nordrhein-Westfalens in Bonn auf den unterzeichneten Koalitionsvertrag an. © picture alliance / photothek | Thomas Imo

S. 125

Bundeskanzlerin Angela Merkel (CDU) beim Staatsempfang anlässlich der Richard-Wagner-Festspiele am 25. Juli 2019 in Bayreuth. © picture alliance / dpa | Daniel Karmann

Bundeskanzler Willy Brandt (SPD) im September 1970 im Festzelt Fischer-Vroni auf dem Münchener Oktoberfest. © picture alliance / SZ Photo | Alfred Strobel

Ricarda Lang, Bundesvorsitzende von Bündnis 90/Die Grünen, auf der Wahlparty der Partei am 1. September 2024 in Dresden nach den Landtagswahlen in Sachsen und Thüringen. © picture alliance / dpa | Hendrik Schmidt

S. 140

Bundesaußenministerin Annalena Baerbock (Bündnis 90/Die Grünen) am 30. Juli 2024 beim Besuch des TSV Bayer 04 Leverkusen im Rahmen ihrer Sommerreise. © picture alliance / dpa | David Young

Nordrhein-Westfalens Sportminister Michael Vesper (Bündnis 90/Die Grünen) und die Bundesvorsitzende von Bündnis 90/Die Grünen, Claudia Roth (r.), am Rande des Landesparteitags der nordrhein-westfälischen Grünen am 25. Mai 2002 in Unna. © picture alliance / dpa | Franz-Peter Tschauner

Bundeskanzler Konrad Adenauer (CDU) mit seiner Tochter Lotte an seinem Urlaubsort Cadenabbia in Italien, aufgenommen am 30. April 1960. © picture alliance / dpa | dpa

Der Generalsekretär des Zentralkomitees der Kommunistischen Partei der Sowjetunion, Leonid Breschnew (vorne), und Bundeskanzler Willy Brandt (SPD) im Pool der staatlichen Datscha Glitsiniya in Jalta, aufgenommen zwischen dem 16. und 18. September 1971. © picture alliance / Vladimir Musaelyan / TASS | Vladimir Musaelyan

S. 141

Renate Künast (Bündnis 90/Die Grünen) am 24. September 1999 in Berlin. © picture alliance / zb | Paul Glaser

Hamburgs Erster Bürgermeister Olaf Scholz (SPD), Ruder-Olympiasieger Eric Johannesen, Hamburgs Sportsenator Michael Neumann und der ehemalige Ruder-Weltmeister Christian Dahlke (v. r. n. l.) am 7. Juli 2014 auf der Hamburger Binnenalster. © picture alliance / INSIDE-PICTURE | Selim Sudheimer